财务管理与成本控制研究

李肖伟　李明月　魏亚丽◎著

吉林出版集团股份有限公司
全国百佳图书出版单位

图书在版编目（CIP）数据

财务管理与成本控制研究 / 李肖伟, 李明月, 魏亚丽著. -- 长春 : 吉林出版集团股份有限公司, 2023.9
ISBN 978-7-5731-0751-0

Ⅰ. ①财… Ⅱ. ①李… ②李… ③魏… Ⅲ. ①企业管理–财务管理–研究②企业管理–成本控制–研究 Ⅳ. ①F275

中国国家版本馆CIP数据核字(2023)第193607号

财务管理与成本控制研究

CAIWU GUANLI YU CHENGBEN KONGZHI YANJIU

著　　者　李肖伟　李明月　魏亚丽
责任编辑　孙　璐
助理编辑　牛思尧
开　　本　787 mm × 1092 mm　1/16
印　　张　16.25
字　　数　380千字
版　　次　2023年9月第1版
印　　次　2023年9月第1次印刷

出　　版　吉林出版集团股份有限公司
发　　行　吉林音像出版社有限责任公司
（吉林省长春市南关区福祉大路5788号）
电　　话　0431-81629679
印　　刷　吉林省信诚印刷有限公司

ISBN 978-7-5731-0751-0　　定　　价　48.00元

前言 PREFACE

企业是国家经济的柱石，在经济发展中具有极为重要的地位和作用。随着全球经济和市场经济的不断发展，企业面临着巨大的挑战与压力。对于企业而言，财务管理和成本控制都是至关重要的，良好的财务策略和成本预算不但有利于企业的可持续增长，而且能够不断增强市场竞争力，应对经济危机，促进企业的不断进步。此外，企业在发展中面临的资金短缺、效益不佳、盲目投资、经营粗放等问题也是需要着重解决的。因此，企业要想长远发展，必须看清经济形势，根据企业发展的实际情况，制定科学的财务管理策略和成本控制体系。

当前我国企业的成本控制与财务管理目标之间还存在较大的鸿沟，要想改变这一现状，就需要制定一套合理完善的成本控制优化策略。我国企业应该跟随时代发展潮流，构建完善合理的财务管理部门，加强对企业内部财务管理工作的监督，避免虚假报表、徇私舞弊现象的发生，具体做法如下：第一，我国企业应该分别设置内部控制部门和审计部门，由内部控制部门对财务管理工作进行监督管理，保证财务人员将财务管理的原则、理念落实到实际行动当中，然后由审计部门对财务管理结果进行审核，保证财务数据的真实性；第二，我国企业应该适当增加会计部门的数量，并对相关人员的职能工作做出明确的说明，与生产部门、销售部进行出良好的对接工作，确保每一项财务工作都有专人负责，使得企业内部财务管理工作得以顺利进行；第三，我国企业应该根据不同的业务，设置不同的财务人员，针对发展势头良好的业务，应该加派财务管理人员，由财务管理人员定期向总部提交会计核算资料，提高财务管理水平。

在未来发展过程中，我国企业要想方设法提高财务管理人员的能力水平，为财务管理工作的顺利开展奠定良好的基础。第一，要定期对财务人员进行针对性的培训，在提高财务管理人员理论水平的同时，提高财务人员的专业素质和职业道德修养，帮助财务管理人员掌握一些基本的法律知识、税务知识；第二，应该做好人才招聘工作，面向全社会招收大量的高素质财务人员，适当提高财务人员薪资福利待遇，在提高企业吸引力和竞争力的同时，更好地留住专业财务人员，为企业的未来发展提供源源不断的推动力；第三，应该改变传统的“一言堂”模式，赋予财务管理人员一定的管理权限，使得财务管理人员发挥出相应的职能作用。此外，我国企业还可以引导其他部门共同参与财务管理工作，让其他发表自己的见解和看法，从而保障财务管理工作的公平合理性。

本书按照由浅入深、由易到难、循序渐进的写作思路展开论述与研究。以财务管理与成本管理为主题，突出了财务管理与成本控制基本概念、基本理论和基本方法，并阐述了企业财务管理的细节，深刻剖析了成本管理体系，进一步丰富和完善了本书的内容，同时体现了成本控制与财务管理领域取得的一系列进展和创新。

目 录

第一章 财务管理的基础认知

第一节 财务管理的基本概念

财务管理作为一项金融管理工作，主要负责策划企业财务活动、管理企业财务关系。因此，只有对企业的财务活动与财务关系进行深入的研究，才能更好地理解财务管理的内涵。

一、企业财务活动

企业财务活动是指围绕资金的收入与支出展开的企业资金收支活动。在社会主义市场经济的背景下，所有的物资都反映了不可或缺的社会劳动力，以及社会再生产过程中物资所具有的价值，即资金。资金是企业在市场经济大背景下开展生产经营活动的基础。企业开展生产经营活动的主要表现可以分为两点：一是持续性地买进和出售物资，二是资金的收入与支出。企业财务活动的单独表现由企业财务的收入和支出组成。

企业的财务活动可分为四个方面，分别是企业筹资引起的财务活动、企业投资引起的财务活动、企业经营引起的财务活动和企业利润分配引起的财务活动。

（一）企业筹资引起的财务活动

资金是企业开展生产经营活动的基础。企业资金收入表现为发行债券、吸收直接投资、发行股票等；企业资金支出则表现为企业偿还借款、支付利息、支付股利以及支出各种筹资费用等。企业因筹集资金而产生的资金的收入与支出，便是企业筹资而引起的财务活动。

企业管理者在筹集资金的过程中，要提前确定企业筹集资金的数目和方式。企业管理者在制定筹资决策时必须考虑以下两点：一是确保筹集的资金能够支持企业顺利地开展生产经营活动；二是确保企业能够应对筹集资金可能引起的各种危机，不会因为偿还能力不足而陷入财政危机。

（二）企业投资引起的财务活动

在生产经营活动中通过投资来获取利润是企业筹集资金的最终目标，并以此使企业自身的能力和水平得到提升。投资主要分为两种：企业使用筹集的资金购买企业经营所需的无形资产和固定资产，属于企业的对内投资；而企业使用筹集的资金购买其他企业的债券和股票、并购其他企业、与其他企业展开合作等则属于企业的对外投资。如果企业变卖其通过对内投资获得的无形资产和固定资产，或者收回对外投资，就会产生资金收入，这就是企业投资引起的财务活动。

由于企业的经济能力有限，企业在进行投资时，倾向于在可带来更大效益的项目上投入更多的资金。一般情况下，投资的收益要经过相当长的时间才能有所体现。因此，企业管理者在对投资案例进行分析时，不仅要分析资金的收入与支出，还要考虑企业获得收益的时间。一般情况下，一个投资项目的好坏与其获得收益的时间成反比。

投资项目都存在风险，企业管理者需要对可能导致危机的因素进行统计，制订多个应对方案。

（三）企业经营引起的财务活动

企业的生产经营活动势必引起资金收入与资金支出。一方面，企业需要购买商品或者材料，以便开展销售和生产活动，同时还要支付员工的薪酬和营业所需的费用，由此产生资金支出；另一方面，企业在售出商品或产品后会获得收益，由此产生资金收入。一旦企业的资金状况不足以支撑企业的生产经营活动，那么企业就需要通过短期借贷来获得资金。这种由企业的经营活动引起的企业资金的收入与支出就是企业经营引起的财务活动。

企业经营引起的财务活动的核心要素是资金的流转问题。在企业开展生产经营活动的过程中，资金流转的速度越快，就越可以利用等量的资金生产出更多的商品，从而获取更为丰厚的利润。因此，如何提高资金的流转速度，使资金得到最大限度的利用，是企业管理者在企业的生产经营活动中需要重点关注的问题。

（四）企业利润分配引起的财务活动

企业在开展生产经营活动的过程中，通过对外投资可获得一定的利润。企业在分配时获得的利润要遵循一定的标准。首先，企业要依法缴纳税款；其次，企业需要用获得的利润弥补企业的损失，并提取公积金和公益金；最后，企业要将获得的利润分配给投资人。这就是企业利润分配引起的财务活动。

企业管理者在分配获得的利润时，须明确股利支付率的高低，即确定分配给投资人的税后利润。如果股利支付率较高，企业就需要支出大量的资金，从而影响企业二次投资的水平；如果股利支付率较低，投资人就可能产生不良情绪，已上市的企业的股价甚至可能因此大幅下降，使企业的市值受到影响。因此，企业管理者必须结合企业的实际状况，制定利润分配的最优制度。

这里阐述的四个方面的财务活动关系密切、彼此依托，共同构成了企业的财务活动。此外，这四个方面的财务活动也体现了财务管理的基本内容，即企业筹资管理、企业投资管理、企业经营资金管理和企业利润分配管理。

二、企业财务关系

企业在开展财务活动时与相关各方面产生的经济联系就是企业财务关系。例如，企业的筹资、投资、经营以及利润分配与企业生产经营的各个环节都息息相关。企业财务关系通常可分为以下七个方面。

（一）企业与其所有者之间的财务关系

企业的所有者向企业投入资金，企业将投资所得的资金回报给企业的所有者，这就是企业与其所有者之间的财务关系。企业的所有者一般可以分为四种，分别是法人单位、个人、外商、国家。企业的所有者要依据筹资的章程、协议、合同中的相关规定履行筹资的义务，以保证企业能够及时、足额筹得资金。企业在开展生产经营活动时运用资金获得利润后，要按照章程和合同中的标准或按照企业所有者出资的比例，向企业所有者分配企业获得的利润。企业所有者和企业之间的财务关系体现了所有权的本质特点——企业所有权模糊的共有性，并对所有权和经营权之间的关系做出了说明。

（二）企业与其债权人之间的财务关系

债权人将资金借给企业，企业在规定的时间内按照借款合同中的要求，偿还债权人本金并支付利息，这就是企业与其债权人之间的财务关系。企业在开展经营活动时向他人借入一定数目的资金，可以使企业在缩减成本的同时扩大经营规模。企业的债权人通常可以分为四种，分别是持有债券的人、贷款机构、提供商业信用的人和将资金借给企业的机构或个人。企业使用债权人的资金之后，需要按照合同约定的利率支付利息、归还本金。企业与企业债权人之间的关系实际上就是债务和债权之间的关系。

（三）企业与其被投资企业之间的财务关系

企业可通过直接投资或购入股票的方式向其他企业投入闲置的资金，从而与被投资企业形成经济上的联系，即企业与被投资企业之间的财务关系。企业应该履行约定的出资义务，对被投资企业进行投资，参与被投资企业的利润分配活动。企业与其被投资企业之间的财务关系实际上就是所有权性质的投资和受资之间的关系。

（四）企业与其债务人之间的财务关系

企业将资金转借给其他单位时，往往采用商业信用、贷款和买入债券等方式，而由此产生的财务关系就是企业与其债务人之间的财务关系。企业有权利在将资金借给其他单位后要求债务人按照规定偿还本金并支付利息。企业与其债务人之间的关系实际上就是债务人和债权人之间的关系。

（五）企业内部各部门之间的财务关系

在企业生产经营的各个环节中，企业的各个部门会因提供劳务或产品而产生财务关系，这就是企业内部各部门之间的财务关系。在内部核算机制的背景下，企业的产、供、销部门对彼此提供的劳务与产品需要计价结算。由此可见，企业内各个部门之间的财务关系，实际上就是企业内部各个部门之间的资金结算关系。

（六）企业与员工之间的财务关系

企业向员工支付劳动薪酬就是企业与员工之间的财务关系。企业在向员工支付报酬、奖金、津贴时，需要以员工的劳动效率与劳动数目为参考，即实行按劳分配。企业与员工之间的财务关系，可以体现企业与员工之间的劳动成果。

（七）企业与税务机关单位之间的财务关系

企业参照税法的相关规定缴纳税款时与税务机关单位之间产生的财务关系就是企业与税务机关单位之间的财务关系。所有企业在纳税时都要以国家的税法为标准，依法纳税。企业在纳税时，必须按时纳税、足额纳税。纳税是企业应当履行的义务，也是在为国家的发展贡献力量。企业与税收机关单位之间的关系，实际上就是依法征收税款和依法缴纳税款之间的关系。

三、企业财务管理的特点

企业财务管理十分复杂，其涵盖的内容涉及多个方面，包括技术管理、劳务管理、销售管理、设施管理、财务管理、生产管理等。这些方面彼此联系，并且都具备个性化和分工明确的特质。

（一）财务管理是一项综合性管理工作

财务管理是企业管理中的一项重要内容。随着企业的发展，企业管理在权利分配和工作分配的过程中，更趋系统化和专业化，逐渐形成了以管理价值、管理使用价值、管理劳动要素、管理信息等为核心的综合管理体系。为紧跟社会经济发展的趋势，企业在管理经营活动中会使用价值形式。使用价值形式可以合理地策划和管理企业的全部生产经营活动和物质资源，持续提高企业的收入，实现企业效益最大化。因此，作为企业管理重要内容之一的财务管理是一项综合性的管理工作。

（二）财务管理与企业各方面存在广泛的联系

在企业的生产经营活动中，财务管理和企业内部各个部门在资金方面的收入与支出活动有着密切的联系。财务管理渗透到了企业经营的方方面面。

企业内部的各个部门通过资金与企业的财务管理部门产生联系，各部门在企业财务管理部门的指导下，保证企业的资金得到充分、合理的运用。

（三）财务管理能迅速反映企业生产经营状况

在企业财务管理的过程中，企业财务指标能够及时判断出企业的经营、决策是否适宜，反映出企业的产品和技术可能存在的问题。例如，通过企业财务指标，可以了解企业生产商品的销售情况，帮助企业做出正确的决策，带动生产和销售的发展，提升资金的流转速率，提升企业的利润。这也体现了财务管理与企业其他管理工作的联系。财务管理部门应当在工作中履行随时向企业负责人汇报企业财务指标波动状况的义务，为企业的经营发展提供参考。

综上所述，企业财务管理是企业管理工作的一部分，其实质是依据财务管理的规范，遵循相关法律法规，策划企业财务活动，协调企业的财务关系。

第二节　财务管理的目标

系统论指出，体系循环的好坏由目标决定。财务管理也是如此，企业财务管理体系受到企业财务管理目标的影响。因此，确定企业财务管理目标是一项非常重要的工作。

一、企业财务管理目标应遵循的原则

（一）利益兼顾原则

投资方、债权人、企业管理者、公众与政府是企业的主要利益相关人员。为了明确企业财务管理的目标，应从整体、客观的角度出发，尽可能保障所有利益相关人员的利益。

（二）可靠计量原则

通过可靠的计量方法，可以明确企业财务管理目标，使企业财务管理目标更具有应用价值。

（三）有效控制原则

企业只有通过高效的监管与自身的积极进取，才有可能实现企业财务管理目标。如果企业财务管理目标不合理，可能导致企业产生不可估量的损失。

（四）可持续发展原则

企业财务管理目标应当能够解决即时运营问题，满足短期分配，使所有利益相关人员之间实现互补并同时进行统筹，从而将企业的发展能力发挥到极致，使企业得以稳固、长期并迅速地发展。

二、企业财务管理目标的类型

财务管理目标是企业希望通过财务管理达成的目标，是判断企业财务管理活动是否合理的准绳。为了使企业的财务管理理论更加完备，对实际的财务管理进行有效的指导，必须确定合理的财务管理目标。财务管理目标可以反映企业财务状况的变化，是财务管理理论的行动方向与核心因素。

财务管理目标会影响财务管理的运行制度，因此，设定合理的财务管理目标，可以改善企业的财务管理行为，有利于企业实现利润最大化。合理的财务管理目标，不仅是构建合理的财务管理理论框架的必要条件，也是完善财务管理活动的必要条件。也就是说，财务管理目标对于财务管理的实际操作和理论都有着关键性的作用。

确立财务管理的最终目标是做好财务管理工作的先决条件。作为企业管理的一部分，企业财务管理应做到全面考虑，保证其目标与企业整体的最终目标相同。从实质上来讲，大部分企业的最终目标都是通过经营和生产活动，获取更大的经济效益，使企业自身的水平得到提升。由于不同企业的管理体系、发展规划不同，在财务管理目标方面也存在一定的差异。

（一）以利润最大化为目标

西方微观经济学的理论基础是利润最大化。因此，国外的金融学者一般会根据利润最大化来判断企业的生产经营活动和业务水平。一些专家和学者认为，企业创造的经济效益表现为利润，利润越高，企业的经济效益就越明显，就越靠近企业的整体目标。也就是说，企业在固定时间内的经营收入与经营支出之间的数额差异就是利润额，在计算时应遵循收入费用配比原则，全面地反映出企业的投入与产出之间的关系。

企业的利润直接关系股东权益。股东对企业净资产的所有权就是股东权益，包括股本、资本公积金、盈余公积金和未分配利润四个方面。其中，股本是指投资方投入企业的全部资金，在不增发的前提下，股本不会增加。资本公积金则是由资产重估增值、股本溢价等形成的。通常情况下，企业的经济效益不是由企业目前的经营状况所决定的，它主要表现在盈余公积金和未分配利润两个方面，而这两个方面容易受到利润的影响。因此，以财会的观点来看，以利润最大化为目标不仅有利于保证股东权益，还有利于企业的发展。

如今，我国在大多数情况下仍然以利润的多少来评价企业的经营状况。例如，企业为了扩大股份而增加投资数额时，要对企业最近三年的盈利状况进行充分的调查；在对企业经理等员工的工作成绩进行评价时，一般会将利润作为核心指标。然而，利润最大化在长期的实践中也表现出以下不足之处。

第一，利润最大化没有将项目获得回报的用时纳入考虑的范畴。例如，目前有 A 和 B 两个可以进行投资的项目，且利润都是 100 万元。如果不对项目获得回报的时间加以考虑，就不能断定哪个项目更适合企业的发展。假如 A 项目与 B 项目相比，获得利润的用时较短，则 A 项目对于企业的发展更有意义。

第二，利润最大化没有将危机状况纳入考虑的范畴。通常情况下，利润越高，危机系数也就越大。如果为了实现利润最大化而选取危机系数较高的投资项目，就可能导致企业的发展受到严重的威胁。假设 A、B 两个投资项目的利润都为 100 万元，而且获得回报的用时相同，但是 A 项目所获得的利润的形式为现金，而 B 项目所获得的利润的形式为应收账款，就可能存在无法收回的风险。显然，A 项目对企业而言是更好的选择。

第三，利润最大化未将投入的资金与利润之间的关系纳入考虑的范畴。如果 A、B 两个投资项目利润都为 100 万元，获得回报的用时相同，并且所获得的利润的形式都是现金，但是A项目所需要的资金数额为100万元，而B项目所需要的资金数额为300万元，那么显然 A 项目优于 B 项目。

第四，利润最大化只能反映企业在过去某阶段的收益情况，并不能体现企业在未来的收益状况。虽然净利润可以保证股东权益、增加企业财富，但并不意味着企业持续经营和持久盈利的能力得到了增强，也不能保证股东在未来能够获得回报。

第五，利润最大化可能令企业的财务策略朝着短期行为的方向发展。一般情况下，利润最大化会使企业将精力集中在企业的盈利上，而忽略自身的未来发展。例如，企业为了提高经济效益，可能缩减培训员工、购买技术设施、开发商品等方面的费用，这明显不利于企业的长远发展。

第六，如果仅以利润作为衡量企业经营状况的标准，可能导致无法掌握企业经营的真实情况。在同样的财务状况下，财会处理方式的灵活性与丰富性会对利润造成不同的影响。例如，一些企业为了使现金收入有所提升，会变卖自身的资产。这种行为虽然看似有所盈利，但是企业的经济效益并没有得到实质性的提高。

（二）以股东财富最大化为目标

通过有效地运用资金，为股东争取最大的经济效益，就是股东财富最大化。在股份制企业内，股东的资产由两个方面决定，分别是股票的价格和股东持有的股票数目。在股票数目固定的情况下，当股票价格的涨幅达到最高时，企业就可以实现股东财富最大化。因此，可以说股东财富最大化就是股票价格最高化。然而，学术界对于“股东财富最大化与股票价格最高化能否互相转变”的论述仍然存在争论。实际上，在做出有效资本市场假说的前提下，可以认为股票价格是衡量股东财富的最佳指标。

有效资本市场假说最早是由尤金·法玛（Eugene F.Fama）提出的，他参照所有已经公开的资讯、内部消息与历史消息对股票价格的影响，把有效市场分成了三种，分别为弱式有效市场、半强式有效市场和强式有效市场。在有效的资本市场中，与价格相关的讯息能够由证券价格完整、快速地展现出来，这时，股东财富就可以转换为股票价格。虽然目前人们对资本市场的有效性还存在争论，但是严谨来看，有效的资本市场是不能被否定的，而且在市场逐渐趋于完善和监管措施不断加强的背景下，市场已经开始朝着有效的方向发展。

从理论上说，股东财富可以表现为在未来获得的净现金流量，而股票价值就属于净现金流量。股票价值的主要影响因素有两个：一个是企业在未来获得现金流量的能力；另一个是现金流入的时间和风险。由此可见，与利润最大化相比，以股东财富最大化为目标具有以下几点优势。

①股东财富最大化同时考虑了现金流量的风险和获得回报的时间，因为股票价格会受到这两个因素的制约。

②股东财富最大化可以从一定程度上改善企业为获取更多的利润而做出的短期行为，因为企业未来获得现金流量的水平决定了股票的价格。

③股东财富最大化可以反映资本与收益之间的联系，因为企业投入资本的市场价格会通过股票的价格来体现。

另外，衡量企业财务策略可行性的标准就是股东财富，因为企业的投资、筹资和财务管理策略的效率都可以反映股票的价格。这一点可以通过企业的投资工具模型进行分析。

通过投资工具模型可以基本了解企业的相关情况。模型中的投资者是股东，即委托人，主要通过金融市场或金融中介向企业提供资金，委托经营者管理企业。企业的经营者是代理人，负责利用股东提供的资金进行投资，与外界（包括市场、竞争对手、政府等）进行货币和实物资产交换，并将获得的利润分配给投资者。此外，经济市场和外部因素会对企业的筹资策略与股利策略产生制约，而这些策略影响着企业的经营规模、资金和利润的增长，还会对企业未来的现金流量产生一定的作用，影响股票的市场价格。因此，企业要在考虑多方因素的前提下制定相关的财务策略，以达到股东财富最大化的目的。

虽然股东财富最大化的观点已经得到了人们的普遍认可，但是雇员、供应商、债权人等与企业经济效益相关的人员在企业的生产经营中扮演着越来越重要的角色。因此，有人提出了相关人员财富最大化的看法。相关人员财富最大化认为，企业在设立财务管理的目标时，不能仅围绕股东的权益，而应当平等地看待股东和其他经济利益相关人员（如职工、供应商、政府管理人员、贷款者等）。针对这种看法，支持股东财富最大化的研究人员提出，在实现股东财富最大化的同时，并没有忽视相关人员的利益。股东财富最大化可以使企业的全体资产得到提升，能够保证其他利益相关人员的利益不会受到损害。此外，参照相关的法律法规，股东手中掌握的财务要求权为“剩余要求权”，即在满足其余相关人员的利益后剩下的权利。也就是说，企业应当首先向职工支付薪水、向债权人支付利息、向政府纳税、向供应商支付货款，再向股东分配利润。

契约经济学认为，企业的管理者、员工、供应商等各方利益相关人员通过书面合同确定了合作的相关约定，保护自己的利益不被股东侵犯，即使企业没有与利益相关人员签订书面合同，也会受限于社会道德和法律法规，一旦企业违反了契约中的相关规定，利益相关者就会中断与企业的合作，企业最终也会因此遭受损失。

基于以上几点可以得知，在对股东财富最大化进行限制的前提下，可以将股东财富最大化作为企业财务管理的目标。对股东财富最大化进行限制需要做到以下几点。

①优先保证利益相关人员的利益，避免出现股东剥削利益相关人员的现象。

②不包含社会成本。企业在追求股东财富最大化的过程中所消耗的成本都由企业负担。例如，企业在追求股东财富最大化的过程中不能造成严重的环境污染，因为这种环境污染需要政府动用财政资金进行处理。

企业如果能够做到以上两点，那么其在追求股东财富最大化的过程中与利益相关人员的矛盾将不复存在。企业经营者就可以集中精力实现股东财富最大化的目标，从而使企业存在的意义最大化。

需要注意的是，对于已经上市的企业而言，股东财富是一个便于获取的指标。对于未上市的企业而言，其价值就是企业在市场上的售价，或者是投资者转让自己的出资后所获得的现金。然而，对于一个处于正常经营状态的企业而言，其价值很难用这种整体出售的价格来衡量。因此，从实际出发，可以通过产值估算或者参照企业将来的现金流量来衡量企业的价值。

（三）以企业价值最大化为目标

企业未来现金流量的大小、能够保持长期发展的时间与加权平均资本的高低这三个因素决定了企业自身的价值。这三个因素均不属于静态因素，因此无法对其进行精确的测量，也无法被作为判断一个企业价值的标准。由此可见，以企业价值最大化为目标显然缺乏可执行性。

（四）以各方利益最大化为目标

各方利益最大化意味着最大限度地实现债权人、投资方、企业管理者、群众与政府的利益。

1. 实现各方利益最大化的方法

要想实现各方利益最大化的财务管理目标，必须衡量利益相关人员的利益。

衡量投资方的利益的途径有净资产利润率、净资产保值增值率、每股净资产、每股股利、每股收益、每股市价。当这六个指标达到最高值时，就实现了投资方利益最大化。

衡量债权人的利益可以通过财务杠杆率、流动比率、资产负债率、速动比率、利息保障率、现金比率和债务到期偿还率七个指标进行衡量。当这七个指标实现最大化时，就实现了债权人利益最大化。

企业员工的利益可以通过工资在企业经营效益中所占的比例、工资在企业经营成本中所占的比例、工资涨幅与企业经营效益涨幅之比、工资涨幅与企业经营成本涨幅之比、工资涨幅与企业增加值涨幅之比、工资涨幅与劳动生产效率涨幅之比进行衡量。当以上指标达到最高值时，就实现了企业管理者利益最大化。

政府的利益可以通过六个指标来衡量，分别是税费违规率、税费完成率、社会贡献率、社会积累率、政府投资完成率与社会保障完成率。当税费违规率达到最低、其余几个指标达到最高值时，就实现了政府利益最大化。

群众的利益可以通过维护客户的权益、保护环境、售后服务、劳动督查、劳动保护、安全生产、技术督查七个指标进行衡量。群众利益最大化即在符合相关法律法规的前提下实现以上七个指标的最大化，进而缩减群众利益的损失。

需要注意的是，从某种意义上讲，政府的利益即群众的利益，群众的利益也是政府的利益，不能将二者割裂开来。

综上所述，企业财务管理的最高目标，即实现各方利益最大化。

2. 各方利益最大化可助力企业长期、稳定发展

在企业的财务管理活动中，如果投资者的利益受到了忽视，投资方就有可能选择更换企业管理者，或者选择撤资、转移投资，导致企业无法继续发展；如果债权人的利益受到了忽视，债权人就有可能通过法律途径维护自身的利益，使企业发展受到法律控诉的桎梏，给将来的筹资活动造成阻碍，导致企业难以走出困境；如果企业员工的利益受到了忽视，会影响企业员工的工作积极性，导致企业员工另谋高就；如果政府的利益受到了忽视，那么企业就容易受到法律制裁与行政处罚；如果群众的利益受到了忽视，那么企业不仅会受到法律制裁与行政处罚，还会遭受群众的反对与谴责。这些都会给企业的长期发展带来阻碍。

因此，唯有将企业财务管理的最高目标设置为各方利益最大化，在财务管理活动中考虑、调和、衡量多方利益，使投资方、债权人、企业员工、政府与群众同时从企业的经营活动中获利，方可使企业保持长期、稳定地发展。

3. 各方利益最大化符合中国特色社会主义的基本要求

共同富裕是中国特色社会主义的根本原则。投资方、债权人、企业员工、政府与群众是一个企业的利益主体，将利益主体的利益最大化作为企业财务管理的最高目标，从本质上体现了中国特色社会主义的基本要求。由此可见，债权人、投资方、企业员工、政府与群众的利益最大化与资本主义体制下的股东财富最大化存在本质上的差异。

三、财务管理目标与利益冲突

（一）委托—代理问题与利益冲突

20 世纪 30 年代，经济学家伯利和米恩斯因为洞悉企业所有者兼具经营者的做法存在着极大的弊端，于是提出“委托—代理理论”，倡导所有权和经营权分离，企业所有者保留剩余索取权，而将经营权利让渡。与委托—代理问题有关的利益冲突是财务管理目标更深层次的问题，委托—代理问题的存在及其利益冲突的有效协调直接关系财务管理目标实现的程度。

传统的委托—代理问题是指由于企业的所有权和经营权的分离而导致的债权人与股东、企业管理者与股东之间的代理问题。迈克尔·詹森和威廉·梅克林认为，由于企业的管理状况在不断变化，主要的委托—代理问题体现为中小股东与大股东之间的关系，而这一委托—代理问题必将引起代理人和委托人之间的利益冲突。

1. 企业管理者与股东之间的矛盾

企业管理者受股东的委托管理企业，要与所有股东一起分享企业利润。企业管理者期望能够获取更多的利益（如提升薪水、空余时间和在职消费等），股东却期盼运用最少的管理成本获取最丰厚的股东财富，这就形成了企业管理者与股东之间的矛盾。化解这一矛盾可以采用鼓励、制约和惩罚三种方法。

首先是鼓励。鼓励就是将企业管理者的薪酬与其工作业绩联系起来，促使企业管理者积极主动地运用各类举措提升业绩，从而实现股东财富最大化的目标。鼓励可以分成两种形式：一种是绩效股的形式，即根据制定的绩效评价标准对企业管理者的业务水平进行评估，再根据评估结果给予企业管理者相应的股票数目；另一种是对企业管理者实行股票期权策略，即允许企业管理者在约定的时间内以提前商定的价格购入股票。显而易见，倘若企业管理者能够在未来 5 年以每股 10 元的价格购入 20 000 股股票，他就有动力在 5 年内将每股价格提升到 10 元以上。这对于提升股东的利益十分有利。

其次是制约。机构投资者掌握着企业大部分的股票，对企业的运营具有关键的作用。他们可以与企业管理者展开谈判，并对企业的经营发表看法。实际上，机构投资者已经成为分散股东的代言人。相关法律中增加了相关的规定，以保证中小股东可以对企业决策进行直接干预。例如，单独或合计持有企业 3% 以上股份的股东，可以在股东大会召开十日前以书面形式向董事会提出临时提案。董事会应在收到提案后的两日通知其他股东，并将该临时提案提交股东大会审议。需要注意的是，董事会仅有将临时提案通知给其他股东并提交股东大会审议的权利，无权对临时提案展开实质性的审阅查验，也无权决定是否需要将其提交给股东大会。

最后是惩罚。一旦企业管理者的工作出现了重大失误，如未遵守相关的法律规定等，股东大会有权解聘企业管理者。

2. 中小股东与大股东之间的矛盾

一般情况下，控股股东是企业最大的股东。大股东拥有企业大部分的股份，可以对董事会与股东大会的决策进行控制，也可以任命企业的最高管理层，以达到控制企业的目的。中小股东持有的股份一般较少，通常无法参与企业的经营管理。虽然中小股东有权依据持股的比例要求企业保证其利益，但是因为大股东与中小股东获取的信息存在巨大的偏差，所以大股东极易通过各种途径侵犯中小股东的利益。

大股东侵犯中小股东的利益主要表现在以下五个方面：①通过联络性贸易实现企业的利益转移。例如，大股东以较高的价格将价格低廉的资产兜售给企业，或者大股东以低廉的价格购入企业优质资产。②采用不法手段侵占企业的巨额资金，或者以企业的名义进行恶意融资与担保。③欺侮企业的中小投资方，散布缺乏真实性的消息，控制股票的价格。④将专项津贴和薪酬超额支付给大股东派遣的高级管理人员。⑤通过不合理的股利策略导致中小股东的利益遭受侵害。

目前，大股东侵害中小股东利益的情况屡见不鲜。因此，如何保护中小股东的利益成为一个亟待解决的问题。目前，保护中小股东利益的策略主要有以下几种。

首先，要使企业的管理体系更加完善，使董事会、监事会和股东大会能够互相监督和制约。具体而言，要运用法律，增加投票权、知情权和裁决权在中小股东中的比重。相关法律要求股东大会在选举监事或董事时，可以依据股东大会的决议或企业章程的规定，采取累积投票制。由此可以防止大股东对监事或董事的选举加以控制，弥补“一股一票”投票制的缺陷；对股东浏览与拷贝企业的相关政策、会计账簿与经济报告等权限进行相关说明；增强董事会中独立董事的比例，在董事会中行使表决权，为维护中小股东的利益发声；完善监事会，使监事会能够监管企业管理者与董事会，从本质上确保监事会的自主性，同时给予监事会更大的起诉与监管权限。

其次，要对企业的信息披露体制加以规范，确保信息的完整性、真实性和时效性。信息的完整性即全面公开可能对投资方做出决策产生影响的信息；信息的真实性意味着应在公示消息中公布企业运营的真实情况；信息的时效性则意味着信息的传递要及时，以便投资方迅速地做出相关决定。此外，还要对展示信息的原则与财会系统加以改善，对披露信息的监督力度，对于擅自披露信息的行为要严加惩治。

3. 债权人与股东之间的矛盾

当债权人将资金借给企业时，企业与债权人之间就产生了委托代理关系。然而，当企业运用债权人提供的资金取得了较大收益时，股东就可能侵犯债权人的利益。

例如，股东在未征得债权人许可的情况下，对超出债权人期望风险的项目进行投资。如果项目进展顺利，股东将获得巨大的利润；如果项目进展不顺利，债权人的利益就会受到损害。从债权人的角度来说，在这种情况下，其所面临的风险与回报是不对等的。再如，股东未经债权人同意发行新的债券，增加了企业的负担。如果企业破产，债权人的资产就会受到损失。因此，这种做法增加了债权人所面临的风险。

面对上述可能发生的情况，债权人具有以下两种对策：首先，债权人会在债务相关条款中设置规范性的条款，以维护自身的利益不受损失；其次，如果债权人发现自己被股东利用，就会减少与企业的业务往来，还可能要求企业以高利率的方式补偿自身的损失。这些措施可以一定程度上限制股东的行为。

（二）社会责任与利益冲突

要想实现股东财富最大化，企业必须承担社会责任，而承担社会责任需要付出一定的代价。为了弥补成本，企业就会对产品的售价进行提升，这不可避免地会导致企业在与同行业其他企业的角逐中处于弱势地位。此外，如果企业在社会公益类活动中投入了大量的资源，企业也会面对源于资本市场的重重困难。因为在资本市场中，投资方往往对利润增加和股价上涨的企业予以高度的重视，而对为社会公益活动投入大量资源的企业淡然置之。

尽管股东财富最大化的目标与承担社会责任之间存在矛盾，但企业必须承担社会责任。实际上，股东财富最大化与企业所需要承担的社会责任密切相关。例如，企业应当为职工提供安全的工作环境与合理的薪资待遇，否则员工的工作积极性将大大降低，影响企业利润，最终导致股东利益受损；企业要将优质的服务与产品供应给客户，否则就会流失客户甚至陷入被诉讼的危机，增加企业成本，最终使股东利益受损；企业不仅要维护自身的利益，还要对供应商的利益加以维护，否则供应商就会取消对企业的信贷销售，提升货品的供应价格；对于社会中的公益活动，企业也要承担相应的责任，树立良好的社会形象以有利于企业的长远发展。

企业不仅要积极主动地承担社会责任，还要通过法律法规规范自身行为，坚守产品安全，严格履行劳动合同，维护消费者的权益，防治污染，遵守相关法律法规等。

四、实现企业财务管理目标的措施

企业的财务管理目标受多方面因素的制约，由于不同企业财务管理的出发点存在差异，其财务管理目标也会有所不同，但它们有一个共同的标准，即企业价值最大化。

实现企业财务管理目标的措施主要有以下四点。

第一，制订完善的财务计划，并保证财务计划符合企业的整体战略目标，促进实现企业自身价值的最大化。首先，要根据企业的总体目标，拟定详细的财务管理策略。在拟定财务管理策略时，不仅要考虑财务方面的问题，还要考虑企业将来可能遇到的多种状况，提升企业应对突发状况的能力，把握为企业带来利润的机遇。其次，在明确财务管理策略后，要提前对资本进行估算，进而细化各种预算，如现金的收入和支出、长期投资举措和短期信用贷款等，并将其作为企业进行财务管理的基础和依据。

第二，使企业的投资回报率达到最大。调控成本是企业获取利润的基础性渠道，但仅依靠调控成本通常无法改变企业的危机状况。企业在管理流动资金、投资、证券时，要尽量减少成本，以获取最大的利润，从而最大限度地提高企业的整体边际效应。

第三，投资使企业的资金运用率达到最大。要使企业获利，低廉的成本和高资金利用率必不可少。转变资金的利用方式，运用有限的资金生产更多的高利润产品，可有效地改善资金运用率，激活存量资金，提升产品的数量，改进产品的功能结构，销售满足社会需求的产品既是市场的战略，也是成本—利润战略。从企业的策略角度来看，提升资金的运用率是实现企业价值最大化的实用性渠道。

第四，对财务进行正确的解析。一般情况下，企业在提高内部的监管能力时，倾向于对提升企业的盈利水平、筹资构造展开解析，对企业过去的经济状况和运营效果进行判断，对企业将来的运行态势进行预估。这样有利于企业发现亟待解决的问题，提升企业的经济效益和应收账目的转化率，为企业提供有价值的参考信息，帮助企业早日达成财务管理目标。

第三节　财务管理的内容

企业财务管理所涵盖的内容十分广泛，如企业筹资、企业投资、营运资金、存货、利润分配等。财务管理作为一项财务监管工作，还需要负责协调各方关系，策划企业财务活动。由此可见，企业的财务管理关系着企业的命脉，可以说财务管理就是企业的心脏。

需要注意的是，企业财务管理的各项内容不是毫无关联、彼此分裂的，而是彼此依托、相互维系的。

一、筹资管理

筹资的目的是保证企业的生产经营和企业的投资活动的顺利进行。

（一）筹资的类型

筹资可以分为以下三种。一是股权筹资。股权筹资可以形成股权资本，使企业可以合法地长期拥有股权资本并对其进行运用。一般情况下，企业通过股权进行筹资不需要偿还本金，且面临的风险较小，但需要付出较高的资本成本。二是债务筹资。债务筹资是指企业通过借款、发行债券、赊账购入商品或服务等方式筹集资金，企业通过债务筹资需要在债务到期时偿还本金和利息。企业通过这种方式筹集资金面临的风险较大，但是付出的资本成本较低。三是留存收益。下面分别对这三种筹资进行介绍。

1. 股权筹资

非股份制企业通常采取吸收直接投资的方式进行股权筹资。吸收直接投资可细分为吸收国家投资、吸收外商投资、吸收社会公众投资、吸收法人投资。在吸收直接投资中，资金的出资方式包括以货币资产出资、以实物资产出资、以土地使用权出资、以工业产权（如专有技术、商标权、专利权、非专利技术等无形资产）出资。

吸收直接投资具有许多优点，如可以快速提高企业的生产能力、信息沟通成本低、筹资费用低等，但同时它也具有资本成本高、企业控制权集中、企业治理较难、不利于产权交易等缺点。

股份制企业通常通过发行股票的方式进行股权筹集。股票可以分为四种，分别是普通股、优先股、记名股、不记名股。普通股是指企业发行的与股东享有平等的权利与义务，没有特别限制和固定股利的股票。优先股通常以普通股中可分配的股利作为保证。当普通股的利润分配降至 0 后，优先股的股息收益率也为 0。实际上，优先股就是股份制企业以举债集资的方式发行的股票。记名股是指股票票面和企业股东名册上记载股东姓名的股票，与不记名股相对应。不记名股是指股票票面和企业股东名册上没有记载股东姓名的股票。它与记名股的不同之处不在于股东权利，而在于股票的记载方式。

2. 债务筹资

债务筹资是指企业按约定代价和用途取得且需要按期还本付息的筹资方式。债务筹资的实质是单方面的、不涉及所有权变化的资本使用权的临时让渡。

债务筹资具有以下四个优点。

①筹资的速度较快。

②筹资的弹性较大。

③资本成本负担较轻。

④债务筹资有利于稳定企业的控制权。

一般来说，与股权筹资相比，债务筹资的资本成本很低。这一点表现在三个方面：一是筹集资金所需的手续费用较低；二是利息、租金等用资费用较低；三是可以在税前支付利息等资本成本。

与此同时，债务筹资还具有一些缺点，具体如下。

①不利于企业形成稳定的资本基础。

②财务风险较大。

③债务筹资可筹集到的资金数额有限。

通过债务筹资获得的资金有固定的到期日和固定的利息负担，而且通过抵押、质押等担保方式筹集到的资金在使用时会受到限制。

3. 留存收益

留存收益筹集资金的方法可以分为提取盈余公积金（盈余公积金是指当期企业净利润中提取的积累基金，提取基数是本年的净利润）、未分配利润。通过留存收益的方式筹集资金具有不会发生筹资费用、能够保持企业的控制权分布、筹资数额受到限制的点。

（二）筹资管理的基本目标

资本结构优化是企业筹资管理的基本目标，其标准是资本成本。

资本成本是企业在获取和使用资金时需要付出的代价。企业获取资金时需要付出的代价包括发行债券、股票的费用以及向银行以外的金融机构借款产生的手续费等；企业使用资金时需要付出的代价包括股利、利息等。

资本结构是指企业资本总额中各种资本的比例关系。合理的企业资本结构可以使企业提高股权收益或降低资本成本。股权收益即净资产报酬率或普通股的每股收益，资本成本即企业的平均资本成本率。

影响资本结构的因素包括企业经营的稳定性和成长率、企业的财务状况和信用等级、企业的资产结构、企业的投资者和管理者的态度、行业的特征、企业的发展周期、税务政策和货币政策。

资本结构优化要求企业权衡低资本成本和高财务风险之间的关系，降低平均资本成本率，以提高每股的收益。

实现筹资管理目标需要理解三个杠杆效应。

1. 经营杠杆效应

经营杠杆效应即固定性经营成本造成企业的资产报酬变动率大于业务量变动率。只要企业存在固定性经营成本，就会出现经营杠杆效应。一般情况下，经营风险系数越高，资产报酬等利润波动的程度就越大，企业的经营风险也越大；固定成本比重越高，成本水平就越高，产品的销售量和价格水平就越低，经营杠杆效应也就越大。

2. 财务杠杆效应

财务杠杆效应即固定性资本造成企业的普通股收益变动率大于息税前利润变动率。只要企业存在固定性资本成本，就会出现财务杠杆效应。资本成本中的固定性资本所占的比例越高，财务杠杆系数就越大。一般情况下，财务杠杆系数越高，普通股的收益波动程度越大，财务风险也就越大；债务成本比定资本的成本支付额越高，息税前利润水平就越低，财务杠杆效应也就越大。

3. 总杠杆效应

总杠杆效应即固定经营成本和固定性资本成本造成普通股的每股收益变动率大于产销业务量的变动率。只要企业存在固定性经营成本和固定性资本成本，就会出现总杠杆效应。在总杠杆系数一定的情况下，经营杠杆系数和财务杠杆系数呈负相关。

由此可见，固定资产比重较大的资本密集型企业的经营杠杆系数越高，经营风险越较大。因此，在筹资时应主要依靠权益资本，从而保持较小的财务杠杆系数和较低的财务风险。变动成本比重较大的劳动密集型企业的经营杠杆系数越低，经营风险越小。因此，在筹资时应主要依靠债务资本，从而保持较小的财务杠杆系数和较低的财务风险。处于初创阶段的企业的经营杠杆系数通常较大，因此在筹资时应主要依靠权益资本。处于扩张期企业的经营杠杆系数通常较小，因此在筹资时可以适当扩大债务资本。

二、投资管理

投资是指特定经济主体在一定的时期内向某一领域投放资金或事务等货币等价物，以实现资金增值或获得资金收益的经济行为。投资一般可以分为直接投资和间接投资、生产型投资和非生产型投资、对内投资和对外投资。企业的投资管理涉及以下两个方面。

（一）投资项目的净现金流量

投资项目的净现金流量是一种序列指标，具体是指项目每年的现金流入量与每年的现金流出量之差。其中，现金流入量是指在其他条件不变的情况下现金存量增加的变动量，现金流出量是指在其他条件不变的情况下现金存量减少的变动量。

（二）项目投资决策因素

项目投资决策因素包括需求因素、时期和时间价值因素以及成本因素。其中，需求因素主要是考察投资项目隔年的收入，成本因素包括投入阶段的成本和产出阶段的成本。

三、营运资金管理

营运资金是指除去流动负债后的流动资产。其中，流动资产是指一个营业周期内可以变现或运用的资产，主要包括货币资金、短期投资、应收票据、应收账款和存货。其特征为占用时间短、周转快、易变现等。如果一个企业的流动资产较多，那么企业所面临的财务风险就较小。流动负债是指一个营业周期内需要偿还的债务，主要包括短期借款、应付票据、应付账款、应付工资、应付税金及未交利润等。企业必须认真管理流动负债，否则可能导致企业面临较大的财务风险。

深入了解营运资金是管理好营运资金的前提。营运资金一般具有以下几点特征。

①周转时间短。营运资金可以通过短期筹资方式获取。

②非现金形态的营运资金，如存货、应收账款、短期有价证券等比较容易变现，有利于满足企业临时性的资金需求。

③数量的波动性较大。流动资产和流动负债容易受到各种因素的影响，此期数量波动性往往较大。

④来源具有多样性。企业既可以通过长期筹资的方式获取营运资金，也可以通过短期筹资的方式获取营运资金，如银行短期借款、短期融资、商业信用、票据贴现等方式。

四、存货管理

随着社会主义市场经济的不断发展，企业在社会经济发展中发挥着越来越重要的作用，企业财务管理的重要性也日益凸显，尤其是企业的存货管理。

（一）存货的类型

一般情况下，企业的存货可以分为以下三类。

①企业存储的待售存货，如工业企业的库存产成品以及商品流通企业的库存商品。

②正在生产的存货，如工业企业的在产品、自制半成品以及委托加工物资等。

③为了生产商品或提供服务消耗的存货，如各种原材料、燃料、包装物、低值易耗品等。

存货可以保证企业生产经营活动的正常开展，有利于企业销售产品、降低产品成本、防止意外事件发生。

（二）存货计价方法

1. 存货计价方法的类型

存货计价方法主要分为两种。即先进先出法和后进先出法，采用不同存货计价方法所得到的数据通常相差较大。因此，选择合适的存货计价方法尤为重要。

（1）先进先出法

先进先出法根据“先入库的存货先发出”这一假定成本流转顺序来对发出存货进行计价。采用这种存货计价方法，需要注意先购入的存货成本的转出时间应早于后购入的存货成本，只有这样才能计算出发出存货和期末存货的成本。

（2）后进先出法

后进先出法与先进先出法相反，其假定成本流转顺序是后购入的存货成本的转出时间应早于先购入的存货成本。此外，如果发出的存货数量超过了最近一批的购入数量，则超出的存货成本应按照前一批入库的单位成本计算。

（3）先进先出法与后进先出法的比较

先进先出法具有以下优点。

①能够清晰地反映资产负债表导向。企业采用先进先出法，就代表企业认为目前存货中的商品是最近购入的，因此可以得出与当前存货实际价值最接近的估价，并且这一结果不会受到通货膨胀的影响。

②能够准确地反映存货的实际流转情况，有利于企业的库存管理人员掌握存货的实时动态，从而更好地对存货进行管理。

③能够及时分析企业的经营业绩。因为先进先出法的存货成本是按最近购货价格确定的，所以期末存货成本比较接近现行的市场价值。

先进先出法的缺点是在物价上涨时期会导致企业的当期利润和库存存货价值被高估。

后进先出法具有以下优点。

①符合会计谨慎性原则。根据目前的市场大环境，未来必然出现物价上涨的趋势，但是企业的存货流转速度通常较快，因此物价波动一般不会对企业的总体利润产生太大的影响。

②有利于投资者准确地做出决策。后进先出法可以使企业收入和支出相配比，在一定程度上可以抑制利润的波动。此外，后进先出法反映出的信息较为真实。

③对企业起到了一定的激励作用。后进先出法有利于企业降低当期利润，从而减少企业因通货膨胀受到的损失，有效地降低企业利润虚高的问题，从而刺激企业的发展。

但是，后进先出法也存在一些缺点。例如，在实际操作的过程中，后进先出法要求企业必须严格记录每次存货的购入与发出，会计核算的工作量较大，不利于企业成本的降低。

在先进先出法下，本期销售成本是最早购入存货的成本，期末存货的成本是最近的采购成本。当采购价格上涨时，销售成本较低，所确定的利润就较高；反之，当采购价格下降时，销售成本较高，所确定的利润也较低。但是，在先进先出法下，期末存货成本最接近现行市价。后进先出法的本期销售成本是最近购入的存货成本，期末存货成本是最早购入的存货成本。当物价上涨，用后进先出法确定的销售成本要高于先进先出法，而且确定的利润较低；当存货成本上升时，后进先出法所确定的利润和期末存货成本较低，会导致企业存货的价值被严重低估。此外，由于期末存货是按照最早购入的存货成本计价的，在经过几年的生产经营活动后，企业的存货成本与现行成本会出现较大的差距。

一般情况下，中小企业或者私营企业适合采取后进先出法，因为后进先出法可以在降低利润的同时减少增值税额，能够保证企业的资金流，加快企业的资金周转速度，提高企业的生产运作效率。对于一部分工业企业而言，只要存货的流通速度达到一定的标准，采用后进先出法就可以为企业带来许多益处。

2. 存货计价方法对企业经营成果的影响

在企业资产中，存货是一项重要的组成部分，存货计价方法的选择对于企业的经营成果和财务状况具有直接的影响。在企业进行生产经营活动的过程中，存货一直处于流动的状态。企业现有的存货被不断发出，新的存货不断进入企业。随着时间的推移，存货的价格或单位生产成本可能发生明显的变化，因此存货的购买价格和生产成本的计算是企业亟待解决的重要问题。

分析存货计价方法对企业经营成果的影响需要了解以下几个计算公式。

利润总额 = 营业利润 + 补贴收入 + 投资净收益 + 营业外收入 − 营业外支出 1-1

营业利润 = 主营业务利润 + 其他业务利润 − 营业费用 − 管理费用 − 财务费用 1-2

主营业务利润 = 主营业务收入 – 销售折让 – 主营业务成本 – 主营业务税金

1–3

附加销售成本 = 期初存货成本 + 本期购货成本 – 期末存货成本

1–4

通过以上公式可以发现，存货对于企业经营成果的影响主要体现在销售成本和自用形成的营业费用、管理费用；存货主要用于对外销售，构成了销售成本；利润总额与主营业务成本、主营业务成本与期末产成品之间都具有反向变动关系；而利润总额与期末产成品之间具有正向变动关系。需要注意的是，为了使企业的记账方式更加有效，企业在编制会计报表时应对存货计价方法进行相应的说明。

五、利润分配管理

利润分配可以集中体现企业所有者、企业管理者与企业职工之间的利益关系，是企业进行再生产的条件以及优化资本结构的重要措施，是国家建设资金的重要来源。企业在进行利润分配时应遵循的原则有依法分配原则、分配与积累并重原则、兼顾各方利益原则、投资与收益对等原则。

（一）企业进行利润分配的程序

1. 弥补以前的年度亏损

企业在进行利润分配之前，应先弥补以前的年度亏损。一般情况下，企业可以用下一年度税前利润弥补以前的年度亏损，但是对于已经超过弥补年限五年的亏损，需要企业用税后利润来弥补。

2. 提取法定盈余公积金

提取法定盈余公积金的前提是企业可供分配的利润大于零。提取法定盈余公积金的目的是增加企业内部的积累，使企业扩大再生产的规模。法定盈余公积金的计算方法如下：

法定盈余公积金 =（本年度净利润 – 以前年度的亏损）×100%

1–5

如果当年的法定盈余公积金的累积额大于注册资本的 50%，企业可不再提取法定盈余公积金。如果企业想通过盈余公积金转增资本，就必须保证转增后的法定盈余公积金余额不得低于转增前的公司注册资本的 25%。

3. 向投资者分配利润

向投资者分配利润数额的计算方法如下：

向投资者分配利润 = 企业本年度的净利润 – 以前年度的亏损 – 提取法定盈余公积金后的余额 + 年初未分配的利润贷方余额

1–6

（二）企业进行利润分配时应注意的问题

①虽然股利的来源是税后利润，但是税后利润也不能全部用来发放股利。

②对于股份制企业而言，要想支付优先股股息，就必须提取法定盈余公积金。

③对于股份制企业而言，如果当年没有获取利润或者出现了亏损的情况，就不能进行利润分配。但是股份制企业可以通过召开股东大会做出特别决议，按照较低的比例用法定盈余公积金分配利润。需要注意的是，在这种情况下，利润分配结束后的法定盈余公积金余额必须高于注册资本的25%。

第四节　财务管理的环境

任何事物往往都是在特定的环境下发展、存在的，财务管理也不例外。财务管理环境，又称为“理财环境”，是指对企业财务活动及财务造成影响的企业外部条件总和。不同时期、不同国家、不同领域的财务管理面临的财务管理环境都不同。企业发展也要遵循适者生存的自然法则，如果不能尽快地适应周边的环境，就无法生存下去。环境的改变虽然有可能给企业的财务管理带来阻碍，但是如果企业能够在前期合理地预测环境的变化，就可以取得理想的财务管理效果。

财务管理环境涉及的范围十分广泛，包括经济形势、国家政策、经济法规的完善程度，以及企业所面临的市场情况和生产条件等。下面主要讨论企业难以控制的几种十分重要的财务管理环境因素，即经济环境、法律环境、金融市场环境、社会文化环境。

一、经济环境

经济周期、经济发展水平、通货膨胀状况、经济政策等都属于财务管理的经济环境，是影响企业财务管理的经济环境因素。

（一）经济周期

在市场经济条件下，经济发展具有一定的波动性，一般会经历繁荣、衰退、萧条、复苏等几个阶段的循环，这一循环过程被称为“经济周期”。

经济学家讨论出了企业在经济周期中的理财策略。

繁荣：①扩充厂房设备；②继续增加存货；③提高价格；④开展营销规划；⑤增加劳动力。

衰退：①停止扩张；②出售多余设备；③停产不利；④停止长期采购；⑤削减存货；⑥停止扩招雇员。

萧条：①确立投资标准；②保持市场份额；③削减管理费用；④放弃次要部门；⑤削减存货；⑥裁减雇员。

复苏：①增加厂房设备；②实行长期租赁；③增加存货；④引入新产品；⑤增加劳动力。

总体来说，在经济繁荣阶段，市场的需求量比较旺盛，因此企业应采用扩大规模的战略，如增加劳动力、增加存货、增加机器设备、增加投资及扩大生产规模。这就需要企业在一定的时间内筹集到所需的资金。在经济衰退阶段，企业应缩小规模，减少对风险项目的投资成本，转而投资一些无风险的项目，以期稳定地获取收益。在经济萧条阶段，企业应维持现有规模，同时制订新的投资方案，最好优先考虑低风险项目进行投资。在经济复苏阶段，群众的购买能力逐渐提升，因此企业应该有针对性地及时确定适合群众的投资产品，采用加大库存及放宽信用条件等理财策略，为企业以后的发展打下坚实的基础。总而言之，要想较好地应对周期性的经济变化，企业就应及时、准确地对经济环境的变化做出预测，并尽快对企业财务策略进行相应的调整。

（二）经济发展水平

下面通过发达国家、发展中国家及欠发达国家三大群组来阐述一个国家的经济发展水平对企业财务管理的影响。

发达国家的市场经过长时间的发展，资金的垄断和集中都已经达到了相对较高的水平，其经济发展程度在世界范围内处于主导位置。经济发展水平对发达国家企业财务管理的影响有以下几点。

①由于发达国家的经济水平较高，财务管理具有完整、科学、前卫的特征。

②新技术和新知识、错综复杂的经济关联以及更加完整的生产方法往往会先出现在发达国家。因此，发达国家的财务管理方案不断被创新。

③发达国家高科技的电子产品及通信设备，为使用更加错综复杂的管理方式进行财务管理开创了更好的条件。

发展中国家的经济发展水平通常不高，具有国际交往日益增多、经济政策变更频繁、经济基础薄弱、发展速度较快的特点。这些特点使发展中国家的企业财务管理具有以下特点。

①财务管理顺应时代潮流，发展速度相对较快。

②经济政策变更频繁，财务管理相关的法律法规的变化频率过快。

③财务管理实践存在管理方式过于松散、财务目标不明确等弊端。

欠发达国家的经济发展水平通常很低，其特点为以农业为主要经济来源、工业不发达、企业规模小、企业结构组织简单。这也是欠发达国家企业财务管理水准低、发展慢的原因。

（三）通货膨胀状况

通货膨胀不仅会降低消费者的购买力，而且会给企业的财务管理带来很大的困难。一般情况下，通货膨胀对企业财务活动造成的影响表现为以下几点。

①企业资金被大量占用，影响企业资金周转的速度。

②企业利润虚增。

③利率上涨导致企业成本增加。

④有价证券价格下降。

⑤企业资金周转紧张，增加了企业筹资的难度。

需要注意的是，只有政府部门才能对通货膨胀进行有效的控制，企业只能对收入和成本做出相应的调整，以实现预期的回报率。除此之外，企业还可以通过买进现货、卖出期货等操作，以套期保值的方法减少资金损失。

（四）经济政策

一个国家的经济政策（如经济发展计划、货币政策、外贸政策、外汇政策、金融政策、财税政策、产业政策，以及行政法规等）对企业的财务管理活动具有极其重要的影响，顺应经济政策的导向可以使企业获得一定的经济利润。因此，企业应认真研究政府的经济政策，按照政策导向进行生产经营活动，趋利除弊。需要注意的是，经济政策可能随着经济状况的变化而变化，因此企业在进行财务决策时，需要留出一些余地，保证能够在政策变化后迅速做出反应，更好地完成企业财务管理目标。

二、法律环境

影响企业财务活动的各种法律法规及规章制度（如企业组织法规、财务会计法规和税法等）就是企业财务管理的法律环境。如前文所述，企业财务管理目标有时会与企业利益相关者的目标产生矛盾，这时国家就要使用法律手段来规范企业的行为。

（一）企业组织法律法规

无论组建何种类型的企业，都必须遵守相关的法律法规。中国的企业组织法律有《中华人民共和国外商投资法》《中华人民共和国个人独资企业法》《中华人民共和国合伙企业法》《中华人民共和国公司法》等。这些法律都详细规定了不同类型的企业组织的设立条件、设立程序、组织变更及终止条件和程序等。例如，企业的组建要遵循《中华人民共和国公司法》中规定的条件和程序；企业经营活动的起止，包括企业的财务活动都要按照《中华人民共和国公司法》的规章制度执行。由此可见，企业组织法律法规是企业财务管理方面最有力的法律法规，企业所有的财务活动都不能违背企业组织法律法规。

（二）税法

税法是各种税收法规的总称，是国家法律的重要组成部分，税法根据征收对象分为以下几种。

①流转额课税税法。流转额课税税法涉及企业经营所得的税费，以进口关税、出口关税、消费税和增值税为主。

②所得额课税税法。个人所得税和企业所得税都属于所得额课税，其中企业所得税适用于中华人民共和国境内的企业和其他取得收入的组织（不包括个人独资企业和合伙企业），上述企业在我国境内外的生产、经营所得和其他所得应缴纳税率为25%的税款。

③自然资源课税税法。自然资源课税税法的征税对象以土地资源和矿产资源为主，包括资源税、城镇土地使用税等。

④财产课税税法。财产课税税法以纳税人所有财产为征税对象，主要包括房产税。

⑤行为课税税法。行为课税税法以纳税人的行为为征收对象，主要包括印花税、城市维护建设税等。

企业在生产经营过程中必须履行依法纳税的义务。税负是企业的一种支出，减少税负只能通过税务筹划来实现，不能通过逃避缴纳税款的方式实现。这就要求企业财务管理人员熟悉并精通各类税法。

除上述法律规定外，结算法规与证券法规等也是与企业财务管理相关的经济类法律法规。财务管理者应在不违背相关法律法规的前提下，完成企业财务管理任务，最终实现企业财务管理的目标。

三、金融市场环境

金融市场实现了资本的流通，决定了企业获取资金与进行投资的方式。金融市场在对资金短缺进行调控等方面发挥着关键的作用，因此深入了解金融市场，能够使企业管理者更加高效地策划企业的筹资与投资活动。

（一）金融市场的构成

主体、客体和参与者共同构成了金融市场。主体即各个金融组织，包括非银行类组织与银行类组织。主体可以作为枢纽，连接筹资人与投资方。客体即金融市场中的交易对象，如债券、商业票据、股票等。参与者即客体的需求人与供应商，包括政府机构、企业、个人等经济组织。这里所说的企业主要是融资银行、商业银行、保险企业、证券企业以及丰富多样的基金管理企业。

在现代企业筹资活动中，投资银行具有举足轻重的位置，任何企业发行股票或者债券，都需要通过投资银行。目前，我国主要由各类证券企业承担投资银行的业务。

商业银行主要从群众手中吸收存款，再以借款的形式将这些资金提供给需要资金的企业。

保险企业、各类基金管理企业是金融市场的主要机构投资者，它们通过广大投保人和基金投资者聚集大量资金，再将其投资于证券市场，并将此作为企业资金的一项重要来源。目前，我国已经有多家保险企业和基金管理企业，这些机构在金融市场中的作用也愈发重要。

（二）金融工具

要想了解金融市场，就必须熟悉各种金融工具。按照发行和流通的场所，金融工具可以划分为货币市场证券和资本市场证券。

1. 货币市场证券

货币市场证券是一种短期信用工具，其到期期限通常为一年或者更短，具有期限短、流动性强和风险小的特点。货币市场证券包括商业本票、银行承兑汇票、国库券、银行同业拆借、短期债券等。

2. 资本市场证券

资本市场证券即企业或政府发行的能够长期使用的证券。资本市场证券的到期期限通常超过了一年。资本市场证券包括普通股、优先股、长期债券、国债等。

（三）利息率及其测算

企业的财务活动与利息率也有一定的联系，如果脱离利息率，就无法做出正确的投资决策和筹资决策。由此可见，利息率对财务管理十分重要。

利息率简称“利率”，是资金的增值与投入资金价值的比例，是衡量资金增值量的基本单位。通过资金流通的借贷关系可知，利率是在特定时期运用资金进行交易的价格。也就是说，资金可以作为一种特殊商品在金融市场中进行买卖，其价格是通过利率来衡量的，资金的融通实质上是资金资源通过利率在市场机制的作用下进行再分配。因此，利率对于企业资金的分配以及财务决策具有重要作用。例如，如果一个企业拥有投资利润率很高的投资机会，就可以通过发行利率较高的证券吸引资金。投资者一般会选择将投资利率较低的证券售出，购买利率较高的证券。这样一来，资金就会从低利率的投资项目不断向高利率的投资项目转移。由此可见，在发达的市场经济条件下，资金从高报酬项目依次向低报酬项目分配，是由市场机制通过利率决定的。

既然利率在企业财务决策和资金分配方面具有如此重要的作用，那么该如何测算利率在特定条件下的水平呢？首先应该对利率的构造进行分析。通常来说，利率由三个部分构成，分别是纯利率、通货膨胀补偿以及风险报酬。其中，风险报酬可以分为期限风险报酬、流动性风险报酬以及违反约定的风险报酬。利率的计算公式为：

$$K = K_0 + IP + DP + LP + MP \tag{1-7}$$

式中，K——利率（名义利率）；

K_0——纯利率；

IP——通货膨胀补偿；

DP——违反约定的风险报酬；

LP——流动性风险报酬；

MP——期限风险报酬。

纯利率是指没有通货膨胀和风险情况的均衡利率。影响纯利率的基本因素是资金需求量和供应量，因此纯利率是会发生变化的，它会随着本金供应标准的起伏而不断改变。在实际的工作和生活中，在没有发生通货膨胀时，一般由没有风险的证券表示纯利率。

通货膨胀现在已经成为许多国家在发展经济的过程中不易医治的一大“病症”。长期的通货膨胀会导致货币的购买能力持续降低，也会影响投资项目的投资回报率。发生通货膨胀时，提供本金的人一定会提出新的要求，即通过提升利率的标准来对其购买力的缺失进行弥补。由此可见，对于没有风险的证券利率，除纯利率以外，还应考虑通货膨胀，保证因通货膨胀遭受的损失可以得到补偿。例如，由政府发行的短期无风险证券（也可以是国库券）的利率是由两个部分组成的，其表达公式是：

$$短期的无风险证券利率 = 纯利率 + 通货膨胀补偿 \tag{1-8}$$

即

$$RF = K_0 + IP \tag{1-9}$$

假设纯利率 K_0 为 3%，预计下一年度发生通货膨胀的概率是 7%，那么一年期无风险证券的利率应该是 10%。需要注意的是，利率的通货膨胀率不是现实能够达成的通货膨胀水平，而是对未来的通货膨胀的预估，是未来阶段的平均数值。

如果借款人不能及时归还借款或者延期归还借款就属于违约风险。违约风险能够反映借款人的信用程度。如果借款人经常无法在规定的时间内支付本息，就表明借款者信用程度较低，违约的可能性较大。因此，为了补偿违约造成的损失，就要提升利率，否则借款方将无法回收本金。在存在违约风险的情况下，投资方通常不会继续投资。

企业的信用程度会按等级划分。等级越高，企业的信用越好，违约风险越小，利率水平也就越低；等级越低，企业的信用越差，违约风险越高，利率的水平也会升高。

将资产快速转化为现金的概率被称为“流动性”。企业将资产转化为现金的概率越高，风险就越小，流动性也就越高；相反地，企业将资产转化为现金的概率越低，风险就越大，流动性也就越低。通常情况下，大企业的股票和政府债券在资产转化方面的表现能力非常强，流动性风险很小；但是一般的中小型企业发行的证券流动性风险则较大。在其他因素都相同的条件下，大企业与中小企业的流动性风险的利率差距为 1% ~ 2%。

期限风险是指时间长的债务比时间短的债务风险大。一般情况下，短期债务的利率都要低于长期债务的利率，这就是期限风险的报酬。除此之外，在利率发生明显起伏的情况下，也可能发生长期债务的利率低于短期债务的利率的现象，但是这类现象属于偶然情况，并不影响上述结论。

（四）金融市场与企业财务管理

金融市场对企业财务管理的影响主要体现在以下几方面。

①金融市场为企业提供了筹资和投资的平台。金融市场有丰富多样且便捷的筹资方式。如果企业需要资金，可以在金融市场中选取适合自己的筹资方式进行筹资，从而确保企业生产经营活动的顺利开展。若是企业资金富足，企业也可以在金融市场中选取适合自己的投资形式，找到使用资金的合理途径。

②企业如果要转化长期资金和短期资金，可以通过金融市场实现。如果企业掌握的长期资产为股票与长期债券，就能够在金融市场将其转化为现金，此外，长期债券也能够通过贴现的方式转化为现金；相反地，短期资金也能够在金融市场中转换为长期资金，如长期债券和股票等。

③金融市场可以为企业财务管理提供指导。金融市场的利率波动变化等因素可以反映债券、股票的具体情况以及企业的经营情况。企业可以以这些信息为基础进行财务管理。因此，企业财务人员应随时关注金融市场的动态。

四、社会文化环境

教育、道德、科学、艺术、理想、习俗等，以及与社会制度相对应的权利和义务的理念、道德的理念、组织纪律的理念、价值的理念、劳动的态度等都属于社会文化环境。社会文化环境会对企业的财务活动产生影响。社会文化的不同方面对企业财务活动的影响不同，不同方面对企业的财务活动的作用形式和程度也不同。

目前，财务管理工作的内容越来越丰富，因此社会整体的教育水平对于财务管理也越来越重要。事实表明，在教育落后的情况下，为提高财务管理水平所做的努力往往收效甚微。此外，科学发展对于财务管理理论的完善也具有至关重要的作用。财务管理理论的进步是由计算机科学、统计学、经济学、数学等众多学科的进步共同促进的。社会资信程度等因素也在一定程度上影响着财务管理活动。当社会资信程度较高时，企业间的信用往来也会加强，有利于促进彼此之间的合作，减少企业因坏账受到的损失。

需要注意的是，企业还要针对员工文化方面开展培训，如在条件允许的情况下，可邀请文化素养高的人士到企业为员工进行文化培训。如果不对社会文化差异予以足够的重视，就会给企业的财务管理带来不利的影响。

第二章 企业筹资管理

第一节 企业筹资概述

企业筹集资金，是指企业作为筹资主体根据其生产经营、对外投资和调整资本结构等的需要,通过筹资渠道和金融市场,运用筹资方式,经济有效地筹措和集中资本的活动。

一、企业筹资的动机

企业筹资的基本目的是保障自身的生存和发展。但每次具体的筹资活动则往往是受特定动机驱使的。企业筹资的具体动机归纳起来有四类：创立性筹资动机、扩张性筹资动机、调整性筹资动机和混合性筹资动机。

（一）创立性筹资动机

创立性筹资动机是企业设立时为取得资本金而产生的筹资动机。创建企业必须筹集资金，以获取所需的资本金，并到工商部门办理注册登记，才能从事生产经营活动。

（二）扩张性筹资动机

扩张性筹资动机是企业因扩大生产经营规模或追加对外投资的需要而产生的筹资动机，具有良好发展前景的、处于成长时期的企业通常会产生这种筹资动机，如扩大生产经营规模、增加市场供应、开发新产品、扩大对外投资规模和开拓有发展前途的经营领域等，都需要追加筹资。扩张筹资动机所产生的直接结果，是企业资产总额和筹资总额的增加。

（三）调整性筹资动机

调整性筹资动机是企业因调整现有资本结构的需要而产生的筹资动机。资金结构的调整是企业为降低筹资风险、减少资金成本而对权益资金与负债资金间的比例关系进行的调整。资金结构的调整属于企业重要的财务决策事项，也是企业筹资管理的重要内容。

（四）混合性筹资动机

混合性筹资动机是企业既为扩张规模又为调整资本结构的需要而产生的筹资动机。

二、企业筹资的类型

（一）股权资本与债权资本

企业的全部资金，按属性的不同可以分为股权资本和债务资本两种类型。

1. 股权资本

股权资本也称权益资本或自有资本，是企业依法取得并长期拥有、自主调配运用的资本。根据我国的有关法规制度，企业的股权资本由投入资本（或股本）、资本公积、盈余公积和未分配利润组成。

股权资本具有下列属性：

①股权资本的所有权归属企业的所有者，所有者凭其所有权参与企业的经营管理和利润分配，并对企业的经营状况承担责任。

②企业对股权资本依法享有经营权，在企业存续期内，投资者除依法转让外，不得以任何方式抽回其投入的资本，因而自有资金被视为“永久性资本”。

2. 债务资本

债务资本也称借入资本或债权资本，是企业依法筹措并依约使用、按期偿还的资金来源。债务资本具有下列属性：

①债务资本体现企业与债权人的债权债务关系。

②企业的债权人有权按期索取本息，但无权参与企业的经营管理，对企业的经营状况不承担责任。

③企业对持有的债务资本在约定的期限内享有经营权，并承担按期付息还本的义务。

（二）短期资本与长期资本

1. 短期资本

短期资本是指企业使用期限在一年以内的资本。短期资本一般包括短期借款、应付账款和应付票据等项目，通常是采用银行借款、商业信用等筹资方式取得或形成的。

2. 长期资本

长期资本是指企业使用期限在一年以上的资本。企业的长期资本通常包括各种股权资本、长期借款和应付债券等债权资本。这是广义的长期资本。

（三）直接筹资与间接筹资

企业的筹资活动按其是否以金融机构为媒介，可分为直接筹资和间接筹资两种类型。

1. 直接筹资

直接筹资是指企业不经过银行等金融机构，直接与资本所有者协商融通资本的一种筹资活动，主要有投入资本、发行股票、发行债券和商业信用等筹资方式。

2. 间接筹资

间接筹资是指企业借助银行等金融机构而融通资本的筹资活动。间接筹资的基本方式是银行借款，此外还有融资租赁等筹资方式。

（四）内部筹资与外部筹资

企业的全部筹资按资本来源的范围，可以分为内部筹资和外部筹资两种类型。企业应在充分利用了内部筹资来源之后，再考虑外部筹资问题。

1. 内部筹资

内部筹资是指企业在企业内部通过留用利润而形成的资本来源。

2. 外部筹资

外部筹资是指企业在内部筹资不能满足需要时，向企业外部筹资而形成的资本来源。

三、筹资渠道与筹资方式

（一）筹资渠道

筹资渠道是指企业筹集资本来源的方向与通道，体现着资金的源泉和流量。企业的筹资渠道有如下六种：

1. 政府财政资本

政府对企业的直接投资是国有企业最主要的资本来源渠道，特别是国有独资企业，其资本全部由国家投资形成，从产权关系上看，产权归国家所有。

2. 银行信贷资本

银行对企业的各种贷款是我国各类企业最为主要的资本来源。我国提供贷款的银行主要有两种：商业银行和政策性银行。商业银行以营利为目的，为企业提供各种商业贷款；政策性银行为特定企业提供政策性贷款。

3. 非银行金融机构资本

非银行金融机构主要有信托投资公司、租赁公司、保险公司、证券公司和企业集团的财务公司等。他们所提供的金融服务，既包括信贷资本的投放，也包括物资的融通，还包括为企业承销证券。

4. 其他法人资本

其他法人资本是指企业生产经营过程中产生的部分闲置的资本，可以通过购销业务产生信用关系形成其他法人资本，这也是企业资本的重要来源。

5. 民间资本

民间资本是指“游离”于银行及非银行金融机构之外的个人资本，可用于对企业进行投资，形成民间资本来源。

6. 企业内部资本

企业内部资本是指企业通过计提折旧、提取公积金和未分配利润等形式形成的资本，这些资本的重要特征之一是企业无须通过一定的方式去筹集，它们是企业内部自动生成或转移的资本。

（二）筹资方式

企业筹资方式是指企业筹集资本所采取的具体形式和工具，体现着资本的属性和期限。筹资方式取决于企业资本的组织形式和金融工具的开发利用程度。企业一般有下列七种筹资方式：

①吸收直接投资。

②发行股票筹资。

③发行债券筹资。

④发行商业本票筹资。

⑤银行借款筹资。

⑥商业信用筹资。

⑦租赁筹资。

（三）筹资渠道与筹资方式的配合

企业的筹资方式与筹资渠道有着密切的关系。一定的筹资方式可能只适用于某一特定的筹资渠道；但同一筹资渠道的资本往往可以采取不同的筹资方式获得，而同一筹资方式又往往可以适用于不同的筹资渠道。因此，企业在筹资时，必须实现两者的合理配合。

四、筹资数量的预测

（一）销售百分比法

销售百分比法是根据销售与资产负债表和利润表有关项目之间的比例关系，预测各项目短期资本需要量的方法。该种方法有两个基本假定：一是假定某项目与销售的比率已知并固定不变；二是假定未来销售预测已经完成，从而未来销售一定。在上述假定的前提下，通过百分比来确定该项目的资金需要量。

销售百分比法，一般借助于预计资产负债表和预计利润表来确定其资金需要量，即通过预计资产负债表来测定企业筹资总规模与外部筹资规模的增加额；通过预计利润表来预测企业留用利润这种内部资金来源的增加额。

1. 区分变动性项目和非变动性项目

变动性项目是指随销售收入变动呈同比率变动的项目，反之，即为非变动性项目。通常变动性项目有货币资金、应收账款、存货等流动性资产。非变动性项目有固定资产、对外投资等固定性资产。

2. 计算变动性项目

销售百分比计算公式为：

$$变动性项目的销售百分比=\frac{基期变动性资产(或负债)}{基期销售收入}$$

2-1

3. 计算需追加的外部筹资额

计算公式为：

$$外加资金需要量=增加的资产-增加的负债-增加的留存收益$$

2-2

其中：

$$增加的资产=增量收入\times基期变动资产占基期销售额的百分比$$

2-3

$$增加的负债=增量收入\times基期变动负债占基期销售额的百分比$$

2-4

$$增加的留存收益=预计销售收入\times销售净利率\times收益留存率$$

2-5

对于增加的留存收益，应该采用预计销售收入计算，并且相关法律中规定企业应当按照当期实现的税后利润的10%计提法定盈余公积金，所以销售留存率不会小于10%。

（二）线性回归分析法

线性回归分析法是假定资金需要量与营业业务量之间存在线性关系并建立数学模型，然后根据历史有关资料，用回归直线方程确定参数预测资金需要量的方法。

其预测模型为：

$$y = a + bx \tag{2-6}$$

式中，y—— 资金需要量；

a—— 不变资本；

b—— 单位业务量所需要的可变资本额；

x—— 产销量。

其中，不变资本是指在一定的营业规模内，不随业务量增减的资本，主要包括为维持营业而需要的最低数额的现金、原材料的保险储备、必要的成品或商品储备，以及固定资产占用的资本。可变动资本是指随营业业务量变动而同比例变动的资本，一般包括在最低储备以外的现金、存货、应收账款等所占用的资本。

第二节 股权资本的筹集

一、吸收直接投资

直接投资是指企业按照“共同投资、共同经营、共担风险、共享利润”的原则直接吸收国家、法人、个人投入资金的一种筹资方式。吸收投资中的出资者都是企业的所有者，他们对企业具有经营管理权，各方可按出资额的比例分享利润、承担损失。

（一）吸收直接投资的种类

企业采用吸收直接投资方式筹集的资金一般可分为以下三类：

1. 吸收个人投资

个人投资是指社会个人或本企业内部职工以个人合法财产投入企业，在这种情况下形成的资本称为个人资本。个人资本一般具有以下特点：①投资的人员较多；②每人投资的数额相对较少；③以参与企业利润分配为目的。

2. 吸收法人投资

法人投资是指法人单位以其依法可以支配的资产投入企业，在这种情况下形成的资本叫法人资本。吸收法人投资一般具有以下特点：①发生在法人单位之间；②以参与企业利润分配为目的；③出资方式灵活多样。

3. 吸收国家投资

国家投资是指有权代表国家投资的政府部门或者机构以国有资产投入企业，在这种情况下形成的资本叫国有资本。吸收国家投资是国有企业筹集自有资金的主要方式。国家对企业注册的国有资本实行保全原则。企业在持续经营期间，对注册的国有资本除依法转让外，不得抽回，并且以出资额为限承担责任。吸收国家投资一般具有以下特点：①产权归属国家；②资金的运用和处置受国家约束较大；③在国有企业中采用比较广泛。

（二）直接投资的出资方式

1. 货币出资

货币出资是吸收直接投资中一种最重要的出资方式。有了货币，便可获取其他物质资源。吸收投资中所需投入货币的数额，取决于投入的实物、工业产权之外尚需多少资金来满足建厂的开支和日常周转需要。

2. 实物出资

实物出资就是投资者以厂房、建筑物、设备等固定资产和原材料、商品等流动资产所进行的投资。一般来说，企业吸收的实物应符合以下条件：

①确为企业科研、生产、经营所需。

②技术性能比较好。

③作价公平合理。

3. 以工业产权出资

以工业产权出资是指投资者以专有技术、商标权、专利权等无形资产所进行的投资。一般来说，企业吸收的工业产权应符合以下条件：

①能帮助研究和开发出新的高科技产品。

②能帮助生产出适销对路的高科技产品。

③能帮助改进产品质量，提高生产效率。

④能帮助大幅降低各种消耗。

⑤作价比较合理。

4. 以土地使用权出资

投资者也可以用土地使用权来进行投资，土地使用权是按有关法规和合同的规定使用土地的权利。一般来说，企业吸收土地使用权投资应符合以下条件：

①企业科研、生产、销售活动所需要的。

②交通、地理条件比较适宜。

③作价公平合理。

（三）吸收直接投资的优缺点

1. 吸收直接投资的优点

①可以直接接受实物投资，快速形成生产能力，满足生产经营的需要。

②可以增强企业信誉、提高企业借款能力。因为吸收直接投资属于自有资金，可扩大企业实力。

③可以规避财务风险。因为企业可以根据其经营状况的好坏进行分配，经营状况好可以多分配一些利润，否则可以不分配利润或者少分配利润，企业承担的偿付风险小。

2. 吸收直接投资的缺点

①资金成本较高。一般而言，企业是用税后利润支付投资者报酬的，所以资金成本较高。

②容易导致企业控制权分散。采用吸收直接投资方式筹集资金，一般要求投资者参与企业管理，当企业接受外来投资较多时，容易造成控制权分散，甚至使企业完全失去控制权。

二、普通股筹资

股票是股份公司为筹措股权资本而发行的有价证券，是持股人拥有公司股份的凭证。它代表持股人在公司中拥有的所有权，股票持有人即为公司的股东。

（一）股票的种类

股票的种类很多，对其可从不同角度进行分类，以便对股票有一个较全面的了解。

1. 按股东享有的权利不同，可分为普通股和优先股

普通股股东享有对公司的经营管理权、红利分配权、剩余财产索求权。优先股较普通股具有如下优先权利：

①股息支付在先。

②股息固定。

③公司解散时，对剩余财产有优先索取权。

2. 按票面是否标明股东姓名，可分为记名股票和无记名股票

将股东姓名记于股票票面并记入股东名册的股票称为记名股票。记名股票丢失，别人不能冒领，这就有利于维护股东利益，但记名股票不能随意转让，转让时要办理过户手续并交纳一定的手续费。凡票面不记载股东姓名的股票称为无记名股票。无记名股票可以自由转让，凭票面所附票息领取股息，一旦丢失会给股东带来损失。

3. 按票面是否标明金额，可分为面值股票和无面值股票

票面标有金额的股票称为面值股票。票面金额的大小代表股东对公司的原始投资，它在股本总额中的比例反映股东享有的权利和承担的义务的大小，面值与现实价格往往背离。票面不标明金额，只记载股份数或股份比例的股票称为无面值股票。无面值股票虽不能了解投资者的原始投资额，但它有利于促使投资者在进行交易时计算股票的真实价值。

4. 按发行对象不同，可分为 A 股、B 股、H 股和 N 股

A 股又称人民币股票，是供我国内地个人或法人买卖的，以人民币标明票面金额并以人民币认购和交易的股票。B 股、H 股和 N 股是专供我国香港、澳门、台湾地区或外国投资者买卖的，以人民币标明票面金额，以外币认购和交易的股票。其中 B 股在上海、深圳上市；H 股在香港上市；N 股在纽约上市。

5. 股票按发行时间的先后，可分为始发股和新发股

始发股是公司设立时发行的股票，新发股是公司增资时发行的股票。无论是始发股还是新发股，其发行条件、发行目的、发行价格都不尽相同，但股东的权利和义务都是一样的。

（二）股票的发行

1. 股票发行的目的

明确股票发行的目的是股份公司决定发行方式、发行程序、发行条件的前提。股份公司发行股票的目的是筹集资金，但具体而言有以下不同的目的：

①设立新的股份公司，即首次发行股票成立的股份公司。

②扩大公司经营规模，即增资发行。

③其他目的，如发放股票股利等。

2. 股票发行的条件

按照我国的有关法律规定，股份有限公司发行股票，应符合以下条件。

①每股金额相等。同次发行的股票，每股的发行条件和价格应当相同。

②股票发行价格可以按票面金额，也可以超过票面金额，但不得低于票面金额。

③股票应当载明公司名称、公司登记日期、股票种类、票面金额及代表的股份数、股票编号等主要事项。

④向发起人、国家授权投资的机构、法人发行的股票，应当为记名股票；对社会公众发行的股票，可以为记名股票，也可以为无记名股票。

⑤公司发行记名股票的，应当置备股东名册，记载股东的姓名或者名称、住所、各股东所持股票编号、各股东取得其股份的日期；发行无记名股票的，公司应当记载其股票数量、编号及发行日期。

⑥公司发行新股，必须具备下列条件：前一次发行的股份已募足，并间隔1年以上；公司在最近3年内连续盈利，并可向股东支付股利；公司在3年内财务会计文件无虚假记载；公司预期利润率可达同期银行存款利率。

⑦公司发行新股，应由股东大会作出有关下列事项的决议：新股种类及数额、新股发行价格、新股发行的起止日期、向原有股东发行新股的种类及数额。

3. 股票发行的基本程序

股份有限公司在设立时发行股票与增资发行新股，其程序上有所不同。

（1）设立时发行股票的基本程序。

①发起人认足股份，交付出资。股份有限公司的设立，可以采取发起设立或者募集设立两种方式。无论采用哪种设立方式，发起人均须认足其应认购的股份。若采用发起设立方式，须由发起人认购公司应发行的全部股份；若采用募集设立方式，须由发起人至少认购公司应发行股份的法定比例（不少于35%），其余部分向社会公开募集。

②提出募集股份申请。发起人向社会公开募集股份时，必须向国务院证券管理部门递交募股申请，并报送批准设立公司的文件；公司章程；经营估算书；发起人姓名或者名称、发起人认购的股份数、出资种类及验资证明；招股说明书；代收股款银行的名称及地址；承销机构的名称及有关协议等文件。

③公告招股说明书，制作认股书，签订承销协议。招股说明书应附有发起人制定的公司章程，并载明发起人认购的股份数、每股的票面金额和发行价格、无记名股票的发行总数、认股人的权利义务、本次募股的起止期限、逾期未募足时认股人可撤回所认股份的说明等事项。认股书应当载明招股说明书所列事项，由认股人填写所认股数、金额、认股人住所，并签名、盖章。

④招认股份，缴纳股款。

⑤召开创立大会，选举董事会、监事会。发行股份的股款募足后，发起人应在规定期限内（法定30天内）主持召开创立大会。

⑥办理公司设立登记，交割股票。经创立大会选举产生的董事会，应在创立大会结束后30天内，办理申请公司设立的登记事项。

（2）增资发行新股的程序。股份有限公司成立以后，在其存续期间为增加资本，会多次发行新股。增资发行新股的基本程序介绍如下。

①作出发行新股决议。我国法律规定，公司发行新股须由股东大会作出决议，包括新股种类及数额、新股发行价格、新股发行的起止日期、向原有股东发行新股的种类及数额等事项。

②提出发行新股的申请。公司作出发行新股的决议后，董事会必须向国务院授权的部门或者省级人民政府申请批准。属于向社会公开募集的新股，须经国务院证券管理部门批准。

③公告招股说明书，制作认股书，签订承销协议。公司经批准向社会公开发行新股时，

必须公告新股招股说明书和财务会计报表及附表，并制作认股书，还需与证券经营机构签订承销协议。

④招认股份，缴纳股款，交割股票。

⑤改选董事、监事，办理变更登记。

公司发行新股募足股款后，应立即召开股东大会，改选董事、监事。这种改选是由于公司股份增加、股份比例结构变动所引起的增额性改选。然后，公司必须向登记机关办理变更登记，并向社会公告。变更登记事项主要包括本次实际发行新股的股数及数额、发行新股后变更的股东名册、经改选的公司董事和监事名单等。

（三）股票上市

1. 股票上市的目的

股票上市是指股份有限公司公开发行的股票，符合规定条件，经过申请批准后在证券交易所作为交易的对象。经批准在证券交易所上市交易的股票，称为上市股票，其股份有限公司称为上市公司。

股份有限公司申请股票上市，一般出于以下五个目的：

①提高公司所发行股票的流动性和变现性，便于投资者认购、交易。

②促进公司股权的社会化，防止股权过于集中。

③提高公司的知名度。

④有助于确定公司增发新股的发行价格。

⑤便于确定公司的价值，以利于促进公司实现财富最大化目标。

2. 股票上市的条件

股票上市条件也称股票上市标准，是指对申请上市公司所作的规定或要求。按照国际惯例，股票上市的条件，一般有开业时间、资产规模、股本总额、持续盈利能力、股权分散程度、股票市价等。各国对股票上市条件都规定了具体的数量标准。

我国法律规定，股份有限公司申请其股票上市，必须符合下列条件：

①股票经国务院证券管理部门批准已向社会公开发行。

②公司股本总额不少于人民币 3000 万元，公司公开发行的股份达到公司股份总数的 25% 以上。

③开业时间在 3 年以上，最近 3 年连续盈利；原国有企业依法改组而设立的，或者本法实施后新组建成立，其主要发起人为国有大中型企业的，可连续计算。

④持有股票面值在人民币 1000 元以上的股东人数不少于 1000 人；公司股本总额超过人民币 4 亿元的，其向社会公开发行股份的比例应在 10% 以上。

⑤公司在最近 3 年内无重大违法行为，财务会计报告无虚假记载。

⑥国务院规定的其他条件。

3. 股票上市的暂停、恢复与终止

按照国际惯例，获得股票上市资格，并已实现股票上市的公司，必须持续保持其上市的条件。如果发现已上市的公司有下列情形之一的，由相关管理部门决定暂停其股票上市：

①公司股本总额、股份分布等发生变化不再具备上市条件。

②公司不按规定公开其财务状况，或者对财务会计报告作虚假记载。

③公司有重大违法行为。

④公司最近3年连续亏损。

（四）普通股筹资的优缺点

1. 普通股筹资的优点

①普通股筹资没有固定的股利负担。股利的发放与否和支付多少，视公司有无盈利和经营需要而定，经营波动给公司带来的财务负担相对较小。由于发行普通股筹集的资金没有固定的到期还本付息的压力，所以筹资风险较小。

②普通股股本没有固定的到期日，无须偿还，它是公司的永久性资本，只有公司清算时才予以偿还。这对保证公司对资本的最低需要、维持公司长期稳定发展极为有益。

③发行普通股筹集的资金是公司最基本的资金来源，它反映了公司的实力，可作为其他方式筹资的基础，尤其可为债权人提供保障，增强公司的举债能力。

④发行普通股筹集自有资本能增强公司的信誉。普通股股本以及由此产生的资本公积金和盈余公积金等，是公司筹措债务的基础。

⑤可以免受债权人、优先股股东对公司施加的各种限制。

2. 普通股筹资的缺点

①资本成本较高。一般而言，普通股筹资的成本要高于借入资金。

②一方面利用普通股筹资，出售新股票，增加新股东，可能会分散公司的控制权；另一方面，新股东对公司已积累的盈余具有分享权，这就会降低普通股的每股净收益，从而可能引起普通股市价的下跌。

③如果今后发行新的普通股票，可能导致股票价格的下跌。

三、优先股筹资

优先股是一种与普通股票相比具有某些优先权利的特别股票。其优先权利主要表现在以下两个方面：

第一，收益分配优先权。优先股股东在公司的股利分配上有优先权，即优先股股利在普通股股利之前支付。

第二，剩余财产求偿优先权。当公司因经营不善，资不抵债不得已而清算时，如有

剩余资产，优先股股东对这部分剩余资产有优先求偿权，但在金额上也只限于优先的票面价值。为了保护这种优先求偿权，在优先股发行协议中，可以要求公司加入某些限制性条款。

（一）优先股的种类

在现实中，优先股的种类很多，为了全面了解优先股，可从不同角度对优先股进行分类。

1. 按股利发放的可靠与否，可分为累积优先股和非累积优先股

累积优先股是指在公司经济效益欠佳的年份，欠发的优先股股利可以累积计算，到经济效益好的年份可一并补发的优先股。一般来说，公司如有积欠优先股股利，这些积欠未补发前不得发放普通股股利。补发积欠优先股股利一般不计利息。

非累积优先股是指在公司经济效益欠佳年份，欠发的优先股股利，以后不再补发的优先股。二者比较起来，对于投资者来说前者较受欢迎，因为它能维护优先股股东的经济利益。

2. 按是否参与公司剩余利润的分配，可分为参与优先股和非参与优先股

参与优先股是指在优先股股东获得固定股利后，还可以按照规定的某种比率与普通股股东一起分享公司的剩余利润的优先股。优先股股东可以参与公司剩余利润的分配是公司给予优先股股东的一种特殊优惠条件，只有在公司经济效益迅速增长的情况下才有可能附加这个优惠条件，并在发售优先股时予以明确。

非参与优先股是指只能接受票面固定利率分取股利，不得与普通股股东一起分享公司剩余利润的优先股。比较两者，对投资者来说，前者较优惠，具有较大的吸引力，但只有作为发售优先股的一个必要条件，优先股股东才能享受此待遇，一般来说，分享条款是很少轻易提供的。

3. 按是否可转换为公司的普通股，可分为可转换优先股和不可转换优先股

可转换优先股是指这种股票赋予优先股股东的一种权利，允许其在未来一定时间，以事前规定的固定转换价格和比率转换成为相应的普通股股票。可转换优先股对股东来说有利无害，在普通股股价上涨时可行使转换权，并从中获利；在普通股价格下跌时可不行使转换权，而继续享受优先股待遇，也不蒙受损失。不可转换优先股是指不具有上述特种权利的优先股。

4. 按是否可赎回，可分为可赎回优先股和不可赎回优先股

可赎回优先股是指附有公司在未来一定时间可以按照事前规定的价格收回其发行的优先股权利的优先股，不可赎回优先股是指未附有上述权利的优先股。可赎回优先股给予发行公司及时清偿优先股的权利，这对公司来说，就掌握了以此来调整公司财务状况的机动权。

（二）优先股筹资的优缺点

1. 优先股筹资的优点

①不必偿还本金。

②股利支付既固定又有一定弹性。优先股虽采用固定股利，但固定股利的支付不构成公司的法定义务。

③有利于增强公司信誉。优先股扩大了自有资金，不仅增强了公司信誉，也增强了公司的借款能力。

2. 优先股筹资的缺点

①筹资成本高。从税后净利中支付股利，其筹资成本高于债务资金。

②筹资限制多。发行优先股，通常有许多限制条款，如对普通股股利支付上的限制、对公司借债限制等。

③财务负担重。对优先股需要支付固定股利，但又不能在税前扣除，因此成为较重的财务负担。

第三节　债务资本的筹集

一、银行借款

银行借款是指企业根据借款合同从有关银行或非银行金融机构借入的需要还本付息的款项。

（一）银行借款的种类

银行借款可按不同的标准，进行以下分类。

1. 按借款使用期限的长短，可分为短期借款、中期借款和长期借款

短期借款一般是指使用期限在一年内的各种借款；中期借款一般是指使用期限在1～5年的各种借款；长期借款一般是指使用期限在5年以上的各种借款。应当指出的是，该种分类也不是绝对的，不仅各国掌握的标准不一致，甚至一个国家不同时期的分类标准也会有所差异。有的甚至直接将借款按期限长短划分为两大类，即短期借款和长期借款。

2. 按借款条件分类，可分为信用借款和担保借款

信用借款是指仅凭借借款人良好的资信，不需提供任何担保而取得的借款；担保借

款是指以借款人向贷款人提供某种担保为条件而取得的借款。

3. 按借款的用途不同，可分为基本建设借款、更新改造借款以及其他专项借款

基本建设借款是指企业为解决企业扩大生产经营规模的需要而向发放贷款机构借入资金，该种借款的主要用途是用于企业新建、扩建生产场所，为改变生产力布局而进行的全厂性迁建、增添新设备等方面的投资。更新改造借款是指企业为解决对现有生产设备和设施进行更新和技术改造所需资金而向发放贷款机构借入资金，该种借款主要用于机器设备的以旧换新、房屋建筑物的重建等。

其他专项借款是指除以上两种借款外，为解决企业其他专门用途所需资金而向发放贷款机构申请借入资金，主要包括科研开发借款、出口专项借款、进口设备贷款等。

4. 按提供信贷资金的主体不同，可分为政策性银行借款、商业银行借款、合作银行借款和非银行金融机构借款

政策性银行借款是指执行国家政策性贷款业务的银行向企业发放的贷款，如国家开发银行为国家重点建设项目向企业提供的贷款；进出口信贷银行为国家大型成套设备的进出口向企业提供信贷支持等。商业银行借款是指企业按规定程序从商业银行取得的借款。合作银行借款是指符合该贷款条件的企业按规定从合作银行取得的借款。

非银行金融机构借款是指企业按照规定从保险公司、信托公司、融资公司、金融租赁公司、金融期货公司、信用担保公司、证券公司、财务公司等机构取得的借款。

（二）银行借款的程序

企业向银行借款一般按如下程序操作。

1. 企业提出借款申请

企业根据自身的资金需要欲取得借款，首先应按照贷款规定的要求向银行提出借款申请。借款申请书一般包括如下主要内容：借款目的和用途、借款的数额和期限、借款利率要求、贷款项目的经济效益预测、分期借还款计划、借款担保形式和数额等。

2. 银行进行审批

为了保证信贷资金的安全，银行对接到的企业借款申请应进行严格的审查，经过审查符合条件者才予批准。我国商业银行法规定，商业银行贷款应当实行审贷分离、分级审批的制度。银行对企业贷款的审查一般包括如下几个方面：

①贷款的目的和用途。

②贷款的数额和期限。

③借款人的征信状况。

④贷款担保人或担保品。

⑤贷款投资项目的可行性等内容。

3. 签订借款合同

借款合同是明确借贷双方权利、义务和经济责任的法律性书面文件。它对保护借贷双方当事人合法权益具有重要作用。商业银行贷款应当与借款人订立书面合同。可见，订立贷款合同是商业银行贷款业务的法定必经程序。借款合同一般应当约定借款种类、借款用途、金额、利率、还款期限、还款方式、违约责任和双方认为需要约定的其他事项。最后借贷双方签字、盖章。

4. 企业取得借款

从借款合同生效之日起，银行即可在核定的贷款额度内，依据企业的用款计划和实际需要，一次或分次将贷款划入企业的存款结算账户。

（三）银行借款的信用条件

按照国际惯例，银行借款往往附加一些信用条件，主要有信贷额度、周转授信协议、补偿性余额、借款抵押等

1. 信贷额度

信贷额度是借款企业与银行间正式或非正式协议规定的企业借款的最高限额。通常在信用额度内，企业可随时按需要向银行申请借款。

2. 周转授信协议

周转授信协议是指银行具有法律义务承担提供不超过某一最高限额的贷款协议。在该协议的有效期内，只要企业借款总额未超过最高限额，银行必须满足企业任何时候提出的借款要求。该协议是一种经常为大公司使用的正式授信额度。

因为银行对周转授信额度负有法律义务，因此要向企业收取一定的承诺费用，一般按企业使用的授信额度的一定比率（2‰左右）计算。

3. 补偿性余额

补偿性余额是银行要求借款企业将借款的 10% ~ 20% 的平均存款余额留存银行。银行通常都有这种要求，目的是降低银行贷款风险、提高贷款的有效利率，以便补偿银行的损失。

4. 借款抵押

银行向财务风险大、信誉度低的企业贷款时，往往需要抵押品作为担保。抵押品可以是股票、债券、房地产、存货及应收账款。银行收到抵押品后一般按抵押品价值的 30% ~ 50% 发放贷款。抵押贷款因风险较大，其利率往往高于非抵押贷款。

（四）借款利息的支付方式

1. 收款法

收款法是指在借款到期时向银行支付利息的方法。银行向工商企业发放的贷款大都采用这种方法收息。采用这种方法，借款的名义利率等于其实际利率。

2. 贴现法

贴现法是银行向企业发放贷款时，先从本金中扣除利息部分，到期时借款企业则要偿还贷款全部本金的一种计息方法。采用这种方法，企业可利用的贷款额只有本金减去利息部分后的差额，因此贷款的实际利率高于名义利率。

3. 加息法

加息法是银行发放分期等额偿还贷款时采用的利息收取方法。在分期等额偿还贷款的情况下，银行要根据名义利率计算的利息加到贷款本金上，计算出贷款的本息和，要求企业在贷款期内分期偿还本息之和的金额。

由于贷款分期等额偿还，借款企业实际上平均使用了贷款本金的半数，却支付全额利息。这样，企业所负担的实际利率便高于名义利率大约 1 倍。

（五）银行借款筹资的优缺点

1. 银行借款筹资的优点

①筹资速度快，手续简便。企业利用银行借款筹资，一般所需时间较短、程序较为简单，可以快速获得现金。

②借款成本较低。利用银行借款筹资，其利息可在所得税前列支，故可减少企业实际负担的成本，因此比股票筹资的成本要低得多；与债券相比，借款利率一般低于债券利率。此外，由于借款属于间接筹资，筹资费用也极少。

③借款弹性较大。在借款时，企业与银行直接商定贷款的时间、数额和利率等；在用款期间，企业如因财务状况发生某些变化，也可与银行再行协商，变更借款数量及还款期限等。

2. 银行借款筹资的缺点

①筹资风险较高。借款通常有固定的利息负担和固定的偿付期限，故借款企业的筹资风险较高。

②限制条件较多。贷款机构为了保证信贷资金的安全性，在借款合同中往往要求加入若干限制资金、资产利用方面的条款，这无疑会影响一些资金和资产的合理使用，它不仅会在某种程度上影响资金的周转速度，也会对收益产生影响，还可能影响企业以后的筹资和投资活动。

③筹资数量有限。一般不如股票、债券那样可以一次筹集到大笔资金。

二、债券筹资

债券是债务人为筹集借入资本而发行的，约定在一定期限内向债权人还本付息的有价证券。发行债券是企业筹集借入资本的重要方式。

（一）债券的种类

企业债券的种类很多，为了全面了解企业债券的特征，以下介绍几种主要的分类法：

1. 按是否记名，可分为记名债券和无记名债券

记名债券是在票面上记载购买人姓名并在发行公司注册登记的债券，该种债券对债权人有一定保护作用，到期支取本息须凭持有人的手持证券与已注册登记的姓名相符的印鉴，债券丢失别人不得冒领。该种债券未到期转让需办理过户登记手续。无记名债券是在票面上不记载债权人姓名也不必在公司注册登记债券，该种债券到期，持有人凭票到指定机构领取本息，未到期转让不必办理过户手续。

2. 按能否转换为公司股票，可分为可转换债券和不可转换债券

若公司债券能转换为本公司股票，则为可转换债券；反之，则为不可转换债券。一般而言，前种债券的利率要低于后种债券。

3. 按有无抵押担保，可分为信用债券和抵押债券

信用债券的发行完全依靠发行企业的信誉，以信托、契约为依据，不要抵押或担保品。抵押债券是以发行企业的特定财产作为抵押担保品（不动产或流动资产）而发行的债券。信用债券筹资无其他附加条件，对筹资企业有利但要以良好的信誉为条件，抵押债券则有利于维护债权人的权益，对筹资企业的经营自由有一定的限制。该种分类有利于企业科学地分析自身的筹资条件，选择恰当的筹资方式。

4. 按债务本息的偿还方式不同，可分为一次性偿还债券、分次偿还债券

一次性偿还债券的特点是债券到期一次还本付息。分次偿还债券主要有两种情况：一种是在债券到期日前分次偿还本金和利息，于到期日全部结清债务；另一种是本金到期一次支付，利息在债券到期日前分次支付。该种分类有利于借入资金的计划筹措和偿还。

（二）债券的发行

1. 发行债券的资格

根据我国相关法律的规定，股份有限公司、国有独资公司和两个以上的国有企业或者其他两个以上的国有投资主体投资设立的有限责任公司，具有发行公司债券的资格。

2. 发行债券的条件

根据我国法律的规定，发行公司债券必须符合下列条件：

①股份有限公司的净资产额不低于人民币 3000 万元，有限责任公司的净资产额不低于人民币 6000 万元。

②累计债券总额不超过公司净资产的 40%。

③最近三年平均可分配利润足以支付公司债券一年的利息。

④筹集的资金投向符合国家产业政策。

⑤债券的利率不得超过相关部门限定的利率水平。

⑥国务院规定的其他条件。

此外，发行公司债券所筹集资金，必须按审批机关批准的用途使用，不得用于弥补亏损和非生产性支出。

发行公司发生下列情形之一的，不得再次发行公司债券：

①前一次发行的公司债券尚未募足的。

②对已发行的公司债券其债务有违约或者延迟支付本息的事实，且仍处于继续状的。

③违反规定，改变公开发行公司债券所募资金的用途。

3. 发行债券的程序

发行公司债券一般需要经过一定的程序。

（1）公司作出发行债券的决议

公司首先要研究合理资本结构对负债的需要，其次研究公司是否符合发行债券的条件，对符合债券发行条件的公司应提出债券发行计划，提交公司决策集团讨论通过，形成发行债券筹资的决议。

在决议中，对发行债券筹资的用途、使用资金可能产生的效益预测、债券的种类、发行对象、票面总额和利率、还本付息方式和时间等都要作出明确的规定。

（2）发行债券的申请与审批

公司向社会公众发行债券募集资金，数额大且债权人多，所牵涉的利益范围大，所以必须对公司债券的发行进行审批。凡欲发行债券的公司，先要向有关部门提出申请并提交公司登记证明、公司章程、公司债券募集办法、资产评估报告和验资报告等文件。有关部门根据有关规定，对公司的申请予以核准。

（3）制定债券募集办法并予以公告

发行公司债券的申请被批准后，应由发行公司制定公司债券募集办法。办法中应载明的主要事项有公司名称、债券总额和票面金额、债券利率、还本付息的期限与方式、债券发行的起止日期、公司净资产额、已发行的尚未到期的债券总额、公司债券的承销机构。公司制定好募集办法后，应按当时、当地通常合理的方法向社会公告。

（4）募集借款

债券的发行，如同股票发行一样，也有自办发行和委托发行两种。自办发行的债款由发行公司收取，委托发行的公司由承办机构收取。根据我国公司债券管理条例规定：

公司发行债券，应由证券经营机构承销。根据要求，发行公司债券管理条例规定：公司发行债券，应由证券经营机构承销；根据要求，发行公司应与承销机构签订承销协议，由承销机构按协议规定的办法和日期及时收取债款。

4. 债券发行价格的确定

（1）决定债券发行价格的因素

公司债券发行价格的高低，主要取决于下述 4 项因素：

①债券面额。一般而言，债券面额越大，发行价格越高。

②票面利率。一般而言，债券的票面利率越高，发行价格也越高；反之，就越低。

③市场利率。一般而言，债券的市场利率越高，债券的发行价格越低；反之，就越高。

④债券期限。债券的期限越长，债权人的风险越大，要求的利息报酬就越高，债券的发行价格就可能较低；反之，可能较高。

（2）确定债券发行价格的方法

在实际操作中，公司债券的发行价格通常有三种情况，即等价、溢价、折价。

等价是指以债券的票面金额作为发行价格，多数公司债券采用等价发行；溢价是指按高于债券面额的价格发行债券；折价是指按低于债券面额的价格发行债券。债券的发行价格具体可按下列公式计算确定：

$$债券发行价格=\frac{票面金额}{(1+市场利率)^n}+\sum_{t=1}^{n}\frac{票面金额\times票面利率}{(1+市场利率)^t} \qquad 2\text{-}7$$

式中，n—— 债券期限；

t—— 付息期数；

市场利率 —— 债券发售时的市场利率。

（三）债券筹资的优缺点

1. 债券筹资的优点

①债券成本较低。与股票的股利相比较而言，债券的利息允许在所得税前支付，发行公司可享受税上利益，故公司实际负担的债券成本一般低于股票成本。

②可利用财务杠杆。无论发行公司的盈利多少，债券持有人一般只收取固定的利息，而更多的收益可用于分配给股东或留用公司经营，从而增加股东和公司的财富。

③保障股东控制权。债券持有人无权参与发行公司的管理决策，因此，公司发行债券不会像增发新股票那样可能会分散股东对公司的控制权。

④便于调整资本结构。在公司发行可转换债券以及可提前赎回债券的情况下，便于公司主动地合理调整资本结构。

2. 债券筹资的缺点

①财务风险较高。债券有固定的到期日，并需定期支付利息，发行公司必须承担按期付息偿本的义务。

②限制条件较多。发行债券的限制条件一般要比银行借款、租赁筹资的限制条件都要多且严格，从而限制了公司对债券筹资方式的使用，甚至会影响公司以后的筹资能力。

③筹资数量有限。公司利用债券筹资一般受一定额度的限制。多数国家对此都有限定。我国公司法规定，发行公司流通在外的债券累计总额不得超过公司净资产的 40%。

三、融资租赁

租赁是出租人以收取租金为条件，在契约或合同规定的期限内，将资产租借给承租人使用的一种经济行为。租赁行为在实质上具有借贷属性，不过它直接涉及的是物而不是钱。在租赁业务中，出租人主要是各种专业租赁公司，承租人主要是其他各类企业，租赁物大多为设备等固定资产。

现代租赁已经成为企业筹集资金的一种方式，用于补充或部分替代其他筹资方式。在租赁业务发达的条件下，它为企业所普遍采用，是企业筹资的一种特殊方式。

租赁的种类很多，目前我国主要有经营租赁和融资租赁两类。

经营租赁是由出租人向承租企业提供租赁设备，并提供设备维修保养和人员培训等服务性业务，承租企业无须先筹资再购买设备即可享有设备的使用权，具有短期筹资的功效。

融资租赁是由租赁公司按照承租企业的要求融资购买设备，并在契约或合同规定的较长期限内提供给承租企业使用的信用性业务。承租企业采用融资租赁的主要目的是融通资金。融资租赁集融资与融物于一身，具有借贷性质，是承租企业筹集长期借入资金的一种特殊方式。

（一）融资租赁的形式

融资租赁按其业务的不同特点，可细分为如下三种具体形式。

1. 直接租赁

直接租赁是指承租人直接向出租人租入所需要的资产，并付租金的融资租赁。直接租赁的出租人主要是制造厂商和租赁公司。直接租赁是融资租赁的典型形式，通常所说的融资租赁就是指直接租赁形式。

2. 售后租回

售后租回是指根据协议，企业将某资产卖给出租人，再将其租回使用的融资租赁。资产的售价大致为市价，售后租回的出租人为租赁公司等金融机构。在这种形式下，承租人一方面通过出售资产获得了现金，另一方面又通过租赁满足了对资产的需要，而租金却可以分期支付。

3. 杠杆租赁

杠杆租赁是国际上比较流行的一种融资租赁形式。它一般要涉及承租人、出租人和贷款人三方当事人。从承租人的角度来看，它与其他融资租赁形式并无区别，同样是按合同规定，在租期内获得资产的使用权，并按期支付租金。但是对出租人却不同，出租人只垫付购买资产所需现金的一部分（一般为 20% ~ 40%），其余部分（为 60% ~ 80%）则以该资产为担保向贷款人借资支付。

因此，在这种情况下，租赁公司既是出租人又是借款人，据此既要收取租金又要偿付债务。这种融资租赁形式由于租赁收益一般大于借款成本支出，出租人借款购物出租可获得财务杠杆利益，故被称为杠杆租赁。

（二）融资租赁的程序

融资租赁一般按如下程序进行：

①出租人根据生产经营需要选定需用设备，再选择租赁公司。对租赁公司的选择一般要综合考虑各家租赁公司的经营范围、业务能力、筹资能力、服务态度等各种条件，选择能达到租赁目的的最有利出租人。

②办理租赁委托。在该阶段，企业向选定的租赁公司提交租赁委托书，委托书一般应载明：承租企业名称、住所、开户银行及账号，租赁设备的名称、规格、型号、性能、制造厂商，并附有项目可行性研究报告和企业财务报告等资料。

③签订购货协议。由租赁业务的一方或双方选定设备制造商或销售商，与其谈判，签署购货协议。

④签订租赁合同。经租赁公司对承租人的申请研究同意后，即可接受委托并与承租人签订租赁合同。租赁合同的主要内容包括租赁双方单位名称、租赁物的所有权和使用期限、到期租赁物的处理、租金水平、支付方式、经济担保、保险税务、违约责任、争议仲裁等。

⑤办理验货与保险。在此阶段，租赁公司应按租赁合同要求，按期将设备运到交货地点，而后租赁双方办理移交手续，为确保租赁设备的安全，承租企业一般要办理投保。

⑥使用设备并按期交付租金。

⑦合同期满的设备处理。租赁合同期满租赁双方应办理结束合同手续，并对租赁设备按合同规定办法处理，或将设备按剩余价值买下，或将设备退还租赁公司，必要时也可以签订续租手续。

（三）融资租赁的租金

租金是承租企业占用出租人的资产而向出租人付出的代价。租金支付额的多少和支付方式必然对承租企业的现金流和财务状况产生影响，是租赁决策的重要考虑因素。

1. 融资租赁的租金构成

在我国，从事融资租赁的出租人主要有租赁公司、信托投资公司和银行信贷部门。这些出租人出租设备，除了要从租金中抵补其购入设备的各项成本和费用，还要获取相应的利润，因此融资租赁的租金就包括租赁设备的成本、租赁设备的成本利息和租赁手续费三大部分。

①租赁设备的成本。租赁设备的成本包括设备的买价、运杂费和运输途中的保险费等项目。它是租金的主要组成部分。

②租赁设备的成本利息。租赁设备的成本利息是指租赁公司为承租企业购置设备融资而应计的利息，如为购买租赁设备而向银行借款所应支付的利息。

③租赁手续费。租赁手续费通常包括租赁公司承办租赁设备的营业费用，还包括出租人向承租企业提供租赁服务所赚取的利润。租赁手续费的高低一般无固定标准，通常由承租企业与租赁公司协商确定，按设备成本的一定比率计算。

2. 租金的支付方式

租金的支付方式也影响每期租金的多少，一般而言，租金支付次数越多，每次的支付额越小。支付租金的方式通常分为以下三类：

①按支付时间长短，分为年付、半年付、季付和月付。

②按支付时间先后，分为先付租金和后付租金，先付租金是指在期初支付，后付租金是指在期末支付。

③按每次是否等额支付，分为等额支付和不等额支付。

3. 租金的计算方法

租金的计算方法有很多，名称叫法也不统一。目前，国际上流行的租金计算方法主要有平均分摊法、等额年金法、附加率法、浮动利率法。我国融资租赁实务中，大多采用平均分摊法和等额年金法。

（1）平均分摊法

平均分摊法是先以商定的利息率和手续费率计算出租赁期间的利息和手续费，然后连同设备成本按支付次数平均。这种方法没有充分考虑时间价值因素，计算较为简单。每次应付租金的计算公式可列示如下：

$$\text{每次支付的租金}=\frac{(\text{设备成本}-\text{预计残值})+\text{租期内利息}+\text{租赁手续费}}{\text{租期}}$$

2-8

（2）等额年金法

等额年金法是运用年金现值的计算原理计算每期应付租金的方法。在这种方法下，通常要将利率和手续费率综合成一个租赁费率，作为贴现率其计算公式为：

$$每年支付的租金=\frac{等额租金现值总额}{年金现值系数}$$

2-9

支付年金分为两种情况，一种是每期租金在年初支付，即采用先付年金（付年金）方式；另一种是每年年末支付租金，即采用后付年金（普通年金）方式。

平均分摊法没有考虑资金时间价值因素，因此它每年支付的租金比等额年金法要多。企业在选择租金计算方法时，应采用等额年金法，这样对承租人有利。从等额年金法的先付与后付方式看，名义支付的租金额有出入（先付租金小于后付租金），但实质上并没有差别。企业可任选一种，并与出租人进行协商确定。

（四）融资租赁筹资的优缺点

1. 融资租赁筹资的优点

①迅速获得所需资产。融资租赁集“融资”与“融物”于一身，一般要比先筹措现金后再购置设备来得更快，可使企业尽快形成生产经营能力。

②融资租赁筹资限制较少。企业运用股票、债券、长期借款等筹资方式，都要受到相当多的资格条件的限制，相比之下，租赁筹资的限制条件很少。

③设备陈旧过时的风险小。随着科学技术的不断进步，设备陈旧过时的风险很高，而多数租赁协议规定由出租人承担，承租企业可免遭这种风险。

④财务风险小。全部租金通常在整个租期内分期支付，可适当降低不能偿付的风险。

⑤税收负担轻。租金费用可在所得税前扣除，具有抵免所得税的作用。

2. 融资租赁筹资的缺点

①资本成本较高。一般来说，租金总额通常要高于设备价值的30%，比向金融机构借款或发行债券筹资所负担的利息高得多。

②资产处置权有限。承租企业在租赁期内无资产所有权，不能根据自身要求自行处置租赁资产。

四、商业信用

商业信用是指在商品交易中由于延期付款或预收货款所形成的企业间的借贷关系。商业信用产生于商品交换之中，是所谓的“自发性筹资”。它运用广泛，在短期负债筹资中占有相当大的比重。在大多数情况下，商业信用筹资属于“免费”资金。

（一）商业信用的形式

商业信用的具体形式有应付账款、应付票据和预收账款。

1. 应付账款

应付账款是企业购买货物暂未付款而欠对方的账项，即卖方允许买方在购货后一定时期内支付货款的一种形式。卖方利用这种方式促销，而对买方来说延期付款则等于向卖方借用资金购进商品，可以满足短期的资金需要。卖方为促使买方及时承付货款，一般均给买方提供一定的现金折扣。

在这种形式下，买方通过商业信用筹资的数量与其是否享有现金折扣有关。一般存在以下三种情况：

第一种，享有现金折扣，从而在现金折扣期内付款。在这种情形下，买方占用卖方货款的时间短，信用筹资数量相对较少。

第二种，不享有现金折扣，而在信用期内付款。在这种情形下，买方筹资量大小取决于对方提供的信用期长短。

第三种，超过信用期的逾期付款（拖欠）。在这种情形下，买方筹资量最大，但它对企业信用的副作用也最大、成本也最高，企业一般不宜以拖欠货款来筹资。

（1）应付账款的成本

倘若买方企业购买货物后在卖方规定的折扣期内付款，便可以享受免费信用，这种情况下企业没有因为享受信用而付出代价。

（2）利用现金折扣的决策

在附有信用条件的情况下，因为获得不同信用要承担不同的代价，买方企业便要在利用哪种信用之间作出决策。一般来说有以下几种情况。

如果能以低于放弃现金折扣的隐含成本（实质是一种机会成本）的利率借入资金，便应在现金折扣期内用借入的资金支付货款，享受现金折扣。

如果在现金折扣期内将应付账款用于短期投资，所得的投资收益率高于放弃现金折扣的隐含利息成本，则应放弃现金折扣而去追求更高的收益。当然，假使企业放弃现金折扣优惠，也应将付款日期推迟至信用期内的最后一天，以降低放弃现金折扣的成本。

如果企业因缺乏资金而欲展延付款期，则需在降低了的放弃现金折扣成本与展延付款带来的损失之间做出选择。展延付款带来的损失主要是指因企业信誉恶化而丧失供应商乃至其他贷款人的信用，或日后招致苛刻的信用条件。

如果面对两家以上提供不同信用条件的卖方，应通过衡量放弃现金折扣成本的大小，选择信用成本最小（或所获利益最大）的一家。

2. 应付票据

应付票据是企业进行延期付款商品交易时开具的反映债权债务关系的票据。根据承兑人的不同，应付票据分为商业承兑汇票和银行承兑汇票两种。但不管承兑人是谁，最终的付款人仍是购货人。应付票据的付款期限一般为 1 ～ 6 个月，最长不超过 6 个月。应付票据可以带息，也可以不带息。

应付票据的利率一般比银行借款的利率低，且不用给付相应的补偿余额和支付协议费，所以应付票据的筹资成本低于银行借款成本。但是应付票据到期必须归还，如若延期便要交付罚金，因而风险较大。

3. 预收账款

预收账款是卖方企业在交付货物之前向买方预先收取部分或全部货款的信用形式。对于卖方来讲，预收账款相当于向买方借用资金后用货物抵偿。预收账款一般用于生产周期长、资金需要量大的货物销售。

此外，企业往往还存在一些非商品交易中产生但也为自发性筹资的应付费用，如应付职工薪酬、应交税费、应付利息等。应付费用使企业受益在前、费用支付在后，相当于享用了收款方的借款，一定程度上缓解了企业的资金需要。应付费用的期限具有强制性，不能由企业自由斟酌使用，但通常不需花费代价。

（二）商业信用筹资的优缺点

1. 商业信用筹资的优点

①手续简便。商业信用伴随商品交易活动的发生而产生，一旦商品成交，该种筹资方式便形成。

②机动性大。在市场经济条件下，供求往来单位很多，各自条件不一，选择余地大，限制条款少。

③筹资成本低。由卖方免费提供商业信用，如果没有现金折扣或企业不放弃现金折扣，则利用商业信用筹资没有筹资成本。

2. 商业信用筹资的缺点

①使用期限短，还款风险大。利用商业信用属于短期筹资方式，不能用于长期资产占用。此外，各种应付款项经常发生，次数频繁，需要企业随时做好现金调度。

②使用范围窄，主要适用于商品交易。

③容易产生拖欠货款，形成债务纠纷。该种方式以资金运动与物资运动相分离为本质特征，这要以购销双方相互信任为条件，在交易双方不了解或品质有问题的情况下，很容易造成拖欠，因此，在交易双方互不了解的情况下，利用商业信用筹资就不具备条件。

第四节 资本成本

一、资本成本概述

（一）资本成本的概念、内容与分类

1. 资本成本的概念

资本成本是企业筹集和使用资本所付出的代价。这里的资本是指企业所筹集的长期资本，包括股权资本和长期债权资本。从投资者的角度看，资本成本也是投资者要求的必要报酬或最低报酬。资本成本主要用于筹资决策、投资决策和评价企业未来的经营成果，也可用来评价企业的筹资效益。

2. 资本成本的内容

（1）筹资费用

筹资费用指企业在筹集资本活动中为获得资本而付出的费用，例如，股票、债券的发行费、各种借款手续费、筹资咨询费、支付给中介机构的代办费等。筹资费用通常是在筹措资金时一次性支付，在用资过程中不再发生。因此，其属于固定性的资本成本，可视为筹资数额的一项扣除。

（2）用资费用

用资费用指企业在生产经营、投资过程中因使用资本而付出的费用，例如，向股东支付的股利、向债权人支付的利息等。这是资本成本的主要内容。长期资金的用资费用，因使用资金数量的多少和时期的长短而变动，属于变动性资本成本。

3. 资本成本的种类

为了全面了解资本成本，对资本成本可从不同角度分类。

①按资本成本的用途不同可分为商业信用资本成本、借款资本成本、租赁资本成本、债券成本、优先股成本、普通股成本和留存收益成本等几大类。可以说，有多少个资金来源渠道方式，就有多少个资本成本。该种分类的目的在于正确计算各种资金来源的成本，考核各种资金筹集的效益，了解企业资本成本的构成。

②按所筹资金使用期限的长短不同可分为短期资金成本和长期资金成本。短期资金成本是指筹集可使用各种短期资金所付出的代价，由于短期资金容易筹集，筹资费发生较少，使用期限较短，使用成本水平也较低。因此，在财务决策中，一般不计算短

期资金成本。长期资金成本是指为筹集一定数量的长期借入资金或自有资金所付出的代价，长期资金成本既可用于考核筹集长期资金的效益，更主要的还是用于企业资本结构的决策。

③按资本成本的代表意义不同可分为个别资本成本、综合资本成本和边际资本成本。个别资本成本代表各个单项资金来源渠道和方式的成本水平，它主要用于考核个别资金来源的筹资效益。综合资本成本是筹措所有资金所发生的加权平均资本成本。综合资本成本代表着整个企业各种资金组合的一般成本水平，它可以用来综合评价企业筹资的总效益，更主要用于资本结构决策。边际资本成本是指追加单位筹资额所付出的代价，主要用于选择各种不同的追加筹资方案。

（二）资本成本的作用

资本成本对于企业筹资及投资管理具有重要意义。

1. 资本成本是比较筹资方式、选择追加筹资方案的依据

企业筹措长期资金有多种方式可供选择，它们的筹资费用与使用费用各不相同，通过资本成本的计算与比较，并按成本高低进行排列，从中选出成本较低的筹资方式。不仅如此，由于企业全部长期资本通常是采用多种方式筹资组合构成的，这种筹资组合有多个方案可供选择，因此，综合加权资本成本的高低将是比较各筹资组合方案、作出资本结构决策的依据。

2. 资本成本是评价投资项目、比较投资方案和进行投资决策的经济标准

一般而言，项目的投资收益率只有大于其资本成本率，才是经济合理的，否则投资项目不可行。它表明，资本成本是企业项目投资的“最低收益率”，或者是判断项目可行性的“取舍率”。

3. 资本成本还可以作为评价企业整个经营业绩的依据

从资本的投资者角度看，资本成本是投资者的收益，这种收益是对资本使用者所获利润的一种分割，如果资本使用者不能使企业的经营产生收益，从而不能满足投资者的收益需要，那么投资者将不会把资本再投资于企业，企业的生产经营活动就无从正常开展。因此，资本成本在一定程度上成为判断企业经营业绩的重要依据，只有在企业总资产报酬率大于资本成本率时，投资者的收益期望才能得到满足，才能表明企业经营有方，否则被认为是经营不力。

二、资本成本的计算

（一）个别资本成本的计算

个别资本成本是指各种筹资方式的成本，主要包括债务成本、股权资本成本。债务

成本又可分为银行借款成本、债券成本。股权资本成本又可分为优先股成本、普通股成本和留存收益成本。

1. 债务成本

债务成本一般有银行借款资本成本和债券资本成本两种。根据企业所得税法的规定，企业债务的利息允许从税前利润中扣除，从而可以抵免企业所得税。

因此，企业实际负担的债务资本成本应当考虑所得税因素，即

$$K_d = R_d(1-T)$$

2-10

式中，K_d—— 债务资本成本率，也称税后债务资本成本率；

R_d—— 企业债务利息率，也称税前债务资本成本率；

T—— 企业所得税率。

（1）银行借款成本

银行借款成本由借款利息和借款手续费两部分组成。由于借款利息计入税前成本费用，可以起到抵税的作用，因此其成本的计算公式如下：

$$K_1 = \frac{I(1-T)}{L(1-f)}$$

2-11

式中，K_1—— 银行借款成本率；

I—— 银行借款年利息额；

T—— 企业所得税率；

L—— 银行借款筹资额，即借款本金；

f—— 银行借款筹资费用率，即借款手续费率。

由于银行借款的手续费很低，上式中的f常常可以忽略不计，则上式可简化为：

$$K_1 = \frac{I(1-T)}{L} = i(l-T)$$

2-12

式中，i—— 银行借款年利率。

（2）债券成本

债券成本中的利息与银行借款利息相同在税前开支，具有减税效应。债券成本与银行借款成本的主要差别在于：一是债券的筹资费用较高，因此不能忽略不计，其筹资费用主要包括申请发行债券的手续费、债券注册费、印刷费、上市费等；二是债券的发行价格有等价、溢价、折价三种，债券利息按面额（本金）和票面利率确定，但债券的筹资额应按具体发行价格计算，以便正确计算债券成本。债券成本的计算公式为：

$$K_b = \frac{I(1-T)}{B(l-f)}$$

2-13

式中，K_b—— 债券成本率；

I—— 债券年利息额；

T—— 企业所得税率；

B—— 债券筹资额，即发行价；

f—— 债券筹资费用率。

2. 股权资本成本

股权资本成本包括优先股成本、普通股成本和留存收益成本等。由于这类资本的使用费用（股利等）均从税后支付，因此不存在节税功能。

（1）优先股成本

公司发行优先股需要支付发行费用，且优先股的股息通常是固定的，因此其计算公式为：

$$K_p = \frac{D}{P_o(1-f)}$$

2-14

式中，K_p—— 优先股成本率；

D—— 每年的股息；

P_o—— 筹资总额，按发行价计算；

f—— 筹资费用率。

因为企业破产清算时，优先股的求偿权位于债券之后，所以，一般来说，优先股的股息率高于债券的利率。再加上债券的利息费用在税前开支，其利率扣除所得税后更低于优先股股息率。所以，优先股成本高于债券成本。

（2）普通股成本

普通股成本的计算相对复杂，从理论上讲，股东的投资期望收益率即为公司普通股成本。在计算时，常常将此作为计算的依据，主要采用股利折现法和资本资产定价模型。

第一，股利折现法。它是一种将未来期望股利收益折为现值，以确定其成本率的方法。从投资者角度看，股票投资价值等于各年股利收益的现值，因此股票的收益现值必须大于现在购买时的股票成本，才有利可图。通过发行普通股筹集资本时，企业是否支付股利以及支付多少视企业的经营情况和股利政策而定，通常都是逐年增长的。普通股成本的计算公式为：

$$K_c = \frac{D_1}{P_o(1-f)} + g$$

2-15

式中，K_c—— 普通股期望收益率，即普通股成本；

D_1—— 第一年的预计股利；

P_o—— 普通股现值，按发行价计算；

g—— 普通股股利的预计年增长率；

f—— 筹资费用率。

第二，资本资产定价模型。资本资产定价模型给出了普通股期望收益率 K_c 与它的市场风险 β 之间的关系：

$$K_c = R_f + \beta \cdot (R_m - R_f)$$

2-16

式中，K_c—— 普通股期望收益率，即普通股成本；

R_f—— 无风险利率；

R_m—— 市场投资组合的期望收益率；

β—— 某公司股票收益率相对于市场投资组合期望收益率的变动幅度，即公司股票的投资风险系数。

（3）留存收益成本

留存收益是指企业的未分配利润。企业为了发展，一般都不会把全部收益以股利形式分配给股东。所以，留存收益是企业资金的一种重要来源。从成本的实际支付来看，留存收益并不像其他筹资方式那样直接从市场取得，而是将利润再投资，因此不产生筹资费用。但它却存在资本成本，这是因为，投资者如果将这部分收益用作购买股票、存入银行或进行其他方面的投资，也会获得投资收益，而投资者同意将这部分收益留在企业，是期望从中取得更高的投资回报。

所以，留存收益也要计算成本。留存收益成本的计算与普通股基本相同，只是没有筹资费用，其计算公式为：

$$K_e = \frac{D}{P_o}$$

2-17

式中，K_e—— 留存收益成本。

股息不断增长的企业其留存收益成本则为：

$$K_e = \frac{D}{P_o} + g$$

2-18

普通股与留存收益都属于所有者权益，股利的支付不固定。当企业破产清算时，在剩余财产的分配中普通股排在最后。与其他投资者相比，普通股股东所承担的风险最大，因此，普通股的报酬也应最高，其资本成本也最高。

（二）综合资本成本的计算

由于受多种因素的制约，企业不可能只使用某种单一的筹资方式，往往需要通过多种方式筹集所需资金。为进行筹资决策，就要计算确定企业全部长期资金的总成本—综合资本成本。综合资本成本一般是以各种资本占全部资本的比重为权数，对个别资本成本进行加权平均确定的，故又称为加权平均资本成本。

其计算公式为：

$$K_w = \sum_{j=1}^{n} K_j W_j$$

2-19

式中，K_w—— 综合资本成本，即加权平均资本成本；

K_j—— 第 j 种资本成本；

W_j—— 第 j 种资本占全部资本的比重（权数）。

（三）边际资本成本的计算

综合资本成本是企业过去筹集的或目前正在使用的资本的成本，但是，随着时间的推移或筹资条件的变化，综合资本成本也不是一成不变的。一个企业进行投资，不能仅仅考虑目前所使用的资本成本，还要考虑为投资项目新筹集资金而需要的成本，这就要计算资本的边际成本。

边际资本成本是指企业每增加一个单位资本所需增加的成本。边际资本成本也是按加权平均法计算的，是追加筹资时所使用的加权平均资本成本。

计算边际资本成本有以下四个步骤：

第一步，确定目标资本结构。

第二步，测算各种筹资方式的资本成本。

第三步，计算筹资总额分界点（又称筹资突破点）。根据目标资本结构和各种资本成本率变动的分界点，计算公司筹资总额分界点。其计算公式为：

$$BP_j = \frac{TF_j}{W_j}$$

2-20

式中，BP_j—— 筹资总额分界点；

TF_j—— 第 j 种资本的成本分界点；

W_j—— 目标资本结构中第 j 种资本的比例。

第四步，计算边际资本成本。根据上一步骤计算出的分界点，可得出新的筹资范围。对新的筹资范围分别计算加权平均资本成本，即可得到各种筹资范围的边际资本成本。

第五节　杠杆原理

杠杆原理是物理学的概念，财务管理中借用杠杆原理来描述一个量的变动会引起另一个量的更大变化。财务管理中的杠杆效应有三种形式，即经营杠杆、财务杠杆和复合杠杆。要了解杠杆原理，需要首先了解成本习性。

一、成本习性

成本习性是指成本总额与业务量之间的依存关系。按照成本习性对成本进行分类，对于正确地进行财务决策有十分重要的意义。成本按习性分类，可以分为固定成本、变动成本和混合成本。

（一）固定成本

固定成本是指其成本总额在一定时期内和一定业务量范围内不受业务量增减变动影响而固定不变的成本。常见的固定成本有固定资产折旧费、财产保险费、管理人员工资和广告费等。

固定成本的主要特点是、固定成本总额在相关范围内不受业务量变动的影响而保持不变，单位固定成本随着业务量变动而发生反方向变动。

固定成本可进一步分为约束性固定成本和酌量性固定成本。

1. 约束性固定成本

约束性固定成本，又称为经营能力成本，是企业根据生产能力确定的一定期间的固定成本总额，它一般不受管理当局短期决策的影响。由于企业的经营能力一旦形成，短期内一般不能被轻易改变，由此确定的固定成本具有很大的约束性，在管理中往往不能采取降低这部分成本总额的措施，还因为降低这类固定成本总额等于降低生产能力，所以对这类固定成本只能通过充分利用生产能力，提供产品的产量，降低其单位固定成本。

例如，厂房、机器设备的折旧费、不动产税、财产保险费和管理人员工资等都属于约束性固定成本。

2. 酌量性固定成本

酌量性固定成本，又称可调整固定成本，是指受管理当局短期决策行为影响，可以在不同时期改变其数额的那部分固定成本。这类成本是企业管理者根据经营方针确定的固定成本预算额，在编制预算额时可根据实际需要和财务负担能力对其进行调整。

对这类固定成本在不影响生产经营的前提下，可以尽量减少它们的预算总额。例如，广告费、职工培训费、新产品开发费和经营性租赁费等都属于酌量性固定成本。

（二）变动成本

变动成本是指在一定时期、一定业务量范围内，随着业务量的变动，其成本总额呈正比例变动的有关成本，如直接材料和直接人工等成本。

变动成本的主要特点是变动成本总额随产量变动呈正比例变动，单位变动成本不受产量变动影响而固定不变。

固定成本总额和单位变动成本的不变性不是绝对的，而是在相关范围内（“一定的业务量范围”和“一定时间”内）保持其特点。相关范围是指改变固定成本、变动成本性质的有关期间和业务量的特定范围。在相关范围内，固定成本总额不变，保持相对稳定，单位固定成本呈反比例变动；变动成本总额呈正比例变动，单位变动成本不变，保持相对稳定。超过了相关范围，固定成本和变动成本的特性就不存在。因为，从较长时期看，所有的成本都在变化，没有绝对不变的固定成本。

（三）混合成本

混合成本是指随业务量的变动而变动，但又不呈正比例变动的那部分成本，如设备维修费、机械动力费、检验人员工资和行政管理费等。

混合成本按其与业务量的关系又可分为半固定成本和半变动成本。

1. 半固定成本

半固定成本是指在一定业务量范围内，其发生额是固定的，当业务量增长到一定程度时，其发生额跳跃式增加，并在新的业务量范围内保持不变，如设备修理费和检验人员的工资等。

2. 半变动成本

半变动成本是指在没有业务量的情况下仍发生一定的初始量，当有业务量发生时，其发生额随着业务量呈正比例变化，如水电费和电话费等公共事业费用。

（四）边际贡献和息税前利润

1. 边际贡献

边际贡献是指销售收入减去变动成本以后的差额。边际贡献的大小将直接影响企业利润水平的高低，因此，它是一个非常有用的价值指标。其计算公式为：

$$M = px - bx = x \cdot (p - b) = mx$$

2-21

式中，M—— 边际贡献；

p—— 销售单价；

b—— 单位变动成本；

x—— 产销量；

m—— 单位边际贡献。

2. 息税前利润

息税前利润是指企业支付利息和缴纳所得税之前的利润。成本按习性分类后，息税前利润可按下列公式计算：

$$\text{EBIT} = px - bx - a = x(p - b) - a = M - a$$

2-22

式中，EBIT—— 息税前利润；

a—— 固定成本。

注意：在上式的固定成本和变动成本中不应包括利息费用因素。另外，息税前利润也可以用利润总额加上利息费用求得。

二、经营杠杆

（一）经营杠杆的概念

经营杠杆是指由于固定成本的存在，息税前利润的变动率大于销售量变动率的现象。在其他条件不变的情况下，产销量的增加虽然不会改变固定成本总额，但会降低单位产品分摊的固定成本，从而提高单位产品利润，使息税前利润的增长率大于产销量的增长率；反之，产销量的减少会提高单位产品分摊的固定成本，降低单位产品利润，使息税前利润下降率大于产销量下降率。

（二）经营杠杆的计量

只要企业存在固定成本，就存在经营杠杆的作用。经营杠杆的大小一般用经营杠杆系数表示。所谓经营杠杆系数，是指息税前利润变动率相当于产销量变动率的倍数。其计算公式为：

$$\text{DOL} = \frac{\Delta \text{EBIT} / \text{EBIT}}{\Delta Q / Q}$$

2-23

式中，DOL—— 经营杠杆系数；

ΔEBIT—— 息税前利润变动额；

EBIT—— 变动前息税前利润；

ΔXT—— 销售量变动额；

Q—— 变动前销售量。

假定企业的成本—销量—利润保持线性关系，可变成本在销售收入中所占的比例不变，固定成本也保持稳定，经营杠杆系数便可通过销售额和成本来表示。其计算公式为：

$$\mathrm{DOL}=\frac{S-VC}{S-VC-F}$$

2-24

式中，S—— 销售额；

VC—— 变动成本总额；

F—— 固定成本总额。

（三）经营杠杆与经营风险

经营风险是指企业因经营上的原因而导致利润变动的风险。影响经营风险的主要因素有固定成本比重、产品需求的变动、产品销售价格的变动和产品单位变动成本的变化等。

企业经营风险产生的重要原因是市场需求和成本等因素的不确定性，经营杠杆本身并不是利润不稳定的根源。但是，产销量增加时，息税前利润将以 DOL（经营杠杆系数）倍数的幅度增加；产销量减少时，息税前利润又将以 DOL（经营杠杆系数）倍数的幅度减少。可见，经营杠杆扩大了市场和生产等不确定因素对利润的影响。而且，经营杠杆系数越大，利润变动越激烈，企业的经营风险就越大。因此，经营风险的大小和经营杠杆有密切的关系。

由经营杠杆的计算公式可知：

$$\mathrm{DOL}=\frac{M}{\mathrm{EBIT}}$$

$$\because \mathrm{EBIT}=M-a$$

$$\therefore \mathrm{DOL}=\frac{M}{M-a}$$

2-25

上式表明，经营杠杆系数将随着固定成本的变化呈同方向变化，即在其他因素不变的前提下，固定成本越高，经营杠杆系数越大，企业的经营风险也就越大。

三、财务杠杆

（一）财务杠杆的概念

财务杠杆是指企业在债务筹资和优先股筹资下，每股利润变动率大于息税前利润变动率的现象。不论企业营业利润多少，债务的利息和优先股的股利通常都是固定不变的。当息税前利润增大时，每一元盈余所负担的固定财务费用就会相对减少，这会给普通股股东带来额外的收益；反之，当息税前利润降低时，每一元盈余所负担的固定财务费用就会相对增加，这就会大幅减少普通股盈余。

（二）财务杠杆的计量

只要企业存在固定的债务利息及优先股股利，就会存在财务杠杆效应。财务杠杆效应的大小通常用财务杠杆系数表示。所谓财务杠杆系数，是指普通股每股股利的变动率相当于息税前利润变动率的倍数。其计算公式为：

$$\mathrm{DFL}=\frac{\Delta\mathrm{EPS}/\mathrm{EPS}}{\Delta\mathrm{EBIT}/\mathrm{EBIT}}$$

2-26

式中，DFL—— 财务杠杆系数；

ΔEPS—— 普通股每股收益变动额；

EPS—— 变动前每股收益。

$$\mathrm{EPS}=\frac{(\mathrm{EBIT}-I)(1-T)}{N}$$

2-27

由于

$$\Delta\mathrm{EPS}=\frac{\Delta\mathrm{EBIT}(1-T)}{N}$$

2-28

因此，公式可进一步推导为：

$$\mathrm{DFL}=\frac{\mathrm{EBIT}}{\mathrm{EBIT}-I}$$

2-29

式中，I—— 债务筹资的利息，在负债筹资额不变情况下，利息保持不变；

(EBIT−I)—— 扣除利息的税前利润额。

财务杠杆系数的含义是，在资产总额及负债筹资额保持不变的前提下，净资产收益率或每股收益额将按息税前利润的倍数增长。即

净资产收益率的增长率 = 财务杠杆系数 × 息税前利润增长率

2-30

（三）财务杠杆与财务风险

财务风险是指由于负债比率的变动而给企业财务成果及偿债能力带来的风险。企业

要取得财务杠杆利益，就要增加负债，一旦企业息税前利润下降，不足以补偿固定利息支出，企业的每股收益就会大幅下降。在企业资本结构中，长期负债的比例越大，则企业的财务风险也就越大；反之，长期负债的比例越小，财务风险也就越小。

在股份公司中，由于长期负债的增加而增加的财务风险则由普通股承担。企业所有者欲获取财务杠杆利益，同时也要承担由此而引起的财务风险。因此，其必须在财务杠杆利益和财务风险之间进行权衡。

四、复合杠杆

（一）复合杠杆的概念

如前所述，由于存在固定成本，产生经营杠杆效应，使息税前利润的变动率大于产销量的变动率；同样，由于存在固定财务费用，产生财务杠杆效应，使企业每股收益的变动率大于息税前利润的变动率。如果两者杠杆共同起作用，那么销售稍有变动就会使每股收益产生更大的变动。这种由于固定成本和固定财务费用的共同存在而导致的每股收益变动率大于产销量变动率的杠杆效应，称为复合杠杆。

（二）复合杠杆的计量

只要企业同时存在固定成本和固定的财务费用，就会存在复合杠杆的作用。复合杠杆作用的程度通常用复合杠杆系数表示。所谓复合杠杆系数，是指每股收益变动率相当于产销量变动率的倍数。其计算公式为：

$$
\begin{aligned}
\mathrm{DTL} &= \mathrm{DOL}\cdot\mathrm{DFL}\\
&= \frac{\Delta\mathrm{EBIT}/\mathrm{EBIT}}{\Delta Q/Q}\cdot\frac{\mathrm{AEPS}/\mathrm{EPS}}{\Delta\mathrm{EBIT}/\mathrm{EBIT}}\\
&= \frac{\mathrm{AEPS}/EPS}{\Delta Q/Q}
\end{aligned}
$$

2-31

$$
\mathrm{DTL} = \frac{S-VC}{S-VC-F-I}
$$

2-32

式中，DTL—— 复合杠杆系数。

复合杠杆系数的意义，首先，在于能够估计出产销量变动对每股收益的影响。比如，上例中的销售每增长（减少）1 倍，就会造成每股收益增长（减少）2 倍。其次，它使我们看到了经营杠杆与财务杠杆之间的相互关系，即为了达到某一复合杠杆系数，经营杠杆和财务杠杆可以有很多不同的组合。

比如，经营杠杆系数较高的公司可以在较低程度上利用财务杠杆；经营杠杆系数较低的公司可以在较高程度上利用财务杠杆。这有待公司在考虑了各有关的具体因素之后做出选择。

（三）复合杠杆与复合风险

由于复合杠杆作用使每股收益大幅波动而造成的风险称为复合风险。在其他因素不变的情况下,复合杠杆系数越大,复合风险就越大；复合杠杆系数越小,复合风险就越小。

第六节　资本结构

一、资本结构概述

（一）资本结构的概念

资本结构是指企业各种长期资本筹集来源的构成和比例关系。它有广义与狭义之分。广义的资本结构是指全部资金的来源构成，不但包括长期资本，还包括短期负债，它又称为财务结构。狭义的资本结构是指长期资本（长期债务资本与股权资本）的构成及其比例关系，而将短期债务资本列入营运资本进行管理。这里采用狭义的概念。

企业资本结构是由企业采用各种筹资方式筹集资金而形成的。各种筹资方式不同的组合类型决定着企业资本结构及其变化。企业筹资方式虽然很多，但总的来看分为长期债务资本和股权资本两类，因此，资本结构问题总的来说是债务资本的比率问题，即负债在企业全部资本中所占的比重。

（二）资本结构中负债的意义

1. 负债可以降低企业的资本成本

负债所筹集的资金要定期支付利息并按时归还本金，对债权人来说风险较小，因而利率较低。加上负债利息可以从税前开支，所以负债筹资的资本成本较低。增加负债资本，就可降低企业的综合资本成本；减少负债资本，就可增加企业的综合资本成本。

2. 负债筹资具有财务杠杆的作用

不论企业利润是多少，负债的利息一般是固定不变的。当息税前利润增加时，每一元盈余所负担的固定利息费用就会相应地减少，每股收益就会相应地增加。因此，在企业息税前利润较多，增长较快时，可充分地利用负债资本，增加企业的所有者权益，实现企业的财务管理目标。

3. 负债资本会加大企业的财务风险

财务杠杆在企业经营情况好时，可为企业带来效益；当经营情况不佳时，财务杠杆会使普通股收益大大降低，甚至造成企业破产。企业增加负债时，增加了固定的利息费用。同时，由于财务杠杆的作用，当息税前利润下降时，每股收益下降会更快。

（三）最佳资本结构

最佳资本结构是指企业在一定期间内，使综合资本成本最低、企业价值最大时的资本结构。其判断标准有以下三个：

①有利于最大限度地增加所有者财富，能使企业价值最大化；

②企业综合资本成本最低；

③资产保持适宜的流动，并使资本结构具有弹性。

其中，综合资本成本最低是其主要标准。

从资本成本及筹资风险的分析可看出，负债筹资具有节税、降低资本成本、使净资产收益率不断提高等杠杆的作用和功能，因此，对外负债是企业采用的主要筹资方式。但是，随着负债筹资比例的不断扩大，负债利率趋于上升，破产风险加大。因此，如何找出最佳的负债点（最佳资本结构），使得负债筹资的优点得以充分发挥，同时又避免其不足，是筹资管理的关键。财务管理上将最佳负债点的选择称之为资本结构决策。

（四）影响资本结构的因素

资本结构除受资本成本、财务风险等因素的影响外，还会受到企业因素、环境因素等其他因素的影响。

1. 企业因素

企业因素主要是指企业内部影响资本结构的经济变量，具体包括以下三个方面。

（1）企业所有者和管理者的态度

企业所有者和管理者的态度对资本结构有着重要影响，因为企业资本结构的决策最终是由他们做出的。

一个企业的股票如果被众多投资者所持有，谁也没有绝对的控制权，这个企业可能会更多地采用发行股票的方式来筹集资金，因为企业所有者并不担心控制权的旁落；反之，有的企业被少数股东所控制，股东们很重视控制权问题，企业为了保证少数股东的绝对控制权，一般尽量避免普通股筹资，而是采用优先股或负债方式筹集资金。

管理人员对待风险的态度，也是影响资本结构的重要因素。喜欢冒险的财务管理人员，会安排比较高的负债比例；反之，一些持稳健态度的财务管理人员则会使用较少的债务。

（2）企业获利能力

息税前利润是用以还本付息的根本来源。息税前利润越大，即总资产报酬率大于负债利率，则利用财务杠杆能取得较高的净资产收益率；反之则越低。可见，获利能力是衡量企业负债能力强弱的基本依据。

（3）企业经济增长

业绩增长快的企业，总是期望通过扩大筹资来满足其资本需要，而在股权资本一定的情况下，扩大筹资即意味着对外负债。从这里也可看出，负债筹资及负债经营是促进企业经济增长的主要方式之一。

2. 环境因素

环境因素主要是指制约企业资本结构的外部经济变量，主要包括以下四个方面。

（1）银行等金融机构的态度

虽然企业都是希望通过负债筹资来取得净资产收益率的提高，但银行等金融机构的态度在企业负债筹资中起到决定性的作用。在这里，银行等金融机构的态度就是商业银行的经营规划，即考虑贷款的安全性、流动性与收益性。

（2）信用评估机构的意见

信用评估机构的意见对企业的对外筹资能力起着举足轻重的作用。因为，如果企业债务太多，信用评估机构就可能降低企业的信用等级，这样就会影响企业的筹资能力，提高企业的资本成本。

（3）税收因素

企业利用负债可以获得减税利益，因此，企业所得税税率越高，负债的好处越多；反之，如果税率越低，则采用举债方式的减税作用就不十分明显。由此可见，税收实际上对企业资本结构具有某种导向作用。

（4）行业差别

不同行业及同一行业的不同企业，资本结构有很大差别。在资本结构决策中，财务经理必须考虑本企业所处行业资本结构的一般水准，作为确定本企业资本结构的参照，分析本企业与同行业其他企业的差别，以便确定最佳的资本结构。

二、最佳资本结构决策

资本结构的决策方法基本上包括两种：一种是比较资本成本法、另一种是每股收益分析法。

（一）比较资本成本法

比较资本成本法是指通过计算不同资本结构的综合资本成本，并以其中综合资本成本最低的资本结构为最佳资本结构的一种方法。它以资本成本高低作为确定最佳资本结构的唯一标准，在理论上与企业价值最大化相一致。其决策过程包括三个步骤：

①确定各方案的资本结构。

②计算不同方案的综合资本成本。

③进行比较，选择综合资本成本最低的结构为最佳资本结构。

（二）每股收益分析法

在确定企业合理的资本结构时，应当注意其对企业的盈利能力和股东财富的影响，因此应将息税前利润和每股收益作为分析确定企业资本结构的两大因素。每股收益分析法就是将息税前利润和每股收益结合起来，分析资本结构与每股收益之间的关系，进而确定最佳资本结构的方法。

每股收益分析法是利用每股收益无差别点来进行资本结构决策的方法。所谓每股收益无差别点是指两种或两种以上筹资方案下普通股每股收益相等时的息税前利润点，也称息税前利润平衡点或筹资无差别点。每股收益无差别点的计算公式为：

$$\frac{(\mathrm{EBIT}-I_1)(1-T)-D_1}{N_1}=\frac{(\mathrm{EBIT}-I_2)(1-T)-D_2}{N_2} \tag{2-33}$$

式中，EBIT—— 两种筹资方案的每股收益无差别点处的息税前利润；

I_1、I_2—— 两种筹资方案的年利息；

D_1、D_2—— 两种筹资方案的优先股股利；

N_1、N_2—— 两种筹资方案发行在外的普通股股数；

T—— 所得税税率。

每股收益无差别点的息税前利润计算出来以后，可与预期的息税前利润进行比较，据以选择筹资方式。当预期的息税前利润大于无差别点息税前利润时，应采用负债筹资方式；当预期的息税前利润小于无差别点息税前利润时，应采用普通股筹资方式。

第三章 企业投资管理

第一节 企业投资管理概述

一、投资的作用

投资是指企业投入财力，以期望在未来获取收益的一种行为。投资是企业财务活动的重要环节，企业通过投资活动选择所需的生产要素，并将其有效地进行整合，致力于创造出更大的价值，因此，投资可以说是企业价值的源泉，其作用表现在以下几个方面。

（一）投资是企业生存和发展的直接动力

一个企业从产生到维系其简单再生产是其生存的基本前提，而投资为企业的生存提供了物质保证，使企业设备得以更新，产品与工艺得以改进；职工的文化水平、管理水平得以提高；同时，投资也是企业发展的必要前提，企业为增强在市场上的竞争能力，必须扩大生产经营规模，没有投资的增加，企业则无从扩张，因此，投资直接推动了企业的成长与发展。

（二）投资是降低企业风险的重要方法

企业把资金投向生产经营中的关键、薄弱的环节，可以使企业各种生产经营能力配套、平衡，提高企业的综合能力。企业若将资金投向主业以外的行业或产品，可以调整企业的产品结构，形成多样化经营，增强企业销售和盈余的稳定性，降低企业生产经营的风险。

（三）投资是实现财务管理目标的基本前提

企业财务管理的目标是使企业价值最大化。为此，企业必须采取各种措施增加利润、降低风险，而这一切必须依赖一定数量的资金。企业通过投资形成各种资产，并有效地组织生产经营，才能获取利润。

二、投资的分类

按照不同的标准，投资可以做如下分类。

（一）按投资与企业生产经营的关系不同，可分为直接投资和间接投资

直接投资是指把资金投放于生产经营性资产，以便获取利润的投资，也称为项目投资，如购置设备、兴建工厂等。间接投资又称证券投资，是指把资金投放于证券等金融资产，以便取得股利或利息收入的投资，包括企业对政府债券（国库券、建设债券）、企业债券、股票、金融债券及票据等方面的投资。

（二）按投资期限不同，可分为短期投资和长期投资

短期投资是指投资期限在一年以内的投资，主要包括应收账款、存货、短期有价证券等的投资。短期投资又称流动资产投资或营运资金投资。短期投资是企业为保证日常生产经营活动的正常运行而进行的投资，具有时间短、变现力强、波动性大等特点。

长期投资是指投资期限在一年以上的投资，主要包括企业对厂房、设备等固定资产的投资，也包括企业对长期有价证券（长期持有的股票、债券等）和无形资产的投资。

（三）按投资范围不同，可分为对内投资和对外投资

对内投资又称内部投资，是指把资金投在企业内部，购置各种生产经营资产的投资，包括直接形成或提高企业生产经营能力的固定资产和流动资产投资，属于直接投资范畴。

对外投资是指企业将其资产投放于企业外部的投资活动。企业既可以以现金、实物、无形资产等形式对其他企业进行直接投资，也可以以购买股票、债券等有价证券方式向其他单位进行间接投资。在直接对外投资中，企业根据出资比例或合同规定，在接受投资的单位中享有相应的权利并承担相应的义务。在对外间接投资中，企业通过有价证券等投资获得收益，并承担证券波动带来的风险。

（四）按投资的风险程度不同，可分为确定性投资和风险性投资

确定性投资是指投资风险小，对未来收益可以进行相当准确的预测的投资，如企业的设备更新改造等，企业进行这类投资决策时，因风险小而暂时不考虑风险对投资

项目的影响。

风险性投资是指投资风险大，未来收益难以准确预测的投资，如开发新产品等。这类投资决策一定要充分估计风险对投资项目产生的影响，采用科学的分析方法，作出正确的投资决策。

第二节 项目投资管理

一、项目投资的概念与特点

（一）项目投资的概念

项目投资是以特定项目为投资对象，直接与新建项目或更新改造项目有关的长期投资行为。

（二）项目投资的特点

1. 投资数额大

项目投资所形成的资产往往是固定资产，对企业未来的现金流量和财务状况具有重大影响，一般需要较大数额的资金投入。

2. 影响时间长

项目投资后往往需要数年，甚至数十年才能收回投资，对企业未来的经济效益影响时间长。

3. 变现能力差

项目投资的对象往往是长期资产，其变现能力较差。

4. 投资风险大

由于项目投资数额大，对企业影响时间长，变现能力差，所以，一旦投资失败，会给企业造成巨大的损失。

二、项目投资的程序

（一）投资项目的提出

一般是企业的高级管理层根据企业的中长期发展规划和投资环境，在适时把握投资机会的前提下提出的。

（二）投资项目的评价

在对投资项目所处的环境、市场、技术和生产可行性分析评价的基础上，拟定达到目标的各种可能的备选方案。为每个备选方案搜集相关充分的各种资料，其中有关预期成本和预期收入的数据要尽量全面、可靠，运用科学的理论和方法，计算项目评估指标，并进行分析比较，提交项目可行性分析报告。

（三）投资项目的决策

在项目可行性分析的基础上，对可供选择的多个投资方案进行分析比较，由决策者作出决策，接受或拒绝投资或重新调研。投资决策的重要依据是投资决策指标，但并不是投资决策的全部依据。由于选择实质上是对未来状况的判断，因此，它在很大程度上取决于决策者自身的经验和判断能力，有赖于决策者的“企业家素质”。对于投资额特别巨大的，需要由董事会或股东大会表决决定。

（四）投资项目的执行

对于决定投资的项目，要积极筹措投资项目所需的资金，严密实施项目执行过程中的控制，保证项目按预算规定完成。

（五）投资项目的再评价

投资项目的再评价，即在执行过程中，如果情况发生重大变化，应具体问题具体分析，作出新的评价，调整投资行为，以避免损失。

三、现金流量

（一）现金流量的含义及作用

现金流量是指一个项目引起的企业现金支出和现金收入增加的数量。这里的“现金”是广义的现金，它不仅包括各种货币资金，而且包括项目需要投入的企业现有的非货币资源的变现价值。财务管理以现金流量作为项目投资的重要价值信息，主要是因为：

第一，现金流量信息所揭示的未来期间现实货币资金收支运动，可以序时动态地反映项目投资的流向与回收之间的投入产出关系，使决策者处于投资主体的立场上，便于更完整、准确、全面地评价具体投资项目的经济效益。

第二，利用现金流量指标代替利润指标作为反映项目效益的信息，可以摆脱在贯彻财务会计的权责发生制时必然面临的困境，即由于不同的投资项目可能采取不同的固定资产折旧方法、存货估价方法或费用摊配方法，从而导致不同方案的利润信息相关性差、透明度不高和可比性差。

第三，利用现金流量信息，排除了非现金收付内部周转的资本运作形式，从而简化了有关投资决策评价指标的计算过程。

第四，由于现金流量信息与项目计算期的各个时点密切结合，有助于在计算投资决策评价指标时，应用资金时间价值的形式进行动态投资效果的综合评价。

（二）现金流量的内容

现金流量可以分为现金流出量、现金流入量和现金净流量。

1. 现金流出量

现金流出量是指该投资项目引起的企业现金支出的增加额。例如，企业购置一条生产线，一般会引起以下几项现金流出量。

（1）购置生产线的价款

该笔价款可能是一次性支出，也可能是分几次支出。

（2）生产线的维护，修理等费用

在该生产线的整个使用期限内，会为了保持生产能力而发生各种维护、修理费用。这些费用应该作为购置生产线的现金流出量。

（3）垫支流动资金

由于购置该生产线扩大了企业的生产能力，引起对流动资产需求的增加。企业需要追加的流动资金，也是购置该生产线引起的，应该作为购置生产线的现金流出量。

2. 现金流入量

现金流入量是指该投资项目引起的企业现金收入的增加额。例如，企业购置一条生产线，通常会引起下列现金流入量。

（1）营业现金流入

购置生产线扩大企业的生产能力，使企业销售收入增加，扣除有关的付现成本增量后的余额，就是该生产线引起的一项现金流入。其计算公式为：

$$\text{营业现金流入} = \text{营业收入} - \text{付现成本} \tag{3-1}$$

付现成本是相对于非付现成本而言的，指的是每年需要支付现金的成本。不需要每年支付现金的成本称为非付现成本，主要是折旧费用。故可以用下列公式计算付现成本：

$$\text{付现成本} = \text{成本} - \text{折旧} \tag{3-2}$$

企业每年增加的现金流入主要来自两个方面：取得的利润和折旧。

因此：

$$\begin{aligned}\text{营业现金流入} &= \text{营业收入} - \text{付现成本}\\ &= \text{营业收入} - (\text{成本} - \text{折旧})\\ &= \text{利润} + \text{折旧}\end{aligned} \tag{3-3}$$

（2）残值收入

生产设备中途出售或到期报废时的预计残值收入是由购置固定资产引起的现金流入量。

（3）收回的流动资金

该生产线寿命期终了或出售或报废时，企业可以相应减少流动资金垫支，收回的资金可以用于别处。因此，应将其作为该投资项目的一项现金流入量。

3. 净现金流量

净现金流量是指一定期间现金流入量与现金流出量的差额。这里的“一定期间”，根据投资项目的决策需要而定，有时是指一年间，有时是指投资项目持续的整个有效年限内。一定期间的现金流入量大于现金流出量时，净现金流量为正值；反之，净现金流量为负值。

4. 估算现金流量应注意的问题

在估计项目投资引起的现金净流量时，要注意区分相关成本和非相关成本。所谓相关成本是指与固定资产投资决策有关，在分析评价其财务可行性时必须考虑的成本。如差额成本、机会成本、未来成本、重置成本等都是相关成本。非相关成本是与固定资产投资决策无关的、在分析评价时不必考虑的成本，如历史成本、账面成本、沉没成本等。

在估计项目投资引起的现金净流量时，要重视机会成本。所谓机会成本是在备选方案中，选择一个最优方案，必须放弃其他投资方案，被放弃的方案所带来的潜在收益就是所选择方案的机会成本。例如，在固定资产更新改造的决策中，有两个备选方案，购置新设备和继续使用旧设备，如果选择继续使用旧设备，就必须放弃处置旧设备所取得的变现收益，那么放弃处置旧设备所取得的变现收益就是继续使用旧设备的机会成本。

当公司采纳一个新的投资项目后，可能对公司其他部门产生有利或不利影响。因此，公司在进行决策分析时，要考虑采用该投资方案对其他部门产生的影响。

（三）现金流量的计算

项目投资中的现金流量，一般可以分成三个阶段分别计算：投资现金流量、经营现金流量和终结现金流量。在现金流量的计算中，为了简化，一般都假定各年投资在年初一次进行，各年营业现金流量看作各年年末一次发生，把终结现金流量看作最后一年年末发生。

1. 投资现金流量（初始现金流量）

投资现金流量包括投资在投资项目上的资金和投资在流动资产上的资金两部分。投资在流动资产上的资金一般假设当项目结束时将全部收回。这部分现金流量由于在会计上一般不涉及企业的利润，因此不受所得税的影响。

投资在项目上的资金有时是以企业原有的旧设备进行投资的。在计算投资现金流量时，一般是以设备的变现价值作为其现金流出量（但是该设备的变现价值通常并不与其折余价值相等）。另外还必须注意将这个投资项目作为一个独立的方案进行考虑，即假设企业将该设备出售可能得到的收入（设备的变现价值）以及企业由此而可能支付或减免的所得税，即

投资现金流量 = 投资在流动资产上的资金 + 投资设备的变现价值 –（投资设备的变现价值 – 投资设备的折余价值）× 所得税率

3-4

2. 经营现金流量

经营现金流量是指固定资产项目投产后，在整个寿命期限内由于生产运营所发生的现金净流量，包括以下内容：

①营业现金收入；

②计提的折旧；

③付现营业成本；

④应缴纳的税金。

通常，营业现金流量按照年度估算，分别根据不同情况按照以下公式计算：

在不考虑所得税时：

净现金流量 = 销售收入 – 付现成本

3-5

考虑所得税影响时：

净现金流量 =（销售收入 – 付现成本 – 折旧）×（1– 税率）+ 折旧 = 税后净利 + 折旧 = 税后收入 – 税后付现成本 + 折旧 × 税率

3-6

3. 项目终止现金流量（终结现金流量）

项目终止现金流量包括固定资产的残值收入和收回原投入的流动资金。在投资决策中，一般假设当项目终止时，将项目初期投入在流动资产上的资金全部收回。这部分收回的资金由于不涉及利润的增减，因此也不受所得税的影响。

固定资产的残值收入如果与预定的固定资产残值相同，那么在会计上也同样不涉及利润的增减，所以也不受所得税的影响。但是在实际工作中，最终的残值收入往往并不同于预定的固定资产残值，它们之间的差额会引起企业的利润增加或减少。因此在计算现金流量时，要注意不能忽视这部分的影响。项目终止现金流量计算公式为：

项目终止现金流量 = 固定资产残值收入 + 投入流动资金（实际残值收入 – 预定残值收入）× 所得税率

3-7

四、投资决策评价指标

（一）投资决策评价指标的类型

在确定了项目投资决策所需要的相关现金流量和必要报酬率的信息后，就要考虑采用一定决策方法评价项目的经济可行性，以决定采纳或否决一个方案。将项目经济可行性评价时使用的方法分为两类：一类是非贴现评价指标，另一类是贴现评价指标。非贴现评价指标是指在指标计算过程中不考虑资金、时间、价值因素，包括投资回收期法和年均收益率法；贴现评价指标是指在指标计算过程中充分考虑和利用资金时间价值，包括净现值法、现值指数法和内含报酬率法。

（二）非贴现评价指标

1. 投资回收期（PP）

投资回收期是指收回初始投资所需要的时间。该方法是从收回投资所需要的时间长短角度评价项目的经济可行性。回收年限越短，方案越有利。投资回收期的具体计算方法与投资项目现金流量特点有关。

（1）当投资项目的投资额是一次性支出，且每期现金流入量相等时，用下面公式计算：

$$\text{投资回收期}=\frac{\text{投资额}}{\text{每期现金流入量}}$$

3-8

（2）当项目各年的净现金流量不等或投资额不是一次投入时，则用下面公式计算：

$$\text{投资回收期}=\left(\frac{\text{累计净现金流量}}{\text{开始出现正值的年份}}\right)-1+\frac{\text{上年累计净现金流量绝对值}}{\text{当年净现金流量}}$$

3-9

投资回收期法的主要优点是计算简便，最大缺点在于它既没有考虑“货币的时间价值”，也没有考虑回收期后的现金流量。在实际工作中，长期投资往往看重的是项目中后期期待得到的较为丰厚的长久收益。对于这种类型的项目，用投资回收期法来判断其优劣，就显得片面了。

2. 会计收益率

会计收益率是指投资项目年平均利润额与原始或平均投资额的比值。一般而言，投资项目的会计收益率越高越好，低于无风险报酬率的方案为不可行方案。

会计收益率的计算公式如下：

$$\text{会计收益率} = \frac{\text{年平均利润}}{\text{原始投资额}} \times 100\%$$

3-10

上述公式的分母也可以使用平均投资额，虽然其计算结果不同，但是它不改变方案的优先次序。

（三）贴现评价指标

1. 净现值法

净现值法是以净现值作为投资决策分析指标的一种评价方法。净现值（NPV）是投资项目投入使用后产生的各年净现金流量，按资本成本或企业要求达到的报酬率折算的总现值，减去初始投资以后的余额。即所有未来现金流入量和现金流出量都要按预定的贴现率折算为现值，然后计算它们的差额。

用净现值指标评价方案时，首先要将各年的净现值流量按预定的贴现率折算成现值，然后再计算出它们的代数和（净现值）。在采纳与否的决策中，若净现值大于或等于零，表明该项目的报酬率大于或等于预定的投资报酬率，方案可取；反之，方案不可取。在选择互斥的决策中，选净现值大于零且金额最大的为最优方案。

净现值的计算公式如下：

$$\text{NPV} = \sum_{i=0}^{n}\frac{L_i}{(1+i)^t} - \sum_{i=0}^{n}\frac{O_i}{(1+i)^t} = \sum_{n=0}^{n}\frac{\text{NCF}_i}{(1+i)^t}$$

3-11

式中，n——投资涉及的年限；

L_i——第 i 年的现金流入量；

O_i——第 i 年的现金流出量；

i——预定的贴现率；

F_i——第 i 年的净现金流量。

净现值法考虑了货币时间价值，能够反映各种投资方案的净收益，因而是一种较好的方法。缺点是净现值法只能说明投资项目的报酬率高于或低于预定的报酬率，而不能揭示各个投资方案本身可能达到的实际报酬率是多少，而且净现值本身是一个绝对数，不利于不同投资规模的比较。

2. 现值指数

现值指数是投资项目投产后未来现金流量的总现值与初始投资额的现值之比。用获利指数指标评价方案时，首先要计算未来现金流入量的现值之和与未来现金流出量的现值之和，然后计算两者的比值（获利指数）。在采纳与否的决策中，若获利指数大于或等于 1，表明该项目的报酬率大于或等于预定的投资报酬率，方案可取；反之，方案不可取。在选择互斥的决策中，获利指数大于 1 且金额最大的为最优方案。

与净现值相比，获利指数是一个相对数，因此克服了不同投资额方案间的净现值缺乏可比性的问题。它的经济意义是每元投资在未来获得的现金流入量的现值数。

净现值和获利指数的计算都是在假定贴现率的基础上进行的，但是如何确定贴现率却有一定的难度。而且选择不同的贴现率，也会引起净现值和获利指数发生变化，有时甚至会影响判断结果。

3. 内含报酬率

内含报酬率（IRR）反映的是方案本身实际达到的报酬率，它是在整个方案的实施运行过程中，当所有现金净流入年份的现值之和与所有现金净流出年份的现值之和相等时，方案的报酬率是能够使得项目的净现值为零时的报酬率。

对于独立投资项目，内含报酬率同样是一个无量纲指标，它本身不能判断投资项目的优劣。在应用内含报酬率法时，必须寻找一个参照指标。这个指标就是最低期望报酬率。如果投资项目的内含报酬率大于最低期望报酬率，投资项目可以接受；反之，如果投资项目的内含报酬率小于最低期望报酬率，项目不可接受。

内含报酬率的计算比较复杂，根据未来现金流量的情况，可以采用以下两种方法。

（1）未来期内各年营业现金流量相等。

首先，按年金现值的计算公式计算年金现值系数。

其次，查年金现值系数表，在相同期数内找出与上述年金现值系数相等或相近的较大和较小的两个贴现率。

最后，采用插值法计算内含报酬率。

（2）未来期内各年营业现金流量不相等。

首先，按估计的贴现率计算方案的净现值。

其次，估计内含报酬率的可能区间。由于内含报酬率是净现值等于零时的贴现率，零是介于正负数之间。因此，若第一步计算的净现值大于零，则应提高贴现率，再计算净现值；若第一步计算的净现值小于零，则应降低贴现率，再计算净现值。

经过反复测算，务必使再测算的净现值与第一步计算的净现值相反，即找出净现值一正一负的两个贴现率。

最后，采用插值法计算内含报酬率。

内含报酬率法的优点是考虑了资金、时间、价值，反映了投资项目的真实报酬率，能够对投资不同的项目进行优先排序，概念也易于理解。缺点是计算过程比较复杂，特别是每年 NCF 不相等的投资项目，一般要经过多次测算才能求得。

（四）贴现现金流量指标的比较

1. 净现值和内含报酬率的比较

在大多数情况下，运用净现值和内含报酬率法计算得出的结论是相同的。但在下面两种情况下，有时会产生差异：①初始投资不一致；②现金流入的时间不一致。尽管是在这两种情况下使两者产生了差异，但引起差异的原因是相同的：净现值法假定，产生的现金流入量重新投资会产生相当于企业资本成本的利润率；而内含报酬率法却假定，现金流入量重新投资产生的利润率与此项目的特定的内含报酬率相同。在无资本限量的情况下，净现值法是一个比较好的方法。

2. 净现值和获利指数的比较

由于净现值和指数使用的是相同的信息，在评价投资项目的优劣时，它们常常是一致的，但有时也会产生分歧。只有当初始投资不同时，净现值和获利指数才会产生差异。当获利指数与净现值得出不同结论时，应以净现值为准。

总之，在无资本限量的情况下，利用净现值法在所有的投资评价中都能作出正确的决策，而利用内含报酬率法和获利指数法在采纳与否决策中也能作出正确的决策，但在互斥选择决策中有时会作出错误的决策。因而，在这三种评价方法中，净现值法是最好的评价方法。

五、投资决策指标的应用

（一）固定资产修理和更新的决策

固定资产修理和更新的决策是在假设维持现有生产能力水平不变的情况下选择继续使用旧设备（包括对其进行大修理），还是将其淘汰重新选择性能更优异、运行费用更低廉的新设备的决策。假设新旧设备的生产能力相同，对企业而言，销售收入没有增加，即现金流入量未发生变化，但是生产成本却发生了变化。

另外新旧设备的使用寿命往往不同，因此固定资产修理和更新决策实际上就是比较两方案的年平均成本。

新旧设备的总成本都包括两个组成部分，即设备的资本成本和运行成本。在计算新旧设备的年平均成本时，要特别注意运行成本、设备大修理费和折旧对所得税的影响。

（二）固定资产租赁或购买的决策

在进行固定资产租赁或购买决策时，由于所用设备相同，即设备的生产能力与产品的销售价格相同，同时设备的运行费用也相同，因此，比较两种方案的成本差异及成本对企业所得税所产生的影响差异即可。

固定资产租赁与购买设备相比，每年将多支付一定的租赁费用。另外由于租赁费用是在成本中列支的，因此企业还可以减少缴纳所得税，即得到纳税利益。购买固定资产是一种投资行为，企业将支出一笔可观的设备款，但同时每年可计提折旧费进行补偿，折旧费作为一项成本，也能使企业得到纳税利益，并且企业在项目结束或设备使用寿命到期时，还能够得到设备的残值变现收入。

六、有风险情况下的投资决策

在讨论投资决策时，我们假定现金流量是确定的，即可以确定现金收支的金额及其发生时间。实际上，投资活动充满了不确定性。如果决策面临的不确定性比较小，一般可忽略它们的影响，把决策视为确定情况下的决策。

如果决策面临的不确定性和风险比较大，足以影响方案的选择，那么就应对它们进行计量并在决策时加以考虑。

投资风险分析的常用方法是风险调整贴现率法和风险调整现金流量法。

（一）风险调整贴现率法

将与特定投资项目有关的风险报酬加入资本成本或企业要求的最低投资报酬率中构成按风险调整的贴现率，据以计算投资决策指标并进行决策分析的方法为风险调整贴现率法。

采用该方法的基本原理是，如果现金流量包含风险报酬，则贴现率就必须考虑风险报酬率，通过加大贴现率把现金流量中包含的风险影响（风险报酬）予以消除，从而使指标能正确地反映无风险条件下的决策。

可以考虑以下三种方法调整贴现率。

1. 用资本资产定价模型（CAPM）调整贴现率

企业投资往往面临两种风险，即可分散风险和不可分散风险，而不可分散风险可以由β系数值表述。

2. 按风险等级调整贴现率

按风险等级调整贴现率的基本思路是对影响投资项目风险的各个因素进行评分，然后根据评分确定风险等级并据以调整贴现率。操作时，可以根据不同期间影响因素及其变动情况确定各因素得分，然后计算各期间的总得分，随总得分的增加风险等级而增加，最后由专业人员根据经验等确定相应的贴现率。

该方法既可以用于多个方案贴现率的确定（此时对每一方案的整个期间来讲，贴现率可以是一个，也可以对不同的期间对应不同的贴现率），也可以用于单个方案贴现率的确定。

3. 用风险报酬率模型调整贴现率

任何一项投资的报酬率均由两部分组成，即无风险报酬率和风险报酬率。

风险价值系数的大小由投资者根据经验并结合其他因素加以确定，通常有以下几种方法：

①根据以往同类项目的有关数据确定。根据以往同类投资项目的投资收益率、无风险收益率和收益标准离差率等历史资料可以求得风险价值系数。

②由企业领导或有关专家确定。如果现在进行的投资项目缺乏同类项目的历史资料，

不能采用上述方法计算，则可根据主观经验加以确定。可以由企业领导，如总经理、财务副总经理、财务主任等研究确定，也可由企业组织有关专家确定。

这时，风险价值系数的确定在很大程度上取决于企业对风险的态度。比较敢于冒风险的企业，往往把风险价值系数定得低些；而比较稳健的企业，则往往定得高些。

③由国家有关部门组织专家确定。国家财政、银行、证券等管理部门可组织有关方面的专家，根据各行业的条件和有关因素确定各行业的风险价值系数。这种风险价值系数的国家参数由有关部门定期颁布，供投资者参考。

从逻辑上说，风险调整贴现率法较好，但是它可能把时间价值和风险价值混为一谈，并据此对各期现金流量进行贴现。这意味着风险会随着时间的推移而增大，从而对远期的现金流量以较大的调整。有时这与事实不符。例如果园、饭店等行业的投资前几年的现金流量极不稳定，也难以确定，而随着时间推移反而更有把握、更确定。

（二）风险调整现金流量法

风险调整现金流量法又称为肯定当量法，该方法的基本思路是先用一个系数把有风险的现金收支调整为无风险的现金收支，然后用无风险的贴现率去计算净现值，以便用净现值法的规则判断投资机会的可取程度。

风险调整现金流量法是用调整净现值公式分子的办法来考虑风险的，而风险调整贴现率法是用调整净现值公式分母的办法来考虑风险的，这是两者的重要区别。风险调整现金流量法克服了风险调整贴现率法夸大远期风险的缺点，可以根据各年不同的风险程度，分别采用不同的肯定当量系数，但如何确定当量系数是个困难的问题。

第三节　证券投资管理

一、证券投资概述

（一）证券投资的概念及其种类

1. 证券投资的概念

证券是指具有一定票面金额、代表财产所有权和债权、可以有偿转让的凭证，如股票和债券等。证券具有变现快、收益不确定和风险较大的特点。

2. 证券投资种类

证券投资是指以购买有价证券（如股票、债券等）的方式对其他企业进行的投资。

投资证券按其性质分为以下 4 类：

（1）债券投资

企业将资金投资于各种债券。债券是由发行企业或政府机构发行并规定还本付息的时间与金额的债务证书，包括国库券、金融债券和其他公司债券，表明企业拥有证券发行单位的债权。

（2）股票投资

企业将资金投资于其他企业发行的股票，表明企业拥有证券发行公司的所有权，如其他公司发行的普通股或优先股，其投资收益取决于发行公司的股利和股票市场价格。

（3）基金投资

企业将资金投资于购买各种基金股份或收益凭证，通过基金经理管理基金来降低投资风险，获取收益。

（4）证券组合投资

企业将资金同时投资于多种证券，以分散投资风险。

（二）证券投资的目的

不同的证券投资主体有不同的投资目的，同一投资者在不同的时期也可能有不同的目的。证券投资的日的主要有以下几个方面。

1. 获取利润

资金是企业资产价值的货币表现，有效地利用企业拥有或控制的经济资源，不仅会使企业取得收益，还必然使资金在运作中保存价值和不断增值。因此，企业必须充分利用现有的资产，提高资产的利用效率，以增加企业的收益。但是，在企业的生产经营过程中，由于市场的变化或者企业管理，有时会出现资产闲置或资产报酬率下降甚至亏损的情况。为获取利润，企业可以考虑利用现有的资产对外投资，进行资产的重新组合，以优化资源配置，增加企业的收益。

2. 获取控制权

为了生存和发展，企业必然不断地扩大经营规模，企业通过对内投资形式扩张企业的经营规模，其扩张速度较慢；通过证券投资获得证券发行公司经营管理的控制权，其扩张速度较快，往往在较短的时间内就能迅速扩张企业的规模，从而使企业在激烈的市场竞争中处于较为有利的地位。

3. 分散风险

由于市场竞争日趋激烈，企业在经营过程中都面临着各种不同程度的风险。企业通过证券投资，包括多种证券组合投资，实现资产多元化，以规避投资风险或将投资风险控制在一定限度内。

4. 保持资产的流动性

资产的流动性是指资产的变现能力。企业为了增强偿债能力，降低财务风险，必须保持资产良好的流动性。在企业的资产中，如果长期资产的流动性较差，一般不能直接用于偿还债务，流动资产中现金可以直接用于偿还债务；但储备现金过多，又会降低企业资产的收益率。证券投资不仅可以保持资产的良好流动性，降低经营风险，而且可以增加企业的收益。

（三）影响对外投资的因素

重大的证券投资活动具有投资期限长、金额大、风险高的特点。投资的成败对企业的长远发展具有重要的影响，因此在进行投资决策时，必须充分考虑以下各方面的因素。

1. 企业财务状况

企业对外进行投资，首先必须考虑本企业当前的财务状况，如企业资产的利用情况、偿还债务的能力、未来几年的现金流动状况以及企业的筹资能力等。企业当前的财务状况是制约企业对外投资的一项重要因素，如果企业的资产利用情况较好，而且正面临着资金紧张、偿债能力不足、筹资渠道较少的情况，即使有较好的投资机会，也没有投资的能力。反之，如果企业的资产没有得到充分利用，有大量闲置的资金，就可以考虑对外进行投资。

2. 企业经营目标

企业的对外投资必须服从企业整体的经营目标，对外投资的目标应与企业的整体经营目标相一致或者有利于实现企业的整体经营目标。企业的对外投资必须根据企业经营的需要来选择投资项目和投资方式，根据不同的投资目的作出相应的投资决策。

3. 投资对象的收益与风险

对外投资虽然目的不同，但是任何一种对外投资都希望获得更好的投资收益。企业进行对外投资时，要认真考虑投资对象的收益和风险，在保证达到投资目的的前提下，要尽可能选择投资收益较高、风险较小的投资项目。

二、债券投资

（一）债券投资的概念和特点

债券投资是指企业通过证券市场购买各种债券（如国库券、金融债券、公司债券及短期融资券等）进行的投资。企业进行短期债券投资的目的主要是配合企业对资金的需求，调节现金余额，使现金余额达到合理水平。企业进行长期债券投资的目的主要是获得稳定的收益。

相对于股票投资而言，债券投资一般具有以下特点。

1. 属于债权性投资

债券持有人作为发行公司的债权人，定期获取利息并到期收回本金，但无权参与公司经营管理。债券体现债权、债务关系。

2. 风险小

由于债券具有规定的还本付息日并且其求偿权也位于股东之前，因此债券投资到期能够收回本金（或部分本金），其风险较股票投资小。特别是政府发行的债券，由于有国家财力作后盾，其本金的安全性非常高，通常视为无风险证券。

3. 收益稳定

债券投资的收益是由票面金额和票面利率计算的利息收入及债券转让的价差所决定的，与发行公司的经营状况无关，因而其投资的收益比较稳定。

4. 债券价格的波动性较小

债券的市场价格尽管有一定的波动性，但由于前述原因，债券的价格毕竟不会偏离其价值太多，因此，其波动性相对较小。

5. 市场流动性好

许多债券具有较好的流动性，政府及大企业发行的债券一般都可在金融市场上迅速出售，流动性很好。

（二）债券价格的确定

投资者进行债券投资是为了在未来获取增值收入，即未来期间的利息收入及转让价差。因此，债券的价值应该是按投资者要求的必要收益率对未来的上述增值收入及到期收回（或中间转让）的本金的贴现值。由于债券利息的计算方法不同，债券价值的计算也就不同，目前主要有以下几种基本计算方法。

1. 债券价格确定的基本公式

典型的债券采用固定利率，每年计算并支付利息，到期归还本金。按照这种模式，债券价值计算的基本模型是：

$$
\begin{aligned}
P &= I \cdot (P/A,K,n) + F \cdot (P/F,K,n) \\
&= F \cdot I \cdot (P/A,K,n) + F \cdot (P/F,K,n)
\end{aligned}
\tag{3-12}
$$

式中，P—— 债券价格；

I—— 债券票面利息率；

F—— 债券面值；

A—— 每年利息；

K—— 市场利率或投资人要求的必要收益率；

n——付息总期数。

2. 贴现发行时债券价格确定的公式

有些债券以贴现方式发行，没有票面利率，到期按面值偿还。这些债券的估价模型为：

$$P=\frac{F}{(1+K)^{n}}=F\cdot(P/F,K,n)$$

3-13

公式中的符号含义同前式。

（三）债券投资的收益

债券投资收益包括两个部分：一部分为转让价差（债券到期按债券面额收回的金额或到期前出售债券的价款与购买债券时投资金额之差，转让价差为正数时为收益，相反则为损失）；另一部分为利息收入。债券的收益水平通常用到期收益率来衡量。到期收益率是指以特定价格购买债券并持有到期所获得的收益率。它是使未来现金流量等于债券购入价格的贴现率。

（四）债券投资的风险

尽管债券的利率一般是固定的，债券投资仍然和其他投资一样是有风险的。风险与报酬是对应的：高风险意味着高报酬，低风险则意味着低报酬。债券投资要承担的风险主要有违约风险、利率风险、流动性风险、通货膨胀风险和汇率风险等。

1. 违约风险

违约风险是指发行公司无法按时向投资人支付债券利息和偿还本金的风险。财政部发行的国库券，因为有政府做担保，所以没有违约风险。除中央政府以外的地方政府和公司发行的债券则或多或少地有违约风险。因此，信用评估机构要对中央政府以外的部门发行的债券进行评估，以反映其违约风险。不同种类的债券违约风险是不同的。

违约风险的大小通常通过对债券的信用评级表现出来，高信用等级的债券违约风险要比低信用等级的债券小。必要时，投资人也可以对发行债券企业的偿债能力直接进行分析。

2. 利率风险

债券的利率风险是指由于利率变动而使投资者遭受损失的风险。由于债券价格会随利率变动，即使没有违约风险的国库券，也会有利率风险。一般来说，债券价格与市场利率呈反比变化时，市场利率上升会引起债券市场价格下跌；市场利率下降会引起债券市场价格上升。

此外，债券利率风险与债券持有期限的长短密切相关，期限越长，利率风险也越大。因此，即使债券的利息收入是固定不变的，但因市场利率的变化，其投资收益也是不确定的。

3. 流动性风险

流动性风险是指债券持有人打算出售债券获取现金时，其所持债券不能按目前合理的市场价格在短期内出售而形成的风险，又称变现力风险。如果一种债券能在较短的时间内按市价大量出售，说明这种债券的流动性较强，投资这种债券所承担的流动性风险较小；反之，如果一种债券很难按市价卖出，说明其流动性较差，投资者会因此而遭受损失。

4. 通货膨胀风险

通货膨胀风险是指由于通货膨胀而使债券到期或出售时所获得现金的购买力减少的风险。一般而言，在通货膨胀情况下，固定收益证券要比变动收益证券承受更大的通货膨胀风险，因此普通股票被认为比公司债券和其他有固定收益的证券能更好地避免通货膨胀风险。

5. 汇率风险

汇率风险是指由于外汇汇率的变动而给外币债券的投资者带来的风险。当投资者购买了某种外币债券时，本国货币与该外币的汇率变动会使投资者不能确定未来的本币收入。如果在债券到期时该外币贬值，就会使投资者遭受损失。

三、股票投资

（一）股票投资的特点

股票是股份公司为了筹集自有资金而发行的代表所有权的有价证券，购买股票是企业投资的一种重要形式。

股票投资和债券投资都属于证券投资，但股票投资相对于债券投资而言又具有以下特点。

1. 股票投资是权益性投资

股票投资与债券投资虽然都是证券投资，但投资的性质不同：股票投资属于权益性投资，股票是代表所有权的凭证，持有人作为发行公司的股东，有权参与公司的经营决策；而债券投资属于债权性投资，债券是代表债权债务的凭证，持有人作为发行公司的债权人，可以定期获取利息，但无权参与公司经营决策。

2. 股票投资的风险大

投资者购买股票之后，不能要求股份公司偿还本金，只能在证券市场上转让。因此股票投资者至少面临两方面的风险：

一是股票发行公司经营不善所形成的风险。如果公司经营状况较好，盈利能力强，则股票投资者的收益就多；如果公司的经营状况不佳，发生了亏损，就可能没有收益；如果公司破产，由于股东的求偿权位于债权人之后，因此股东可能部分甚至全部不能收回投资。

二是股票市场价格变动所形成的价差损失风险。股票价格的高低，除了取决于公司经营状况外，还受政治、经济、社会等多种因素的影响，因而股票价格经常处于变动，其变动幅度往往高于债券价格的变动幅度。

3. 股票投资的收益高

由于投资的高风险性，股票作为一种收益不固定的证券，其收益一般高于债券。股票投资收益的高低取决于公司的盈利水平和整体经济环境的好坏。当公司经营状况好、盈利水平高且社会经济发展繁荣稳定时，股东既可以从发行公司领取高额股利，又可因股票升值获取转让收益。

4. 股票投资的收益不稳定

股票投资的收益主要是公司发放的股利和股票转让的价差收益，相对债券而言，其稳定性较差。股票股利直接与公司的经营状况相关，公司盈利多，就可能多发放股利；公司盈利少，就可能少发放或不发放股利。股票转让的价差收益主要取决于股票市场的行情，股市行情好，出售股票就可以得到较大的价差收益；股市低迷，出售股票将会遭受损失。

5. 股票价格的波动性大

股票价格既受发行公司经营状况的影响，又受股市投机等因素的影响，波动性极大。这就决定了不宜冒险的资金最好不要用于股票投资，而应选择风险较小的债券投资。

（二）股票价格的确定

股票本身没有价值，仅是一种凭证。它之所以具有价格，可以买卖，是因为它能给持有人带来收益。一般说来，公司第一次发行股票时，要规定发行总额和每股金额，一旦股票发行上市买卖后，股票价格就与原来的面值分离。这时的价格主要由预期股利和当时的市场利率决定，此外股票价格还受经济环境变化和投资者心理等复杂因素的影响。

1. 股票估价的基本模型

股票的价值是指股票期望提供的所有未来收益的现值。股票带给持有者的现金流入包括两部分：股利收入和出售时的资本利得。

股票估价的基本公式为：

$$V=\frac{D_1}{(1+R_s)}+\cdots\cdots+\frac{D_n}{(1+R_s)^n}+\cdots\cdots=\sum_{i=1}^{\infty}\frac{D_t}{(1+R_s)^i}$$

3-14

式中，D_t——第 t 年的股利；

R_s—— 贴现率，即必要的收益率；

t—— 年份。

该公式在实际应用时，面临以下两个主要问题。

（1）如何预计未来每年的股利

股利的多少，取决于每股盈利和股利支付率两个因素，可按历史资料的统计分析对其进行估计，股票估价的基本模型要求无限期地预计每年的股利，实际上不可能做到。因此应用的模型都是各种简化办法，如每年股利相同或固定比率增长等。

（2）如何确定贴现率

贴现率的主要作用是把所有未来不同时间的现金流入折算为现在的价值。贴现率应为投资者要求的报酬率。

2. 股票估价的扩展模型

（1）零成长股票的估价模型

该模型假设未来股利不变，其支付过程是一个永续年金，则股票价值为：

$$V=\frac{D}{R_s}$$

3-15

（2）固定成长股票的估价模型

该模型假设未来股利以固定的增长率逐年增加，则股票价值为：

$$V=\sum_{i=1}^{\infty}\frac{D_t}{(1+R_S)^t}=\sum_{i=1}^{\infty}\frac{D_o(1+g)^t}{(1+R_S)^t}$$

3-16

当 g 为常数，并且 $R_s > g$ 时，上式可简化为：

$$V=\frac{D_t}{R_s-g}=\frac{D_o\ (1+g)}{R_s-g}$$

3-17

式中，D_t—— 预期第一年的股利；

D_o—— 最近一年支付的股利；

g—— 预期股利增长率。

将上述公式进行变换，可计算预期收益率，即

$$R=\frac{D_t}{V}+g$$

3-18

（三）股票投资的收益

投资者进行股票投资的目的是最终取得投资收益，投资收益又因发行公司的未来获利情况和股价变动情况而变动。股票的收益水平通常用股票投资收益率来衡量。

1. 股票投资收益率计算的基本公式

股票投资收益率应为该股票投资收益净现值为零时的贴现率。在各年股利不等的情况下，其基本计算公式为：

$$V=\sum_{j=1}^{n}\frac{D_j}{(1+i)^j}+\frac{F}{(1+i)^n}$$

3-19

式中，V—— 股票的购买价格；

F—— 股票的出售价格；

j—— 第 j 年股利；

n—— 投资期限；

i—— 股票投资收益率。

2. 股票投资收益率计算的扩展公式

对于零成长股票，股票价值为：$V=\dfrac{D}{R_s}$，则：$R=\dfrac{D}{V}$。

对于固定成长股票，股票价值为：$V=\dfrac{D_t}{R_s-g}$，则$R=\dfrac{D_t}{V}+g$。

四、基金投资

（一）基金的概念

基金是一种利益共享、风险共担的集中证券投资方式，即通过发行基金单位，集中投资者的资金，由基金托管人托管，由基金管理人管理和运用资金，从事股票、债券等金融工具投资，并把投资收益按基金投资者的投资比例进行分配的一种间接投资方式。

基金是一种积少成多的整合投资方式，即投资者把资金委托给基金管理人管理，基金管理人根据法律法规、基金契约规定的投资原则和投资组合的原理，进行分散投资，以达到分散投资风险，并兼顾资金的流动性、安全性和营利性的目的。基金与股票、债券存在明显的差异，表现在以下三个方面。

1. 反映的关系不同

股票反映的是所有权关系，债券体现债权债务关系，而基金反映的是基金持有人与管理人之间的委托代理关系。

2. 筹集的投向不同

股票和债券所筹集的资金大部分流向实业，而基金的主要投向是包括股票、债券在内的各种有价证券。

3. 风险水平不同

债券的直接收益取决于事先确定的债券利率，投资风险较小；股票的直接收益取决于公司的经营效益，不确定性大，投资风险也较大；而基金主要投资于有价证券，具有规模优势，投资方式灵活多样，因而使得基金的收益可能高于债券而投资风险又可能小于股票。对那些资金不多，或没有时间精力或缺乏证券投资专门知识的投资者而言，基金是很好的投资选择。

（二）基金的分类

1. 按基金的组织形式不同，可分为契约型基金和公司型基金

（1）契约型基金

契约型基金又称为单位信托基金，是把投资者、管理人、基金托管人作为基金的当事人，通过签订基金契约的形式发行受益凭证而设立的一种基金。契约型基金是基于契约原理而组织起来的代理投资行为，没有基金章程，也没有公司董事会，而是通过基金契约来规范三方当事人的行为。

（2）公司型基金

公司型基金是以公司形态组建的，以发行股份的方式筹集资金，一般投资者为认购基金而购买该公司的股份也就成为该公司的股东，享有股东的基本权利和义务。

2. 按基金可否自由赎回，可分为封闭式基金和开放式基金

（1）封闭式基金

封闭式基金是指基金发起人在设立基金时，限制了基金的发行总额，筹集到这个总额后，基金即宣告成立，并进行封闭，不再接受新的投资，投资者日后买卖基金单位，都必须通过证券交易所在二级市场上竞价交易。另外，封闭式基金一般在成立之初就设定了存续期，存续期满即为基金终止。

（2）开放式基金

开放式基金是指基金发起人在设立基金时，不固定基金单位总数，可视投资者需求追加发行。投资者可以根据市场状况和各自的投资决策，或要求发行机构赎回基金单位或增持基金单位份额。与封闭式基金相比，开放式基金没有固定的存续期，发行规模不受限制，可要求发行机构赎回等特点。我国现已批准成立“华安创新”开放式基金，日后将有大批开放式基金进入市场，将来的基金市场将以开放式基金为主、以封闭式基金为辅。

（三）基金的价值分析

在对基金价值进行评价前，必须明确一个重要的概念，即基金资产净值。基金资产净值是指某一时点上某一投资基金每份基金单位实际代表的价值，是基金单位价格的内在价值。基金资产净值是衡量一个基金经营好坏的主要指标，也是基金交易价格的计算依据。一般情况下基金单位价格与资产净值趋于一致，即随着资产净值的增长，基金价格也将随之提高。

基金资产净值的计算和基金单位资产净值的计算。其中，基金资产净值 = 基金资产总值 - 基金负债总值；基金单位资产净值 = 基金资产净值 / 已售出基金单位总数。基金资产总值包括基金投资资产组合的所有内容，具体如下：

①基金拥有的已上市的股票、认股权证和债券，以计算日或最近集中交易市场的收盘价为准。

②所拥有的未上市的股票、认股权证，以有资格的会计师事务所或资产评估机构测算为准。

③所拥有的未上市债券，以债券面值加上至计算日时的应收利息为准，所拥有的短期票据以买进成本加上自买进日起至计算日止的应收利息。

④现金与相当于现金的资产，包括存放在其他金融机构的存款。

⑤有可能无法收回的资产及有负债所提留的准备金。

⑥已订立契约但尚未履行的资产。

基金负债总额包括：

①依基金契约规定的至计算日止托管人或管理人应付未付的报酬。

②其他应付款等。

五、证券组合投资

（一）证券组合投资的意义

证券组合投资是指在进行证券投资时，不是将所有的资金都投向单一的某种证券，而是有选择地投向一组证券，这种同时投资多种证券的做法便叫作证券组合投资。

人们进行证券投资的直接动机就是获得投资收益，所以投资决策的目标就是使投资收益最大化。由于投资收益受许多不确定性因素影响，投资者在做投资决策时只能根据经验和所掌握的资料对未来的收益进行估计。因为不确定性因素的存在，有可能使将来得到的投资收益偏离原来的预期，甚至可能发生亏损，这就是证券投资的风险。因此人们在进行证券投资时，总是希望尽可能减少风险、增加收益。通过有效地进行证券投资组合，便可消减证券风险，达到降低风险的目的。

（二）证券组合投资的风险与收益率

1. 证券组合投资的风险

证券投资理论旨在探索如何通过有效的方法消除投资风险。证券组合投资的风险可以分为两种性质完全不同的风险，即非系统性风险和系统性风险。

（1）非系统性风险

非系统性风险又叫可分散风险或公司特有风险，是指来自公司的个别因素导致某个公司股票收益损失的可能性，如公司新产品试制失败。这种风险可以通过证券持有的多样化来抵消。

当代证券组合理论认为，若干种股票组成的投资组合，其收益是这些股票收益的加权平均数，但是其风险不是这些股票风险的加权平均风险，故投资组合能降低风险。

（2）系统性风险

系统性风险又叫市场风险、不可分散风险，是源于公司之外的因素，使所有公司都受其影响，导致整个股市平均报酬率的变动，如通货膨胀、经济衰退，战争、自然灾害等。面对这类风险，投资者无论购买哪种股票都无法避免，不能用多样化投资来分散，而只能靠更高的报酬率来补偿。投资者所冒市场风险越大，所要求的报酬率就越高。不可分散风险的程度通常用β系数来计量。

投资者进行证券的组合投资，是为了分散可分散风险。实践证明，只要科学地选择足够多的证券进行组合投资，就能基本分散大部分可分散风险。简言之，就是不要把全部资金投资于一种证券，而应根据各种证券的具体情况和投资者本人对收益与风险的偏好选择若干种最理想的证券作为投资对象，形成一个投资组合。

2. 证券组合投资的收益率

投资者进行证券组合投资与进行单项投资一样，都要求对承担的风险进行补偿，股票的风险越大，要求的收益率就越高。但是，与单项投资不同，证券组合投资要求补偿的风险只是不可分散风险，而不要求对可分散风险进行补偿。

如果有可分散风险的补偿存在，善于科学地进行投资组合的投资者将购买这部分股票，并抬高其价格，其最后的收益率只反映不能分散的风险。因此，证券组合的风险收益是投资者因承担不可分散风险而要求的，超过时间价值的那部分额外收益可用下列公式计算：

$$R_p = \beta_p \cdot (K_m - R_f)$$

3-20

式中，R_p—— 证券组合的风险收益率；

R_f—— 无风险收益率，一般用政府公债的利息率来衡量；

K_m—— 所有股票或所有证券的平均收益率，简称市场收益率；

β_p—— 证券组合的 β 系数。

（三）证券组合投资的策略

证券组合投资策略是投资者根据市场上各种证券的具体情况以及投资者对风险的偏好与承受能力，选择相应证券进行组合时所采用的方针。常见的证券投资组合策略有以下几种。

1. 保守型的投资组合策略

保守型的投资组合策略要求尽量模拟证券市场现状（无论是证券种类还是各证券的比重），将尽可能多的证券包括进来，以分散全部可避免风险，从而得到与市场平均报酬率相同的投资报酬率。

这种投资组合是一种比较典型的保守型投资组合策略，其所承担的风险与市场风险相近。保守型投资组合策略基本上能分散可避免风险，但所得到的收益也不会高于证券市场的平均收益。

2. 冒险的投资组合策略

冒险的投资组合策略要求尽可能多选择一些成长性较好的股票，而少选择低风险、低报酬的股票，这样就可以使投资组合的收益高于证券市场的平均收益。这种组合的收益高，风险也高于证券市场的平均风险。

采用这种投资组合，如果做得好，可以取得远远超过市场平均报酬的投资收益，但如果失败，会发生较大的损失。

3. 适中的投资组合策略

适中的投资组合策略认为，股票的价格主要由企业的经营业绩决定，只要企业的经济效益好，股票的价格终究会体现其优良的业绩。所以在进行股票投资时，要全面深入地进行证券投资分析，选择一些品质优良的股票组成投资组合，如果做得好，就可以获得较高的投资收益，而又不会承担太大的投资风险。

（四）证券组合投资的具体方法

证券投资是一个充满风险的投资领域，由于风险的复杂性和多样性，投资者进行投资时必须防范风险，没有风险的证券投资是不存在的。而防范风险的最有效方法就是进行证券投资组合，以分散全部可分散风险。常用的证券投资组合方法主要有以下几种。

1. 投资组合的三分法

比较流行的投资组合三分法是：三分之一的资金存入银行，以备不时之需；三分之一的资金投资于债券、股票等有价证券；三分之一的资金投资于房地产等不动产。

同样，投资于有价证券的资金也要进行三分，即三分之一投资于风险较大、有发展前景的成长性股票；三分之一投资于安全性较高的债券或优先股等有价证券；三分之一投资于中等风险的有价证券。

2. 按风险等级和报酬高低进行投资组合

证券的风险大小可以分为不同的等级，收益也有高低之分。投资者可以测定出自己期望的投资收益率和所能承受的风险程度，然后在市场中选择相应风险和收益的证券作为投资组合。

一般来说，在选择证券进行投资组合时，同等风险的证券应尽可能选择报酬高的；同等报酬的证券应尽可能选择风险低的，并且要选择一些风险呈负相关的证券进行投资组合。

3. 选择不同的行业、区域和市场的证券作为投资组合

这种投资组合的做法是：

①尽可能选择足够数量的证券进行投资组合，这样可以分散掉大部分可分散风险。

②选择证券的行业也应分散，不可集中投资于同一行业的证券。

③选择证券的区域也应尽可能分散，这是为了避免因地区市场衰退而使投资遭受重大损失。

④将资金分散投资于不同的证券市场，这样可以防范同一证券市场的可分散风险。

4. 选择不同期限的投资进行组合

这种投资组合要求投资者根据未来的现金流量安排各种不同投资期限的证券，进行长、中、短期相结合的投资组合。同时，投资者可以根据可用资金的期限来安排投资，长期不用的资金可以进行长期投资，以获取较大的投资收益；近期可能要使用的资金，最好投资于风险较小、易于变现的有价证券。

第四章 财务预算与控制

第一节 财务预算

一、财务预算的概述

（一）财务预算的概念

预算是企业在预测、决策的基础上，以数量和金额的形式反映企业未来一定时期内经营、投资、财务等活动的具体计划，是为实现企业目标而对各种资源和企业活动所做的详细安排。

预算具有两个特征：①预算是为实现企业目标而对各种资源和企业活动做的详细安排，是决策目标的系统化、具体化和定量化，因此，预算必须与企业的战略或目标保持一致；②预算作为一种数量化的详细计划，是未来经营活动的依据，数量化和可执行性是预算最主要的特征。

财务预算是指运用科学的技术手段和数量方法对未来财务活动的内容及指标所进行的具体规划，是专门反映企业未来一定期限内预计财务状况和经营成果以及现金收支等价值指标的各种预算的总称。

（二）财务预算的组成

财务预算包括反映现金收支活动的现金预算、反映企业财务状况的预计资产负债表、反映企业财务成果的预计利润表以及预计现金流量表等内容。

1. 预计利润表

预计利润表是综合反映预算期内企业经营活动成果的一种财务预算。它是根据销售产品成本、费用等预算的有关资料编制的。

2. 预计资产负债表

预计资产负债表是总括反映预算期内企业财务状况的一种财务预算。它是以期初资产负债表为基础，根据销售、生产、资本等预算的有关数据加以调整编制的。

3. 现金预算

现金预算又称现金收支预算，是反映企业在预算期内全部现金流入和现金流出，以及由此预计的现金收支所产生结果的预算。现金预算以销售预算、生产预算、成本与费用预算、预计资本支出预算为基础编制，是财务预算的核心。

（三）财务预算的作用

财务预算是企业全面预算体系中的组成部分，它在全面预算体系中有以下重要作用：

1. 财务预算使决策目标具体化、系统化和定量化

在现代企业财务管理中，财务预算全面、综合地协调、规划企业内部各部门、各层级的经济关系与职能，使之统一服从于未来经营总体目标的要求；同时，财务预算又能使决策目标具体化、系统化和定量化，能够明确规定企业有关生产经营人员各自职责及相应的奋斗目标，做到人人事先心中有数。

财务预算作为全面预算体系中的最后环节，可以从价值方面总括地反映经营期专门决策预算与业务预算的结果，使预算执行情况一目了然。

2. 财务预算有助于财务目标的顺利实现

通过财务预算，可以建立评价企业财务状况的标准。将实际数与预算数进行对比，可及时发现问题和调整偏差，使企业的经济活动按预定的目标进行，从而实现企业的财务目标。

（四）财务预算体系

各种预算是一个有机联系的整体。一般将由专门决策预算、日常业务预算和财务预算组成的预算体系，称为全面预算体系。

1. 专门决策预算

专门决策预算是指企业不经常发生的、一次性业务的预算。这类预算主要涉及长期建设项目的投资决策，故又称资本支出预算，如企业固定资产的购置、改扩建、更新等，其预算的编制必须建立在投资项目可行性研究的基础之上，以反映投资的时间、规模、收益以及资金的筹措方式。

2. 日常业务预算

日常业务预算是指与企业日常业务直接相关的、具有实质性的基本活动的预算。这

类预算通常与企业利润表的计算有关，包括销售预算、生产预算、直接材料消耗与采购预算、直接人工预算、制造费用预算、产品成本预算、期末存货预算以及销售与管理费用预算等。

3. 财务预算

财务预算包括反映现金收支活动的现金预算、反映企业财务状况的预计资产负债表、反映企业财务成果的预计损益表等内容。这类预算通常以价值指标综合反映企业日常业务预算和特种决策预算的结果。

企业全面预算中的各项预算之间相互联系、相互衔接，构成了一个完整的预算体系。财务预算作为全面预算体系中的最后环节，可以从价值方面总括地反映经营期决策预算与业务预算的结果。

（五）财务预算编制步骤

企业预算以利润为最终目标，并把确定下来的目标利润作为编制预算的前提条件，根据已确定的目标利润，通过市场调查，进行销售预测，编制销售预算。在销售预算的基础上，做出不同层次、不同项目的预算，最后汇总为综合性的现金预算和预计财务报表。

财务预算编制的过程可以归结为以下几个主要步骤：

①根据销售预测，编制销售预算。

②根据销售预算确定的预计销售量，结合产成品的期初结存量和预计期末结存量编制生产预算。

③根据生产预算确定的预计生产量，先分别编制直接材料消耗及采购预算、直接人工预算和制造费用预算，然后汇总编制产品生产成本预算。

④根据销售预算，编制销售费用与管理费用预算。

⑤根据销售预算和生产预算估计所需要的固定资产投资，编制资本支出预算。

⑥根据执行以上各项预算所产生的必需的现金流量，编制现金预算。

⑦综合以上各项预算，进行试算平衡，编制预计财务报表。

二、财务预算的编制方法

企业全面预算的构成内容比较复杂，编制预算需要采用适当的方法。常见的预算方法主要包括增量预算法与零基预算法、固定预算法与弹性预算法、定期预算法与滚动预算法等。

（一）增量预算法与零基预算法

1. 增量预算法

增量预算法是指在基期成本费用水平的基础上，结合预算期业务量水平及有关降低成本的措施，通过调整原有关成本费用项目而编制预算的方法。这种方法的基本假定是：

①企业现有业务活动是合理的、必需的；

②企业现有各部门、各业务的开支水平是合理的；

③以现有业务活动和各项活动的开支水平，确定预算期各项活动的预算数。

增量预算法操作较为简单，工作量较小。其缺点是：可能导致无效费用开支项目无法得到有效控制，因为不加分析地保留或接受原有的成本费用项目，可能使原来不合理的费用继续开支，而得不到控制，使得不必要开支合理化，造成预算上的浪费。

2. 零基预算法

零基预算法也称零底预算，是指在编制预算的时候，不考虑以往会计期间所发生的费用项目或费用数额，而是一切以零为出发点，根据实际需要逐项审议预算期内各项费用的内容及开支标准是否合理，进行综合平衡，从而确定预算费用。简单来说，这种预算不是以历史为基础进行修修补补，而是以零为出发点，一切推倒重来。

①根据企业预算期利润目标、销售目标和生产指标等，分析预算期各项费用项目，并预测费用水平；

②拟订预算期各项费用的预算方案，权衡轻重缓急，划分费用支出的等级并排列先后顺序；

③根据企业预算期预算费用控制总额目标，按照费用支出等级及顺序，分解落实相应的费用控制目标，编制相应的费用预算。

零基预算法不受现有费用项目的限制，不受现行预算的束缚，能够调动各部门节约费用的积极性，避免非必要的费用支出，合理使用资金，但也存在编制工作量大、难度大的缺点。

（二）固定预算法与弹性预算法

1. 固定预算法

固定预算又称静态预算，是把企业预算期的业务量固定在某一预计水平上，以此为基础来确定其他项目预计数的预算方法。也就是说，不论企业预算期内业务量水平发生怎样的变动，编制财务预算所依据的成本费用和利润信息都是在一个预定的业务量水平的基础上确定的。这种预算方法的最大缺点是当实际的业务量与编制预算所依据的业务量发生较大差异时，各项费用的实际数与预算数缺少了可比的基础。于是，利用固定预算就很难正确地考核和评价企业预算的实际执行情况。所以，这种预算只能适用于业务量水平较为稳定的企业，或非营利组织、固定费用、数额比较稳定的预算项目。

2. 弹性预算法

弹性预算是固定预算的对称，是在成本习性分析的基础上，以业务量、成本和利润之间的依存关系为依据，根据预算期可预见的不同业务量水平编制的、能适应多种业务量的预算。由于这种预算规定了不同业务量水平下的预算收支，适用面宽，具有很强的机动性和弹性，因此称为弹性预算。理论上弹性预算法适用于编制全面预算中所有与业务量有关的预算，但实际中主要用于编制成本费用预算和利润预算，尤其是成本费用预算。

弹性预算法编制成本预算的基本步骤：①确定业务量的计量单位；②确定适用的业务量范围；③分析并确定各项成本和业务量之间的数量关系；④计算各项预算成本，并用一定的方式来表达。

弹性成本预算的具体编制方法分为公式法和列表法两种。

（1）公式法

公式法是在成本习性分析的基础上，运用总成本性态模型，测算预算期的成本费用数额，并编制成本费用预算的方法。

根据成本性态，成本与业务量之间的数量关系可用公式表示为：

$$y=a+bx \tag{4-1}$$

式中，y——某项预算成本总额；

a——该项成本中的预算固定成本额；

b——该项成本中的预算单位变动成本额；

x——预计业务量。

当 a=0 时，y 为变动成本；当 b=0 时，y 为固定成本；当 a、b 均不等于 0 时，y 为混合成本。

公式法的优点是在一定范围内不受业务量波动的影响，编制预算的工作量较小；缺点是在进行预算控制和考核时，不能直接查出特定业务量下的总成本预算额，而且按项目分解成本比较麻烦，同时又有一定误差。

（2）列表法

列表法是在预计的业务量范围内将业务量分为若干种水平，然后按不同的业务量水平编制预算。

应用列表法编制预算，首先要在确定的业务量范围内，划分出若干种不同水平，然后分别计算各项预算值，汇总列入一个预算表格。

列表法的优点是可以直接从表中查得各种业务量下的成本预算，便于预算的控制和考核；缺点是工作量大，且不能包括所有业务量条件下的费用预算，适用面较窄。

（三）定期预算法与滚动预算法

编制预算的方法按其预算期的时间特征不同，可分为定期预算法和滚动预算法两大类。

1. 定期预算法

定期预算就是以会计年度为单位编制的各类预算。其优点在于能够使预算期间与会计年度相配合，便于考核和评价预算的执行结果，但这种预算的缺点也是显而易见的，主要体现在三个方面：

（1）盲目性

因为定期预算多在其执行年度开始前两个月进行，难以预测预算期后期的情况，特别是在多变的市场环境下，许多数据资料只能估计，具有盲目性。

（2）滞后性

由于定期预算在实施过程中不能随情况的变化而及时进行调整，当预算中所规划的各种经营活动在预算期内发生重大变化时，如预算期临时中途转产，就会造成预算的滞后性，使之成为虚假的或过时的预算。

（3）间断性

定期预算只考虑一个会计年度的经营活动，即使年中修订的预算也只是针对剩余的预算期，对下一个会计年度很少考虑，形成人为的预算间断。因此，用定期预算方法编制的预算，不利于企业的长远发展。

2. 滚动预算法

滚动预算法又称连续预算法或永续预算法，是指在编制预算时，将预算期与会计期间脱离，随着预算的执行不断地补充预算，逐期向后滚动，使预算期始终保持为一个固定长度（一般为 12 个月）的一种预算方法。

采用滚动预算法编制预算，按照滚动的时间单位不同可分为逐月滚动、逐季滚动和混合滚动。

（1）逐月滚动方式

如某企业在 2× ×1 年 1 月至 12 月的预算执行过程中，需要在 1 月末根据当月预算的执行情况，修订 2 月至 12 月的预算执行，同时补充 2× ×2 年 1 月的预算；2 月末根据当月预算的执行情况，修订 3 月至 2× ×2 年 1 月的预算，同时补充 2× ×2 年 2 月的预算……以此类推。逐月滚动编制的预算比较精确，但工作量太大。

（2）逐季滚动方式

逐季滚动是以季度作为预算编制和滚动的时间单位，每个季度调整一次预算。如某企业在 2× ×1 年第一季度至第四季度的预算执行过程中，需要在第一季度末根据当季预算的执行情况，修订第二季度至第四季度的预算，同时补充 2× ×2 年第一季度的预算；第二季度末根据当季顶算的执行情况，修订第三季度至 2× ×2 年第一季度的预算，同时补充 2× ×2 年第二季度的预算……以此类推。这种预算虽然工作量比逐月滚动小，但预算精度较差。

（3）混合滚动方式

混合滚动是指在预算编制过程中，同时使用月份和季度作为预算编制和滚动的时间单位的方法，它是滚动预算的一种变通方式。

与传统的定期预算方法相比，滚动预算方法的优点在于：

①透明度高。滚动预算的编制与企业日常管理紧密衔接，能使管理人员始终掌握企业近期的动态规划目标以及远期的战略变化。

②灵活性强。滚动预算是根据前期预算的执行情况，结合各种因素的变动及时进行调整和修订，能使预算更加切合实际。

③连续性好。滚动预算因脱离了会计年度而不受其限制，所以它能够连续不断地规划企业未来的生产经营活动，不会造成预算的人为间断。

④完整性和稳定性好。企业的生产经营活动不仅是连续不断的，而且是复杂的，而滚动预算能够随时修订预算，确保企业经营管理工作秩序的稳定性，充分发挥预算的指导与控制作用。

滚动预算虽然能克服传统定期预算的盲目性、不变性和间断性，使编制预算的工作变成了与日常管理密切结合的一项措施，但是滚动预算也有编制工作比较繁重的缺点。

三、预算编制

（一）业务预算的编制

1. 销售预算

销售预算是指在销售预测的基础上编制的，用于规划预算期销售活动的一种业务预算。销售预算是整个预算的编制起点，其他预算的编制都以销售预算为基础。

销售预算的主要内容是销售量、单价和销售收入。其中销售量是根据市场预测或销售合同并结合企业生产能力确定的，单价是通过价格决策确定的，销售收入是两者的乘积。

销售预算中通常还包括预计现金收入的计算，以便为编制现金预算提供必要的信息，其计算公式为：

$$预算期经营现金收入 = 该期现销收入 + 该期回收前期的应收账款 \tag{4-2}$$

2. 生产预算

生产预算是在销售预算的基础上编制的，其主要内容有销售量、期初和期末产成品存货以及生产量。

3. 直接材料预算

直接材料预算是以生产预算为基础编制的，同时要考虑原材料存货水平。

4. 直接人工预算

直接人工预算是指为规划一定预算期内人工工时的消耗水平和人工成本水平而编制的一种经营预算。其主要内容有预计生产量、单位产品工时、人工总工时、每小时人工成本和人工总成本。其中预计生产量来自生产预算，单位产品工时和每小时人工成本数据来自标准成本资料，人工总工时和人工总成本可通过前几项计算得到。

5. 制造费用预算

制造费用预算通常分为变动制造费用和固定制造费用两部分。变动制造费用以生产预算为基础来编制。如果有完善的标准成本资料，用单位产品的标准成本与产量相乘，即可得到相应的预算金额。如果没有标准成本资料，就需要逐项预计计划产量需要的各项制造费用。固定制造费用，需要逐项进行预计，通常与本期产量无关，按每季度实际需要的支付额预计，然后求出全年数。

为了便于以后编制现金预算，需要预计现金支出。制造费用中，除折旧费外都需支付现金，所以，根据每个季度制造费用数额扣除折旧费后，即可得出“现金支出费用”。

6. 产品成本预算

产品成本预算是销售预算、生产预算、直接材料预算、直接人工预算、制造费用预算的汇总。其主要内容是产品的单位成本和总成本。单位产品成本的有关数据，来自前述三个预算。生产量、期末存货量来自生产预算，销售量来自销售预算。生产成本、存货成本和销货成本等数据，根据单位成本和有关数据计算得出。

7. 销售及管理费用预算

销售及管理费用预算是以销售预算为基础，在对以往费用支出的必要性、合理性以及效益性进行充分分析，并按照成本习性分为变动性销售及管理费用和固定性销售及管理费用后分别进行编制。其编制方法与制造费用预算类似。

（二）专门决策预算的编制

专门决策预算主要是长期投资预算（又称资本支出预算），通常是指与项目投资决策相关的专门预算，它往往涉及长期建设项目的资金投放与筹集，并经常跨越多个年度。编制专门决策预算的依据，是项目财务可行性分析资料以及企业筹资决策资料。专门决策预算的要点是准确反映项目资金投资支出与筹资计划，它同时也是编制现金预算和预计资产负债表的依据。

（三）财务预算的编制

财务预算是企业的综合性预算，包括现金预算、预计利润表和预计资产负债表预算。

1. 现金预算

现金预算是指用于规划预算期现金收入、现金支出和资本融通的一种财务预算，这里的现金是指企业的库存现金和银行存款等货币资金。编制现金预算的主要依据包括涉及现金收入和支出的销售预算、直接材料预算、直接人工预算、制造费用预算、销售及管理费用预算及有关的专门决策预算等资料。编制现金预算的目的，在于合理地处理现金收支业务，正确地调度资金，保证企业资金的正常流转。

2. 预计利润表

预计利润表是指以货币形式综合反映预算期内企业经营活动成果（包括利润总额、净利润）计划水平的一种财务预算。该预算需要在销售预算、产品成本预算、制造费用预算、销售及管理费用预算等日常业务预算以及特种决策预算的基础上编制。

3. 预计资产负债表

预计资产负债表是以货币单位反映预算期末财务状况的一种总括性预算。编制时要依据销售预算、生产预算、现金预算等有关数据，在预算期初数上加以分析、调整填制。其目的在于判断预算反映的财务状况的稳定性和流动性，必要时可采取相应措施。

第二节　财务控制

一、财务控制概述

（一）内部控制与财务控制的含义

内部控制是由企业董事会、监事会、经理层和全体员工实施的、旨在实现控制目标的过程。

内部控制的目标是合理保证企业经营管理合法合规、资产安全、财务报告及相关信息真实完整，提高经营效率和效果，促进企业实现发展战略。

财务控制是指按照一定的程序和方法，确保企业及其内部机构和人员全面落实及实现财务预算的过程。财务控制是内部控制最关键的一环，是保证财务管理目标实现的核心，如果没有了财务控制，其他财务管理环节（财务预测、财务决策、财务预算）都将失去意义。

财务控制具有以下显著特点：

①以价值控制为手段。财务控制以实现财务预算为目标，而财务预算都是以价值形式予以反映的。

②以综合经济业务为控制对象。财务控制以价值为手段，可以将不同部门、不同层次和不同岗位的各种业务活动综合起来，实行目标控制。

③以日常现金流量控制为主要内容。因日常的财务活动过程表现为组织现金流量的

过程，故控制现金流量成为日常财务控制的主要内容。

（二）财务控制的种类

财务控制按不同标志可以分为以下几类：

1. 按照财务控制的时序分

可分为事先控制、事中控制、事后控制。

事先控制也称原因控制，指财务收支活动尚未发生之前所进行的财务控制。

事中控制也称过程控制，指财务收支活动发生过程中所进行的控制。

事后控制也称结果控制，指对财务收支活动的结果所进行的考核及其相应的奖罚。

2. 按照财务控制的主体分

可分为出资者财务控制、经营者财务控制、财务部门的财务控制。

出资者财务控制是资本所有者对经营者财务收支活动进行的控制。

经营者财务控制是为了实现财务预算目标而对企业及各责任中心的财务收支活动所进行的控制。

财务部门的财务控制是财务部门对企业日常财务活动的控制，其目的是保证企业现金的供给。

3. 按照财务控制的对象分

可分为收支控制、现金控制、会计系统控制、财产保护控制等。

收支控制是对企业和各责任中心的财务收入活动和财务支出活动所进行的控制。

现金控制是对企业和各责任中心的现金流入和现金流出活动所进行的控制。

会计系统控制是为确认、汇总、分析、分类、记录、报告企业发生的经济业务，并操持相关资产、负债的受托责任而建立起来的各种会计记录手段、会计政策、会计核算程序、会计报告制度和会计档案管理制度的总称。会计系统控制要求企业严格执行国家统一的会计准则制度，加强会计基础工作，明确会计凭证、会计账簿和财务会计报告的处理程序，保证会计资料真实完整。

财产保护控制是为了确保企业财产物资安全、完整所采取的各种方法和措施。财产保护控制主要是针对企业的流动资产、固定资产和其他资产的控制。

（三）财务控制的基本原则

1. 整体性原则

财务控制的目标、标准和措施必须为企业整体利益服务，财务控制的手段应当充分保证企业财务目标的实现。

2. 目的性原则

制定的控制措施应有明确的目标，即为企业的总体目标或某一目标服务。

3. 及时性原则

进行事前、事中、事后控制，及时发现偏差，采取措施加以纠正。

4. 经济性原则

充分运用投入与产出原则，财务控制所获得的价值应大于所需费用。

5. 客观性原则

制定的控制措施客观公正，管理者对通过财务管理所实现的绩效评价工作也应当客观公正。

6. 灵活性原则

财务控制应当具有充分的弹性，在各种非正常因素下都能保持对运行过程的控制。

（四）财务控制的要素

1. 内部环境

内部环境是企业实施内部控制的基础，一般包括治理结构、机构设置及权责分配、内部审计、人力资源政策、企业文化等。

2. 风险评估

风险评估是指企业及时识别、系统分析经营活动中与实现财务控制目标相关的风险，合理确定风险应对策略。

3. 控制活动

控制活动是指企业根据风险评估结果，采用相应的控制措施，将风险控制在可承受范围之内。

4. 信息与沟通

信息与沟通是指企业及时、准确地收集、传递与财务控制相关的信息，确保信息在企业内部与企业外部之间进行有效沟通。

5. 内部监督

内部监督是指企业对财务控制建立与实施情况进行监督检查，评价财务控制的有效性，发现财务控制缺陷，应当及时加以改进。

（五）财务控制的方法

1. 不相容职务分离控制

不相容职务分离控制要求企业全面系统地分析、梳理业务流程中所涉及的不相容职务，实施相应的分离措施，形成各司其职、各负其责、相互制约的工作机制。

不相容职务分离控制的应用如下：

①会计与出纳职务分离。出纳不得兼任稽核、会计档案保管和收入、支出、债权、债务账目登记工作。

②会计与审计职务分离。

③支票保管职务与印章保管职务分离；支票签发与支票审核职务分离。支票签发由出纳担任，其他会计人员不得兼任。

④银行印鉴保管、财务印章保管、个人名章保管分离。不得由一人保管支付款项的所有印章。

⑤合同签署与条款订立职务分离；合同谈判与合同定价职务分离；合同履行与合同收付款职务分离；合同审计与上述职务分离。

⑥批准采购与采购经办职务分离；询价定价与确定供应商职务分离；采购与验收职务分离；付款审批与付款执行职务分离；采购、入库登记与会计记录职务分离。

⑦企业领导的直系亲属不得担任本企业的会计机构负责人、会计主管职务；企业会计机构负责人、会计主管的直系亲属不得担任本企业会计机构中的出纳职务。

2. 授权审批控制

授权审批控制是指各项业务的办理必须由被批准和被授权人去执行，即单位各级人员必须获得批准或授权，才能执行正常的或特殊的业务。

授权审批控制要求企业根据常规授权和特别授权的规定，明确各岗位办理业务和事项的权限范围、审批程序和相应责任。企业应当编制常规授权的权限指引，规范特别授权的范围、权限、程序和责任，严格控制特别授权。

3. 会计系统控制

会计系统控制是为确认、汇总、分析、分类、记录、报告企业发生的经济业务，并操持相关资产、负债的受托责任而建立起来的各种会计记录手段、会计政策、会计核算程序、会计报告制度和会计档案管理制度的总称。

会计系统控制要求企业严格执行国家统一的会计准则制度，加强会计基础工作，明确会计凭证、会计账簿和财务会计报告的处理程序，保证会计资料真实完整。企业应当依法设置会计机构，配备会计从业人员。

会计系统控制包括会计机构设置、会计政策管理、会计档案管理、会计工作交接。会计信息控制包括复式记账控制、标准会计处理控制、会计凭证控制、会计账户和会计账簿控制、财务会计报告控制。

4. 财产保护控制

财产保护控制是指为了确保企业财产物资安全、完整所采取的各种方法和措施。财产保护控制主要是针对企业的流动资产、固定资产和其他资产的控制，要求企业建立财产日常管理制度和定期清查制度。财产保护措施包括财产记录（现金记录控制、存货记录控制、固定资产记录控制等）、实物保管（建立安全的、科学的保管制度，限制接近控制；人员牵制控制等）、定期盘点、账实核对、财产保险、限制财产接触和处置。

5. 预算控制

预算控制是财务控制中使用较为广泛的一种控制措施。通过预算控制，使得企业经营目标转化为各个部门、各个岗位以至个人的具体行为目标，作为各责任单位的约束条件，能够从根本上保证企业经营目标的实现。

预算控制实施包括预算管理组织体系（预算决策机构、预算管理机构、预算责任单位）、预算编制（预算编制原则、预算编制起点、预算编制程序）、预算执行、预算调整、预算分析、预算考核。

6. 运营分析控制

运营活动分析是指综合运用企业生产、购销、投资、筹资、财务等方面的信息资料，采用不同的运营分析方法，通过因素分析、对比分析、趋势分析等，定期开展运营情况分析，全面评价一个企业的运营活动情况，揭示企业运营活动中存在的问题、矛盾，总结经验教训，为改善企业经营管理提供方向或线索。

运营分析的内容包括财务分析及经营分析、预算分析、专项分析、综合分析。运营分析的流程为确定分析目标、制定分析方案、搜集数据信息、分析现状、撰写分析报告。

7. 绩效考评控制

绩效考评控制要求企业科学设置业绩考核指标体系和实施绩效考评制度，对照预算指标、盈利水平、投资回报率、安全生产目标等方面的业绩指标，对企业内部各责任单位和全体员工当期业绩进行定期考核和客观评价，兑现奖惩，将考评结果作为确定员工薪酬以及职务晋升、评优、降级、调岗、辞退等的依据，强化对各部门和员工的激励与约束。绩效考评制度是解决企业内部公平的必要条件。

8. 重大风险预警机制

企业应当根据内部控制目标，结合风险应对策略，综合运用控制措施，对各种业务和事项实施有效控制。企业建立重大风险预警机制就像给企业安装了危机雷达，在企业风险和危机还没有形成时就已经发出了预警，引起管理层的重视，并将危机消灭在还没有形成状态或者萌芽状态，保证企业做到防患于未然。

建立重大风险预警机制的措施包括建立重大风险预警机构；培养危机管理人才；建立风险预警指标体系；建立重大风险预警流程。

二、责任控制

（一）责任中心

企业一般按统一领导、分级管理的原则在企业内部按自身需求划分责任单位，明确各自应承担的经济责任、应履行的经济义务和享有的经济利益，划分责任单位，各尽其责，协同配合，并能有效地控制及内部协调。责任中心就是承担一定经济责任，并享有一定权利和权益的企业内部（责任）单位。

责任中心通常具有以下特征：①责任中心是一个责、权、利相结合的实体。它意味着每个责任中心都要对一定的财务指标承担完全的责任；同时，赋予其与所承担责任大小相适应的权力，并规定出相应的业绩考核标准和利益分配标准。②责任中心具有承担经济责任的条件。它有两方面的含义：一是责任中心具有履行经济条件责任中各条款的行为能力；二是责任中心一旦不能履行经济责任，也能对其后果承担责任。③责任中心所承担的责任和行使的权力都应是可控的。④责任中心具有相对独立的经营业务和财务收支活动。它是确定经济责任的客观对象，是责任中心得以存在的前提条件。⑤责任中心便于进行责任会计核算或单独核算。责任中心不仅要划清责任而且要单独核算，划清责任是前提，单独核算是保证。只有划清责任又能进行单独核算的企业内部单位，才能作为一个责任中心。

根据企业内部责任中心的权责范围及业务活动的特点不同，可以将其分为成本中心、利润中心、投资中心三类。

1. 成本中心

（1）成本中心的概念

成本中心是对成本或者费用承担责任的责任中心。成本中心往往只生产中间产品，无权自己销售，它一般不需要对收入、利润或投资负责，通常包括生产部门、劳务提供部门以及给予一定费用指标的管理部门。

成本中心是成本发生的区域，它只能控制成本，即只对成本负责。通常成本中心无法控制销货，也无法控制收益。它是责任中心中应用最为广泛一种形式，任何对成本负有责任的单位或个人都是成本中心。企业内每个分厂、车间、部门都是一个成本中心，而它们又可以由各单位下面的若干工段、班组，甚至个人等许多成本中心组成。

（2）成本中心的类型

产品成本是按承担的客体进行核算的，其原则是谁受益，谁承担。而责任成本则按责任者进行核算，它的原则是谁负责，就算在谁的头上。因此，核算责任成本必须首先把成本按其可控性区分为“可控成本”与“不可控成本”两类。

可控成本必须同时满足以下四个条件：

①责任中心有办法知道将发生什么耗费；

②责任中心有办法计量它的耗费；

③责任中心有办法控制并调节它的耗费；

④责任中心有办法落实责任。

凡不符合上述条件的，则为不可控成本。通常，可以按以下原则确定责任中心的可控成本：

①假如某责任中心通过自己的行动能有效地影响一项成本的数额，那么中心就要对这项成本负责。

②假如某责任中心有权决定是否使用某种资产或劳务，它就对这些资产或劳务的成本负责。

③某管理人员虽然不直接决定某项成本，但上级要求他参与有关事项，从而对该项成本的支出实施了重要影响，则他对该项成本也要承担责任。

某个成本中心的各项可控成本之和，即构成该成本中心的责任成本。

（3）成本中心的特点

①成本中心只考评成本费用而不考评收益。成本中心只以货币形式计量投入，不以货币形式计量产出。

②成本中心只对可控成本承担责任。成本的可控与否是相对而言的，这与责任中心所处管理层次的高低、管理权限及控制范围的大小和经营期间的长短有直接关系。对于一个企业整体来说，几乎所有的成本都是可控的，而对于企业下属各层次、各部门乃至个人来说，则既有各自的可控成本，又有各自的不可控成本。某项成本对某一责任中心来说是不可控的，而对另一个责任中心可能是可控的，这不仅取决于该责任中心的业务内容，也取决于该责任中心所管辖的业务内容的范围。

③成本中心只对责任成本进行考核和控制。责任成本是各成本中心当期确定或发生的各项可控成本之和。

注意：一个责任中心的不可控成本往往是另一个成本中心的可控成本。

成本中心的考核指标主要采用相对指标和比较指标，包括成本（费用）变动额和成本（费用）变动率两个指标。其计算公式：

成本（费用）变动额 = 实际责任成本（费用）- 预算责任成本（费用） 4-3

2. 利润中心

（1）利润中心的概念

利润中心是指对利润负责的责任中心。由于利润是收入扣除成本的费用之差，利润中心还要对成本和收入负责。这类责任中心一般是指有产品或劳务生产经营决策权的企业内部部门。

利润中心往往处于企业内部的较高层次，如分厂、分店、分公司，一般具有独立的收入来源或能视同为一个有独立收入的部门，一般还具有独立的经营权。利润中心与成本中心相比，其权力和责任都较大，它不仅要绝对地降低成本，而且要寻求收入的增长，并使之超过成本的增长。

利润中心的产品可能是物质产品，也可能是劳务。为了计算和考核它们的经济效果，每个利润中心必须进行完整的、独立的会计核算，从而算出收入与成本的差额，如边际贡献、增长利润或净利等。

（2）利润中心的类型

①自然利润中心

自然利润中心直接向企业外部出售产品，在市场上进行购销业务。自然形成的利润中心可以在外界市场进行销售业务，像一个独立的企业一样。自然利润中心必须拥有产品销售权，还应赋予其相应的价格制定权、材料采购权和生产决策权。企业的内部单位只要具有产品销售权，就能够直接对外销售产品，通常可定为自然利润中心。但是，只有具有产品定价权、材料采购权和生产决策权的自然利润中心才是完全的自然利润中心，否则就是不完全的自然利润中心。

一般来说，只有独立核算的企业才能具备作为完全自然利润中心的条件，企业内部的自然利润中心应属于不完全的自然利润中心。如企业的销售部门，其责任利润为当期所获得的销售净收入扣除税金、产品计划成本和可控销售费用后的余额。此外，销售部门还应对本部门的可控经费支出承担责任。

②人为利润中心

人为利润中心是指在企业内部转移价格出售产品而划分的利润中心。在企业内部各责任中心之间进行销售，因而需要使用“内部转移价格”在内部实行等价交换。人为利润中心的特点就是其产品只在企业内部流转，因而只能取得企业内部收入，一般不直接对外销售产品。成立人为利润中心应具备两个条件：一是该中心可以向其他责任中心提供产品（含劳务）；二是能为该中心的产品确定合理的内部转移价格，以实现公平交易、等价交换。

工业企业的大多数成本中心都可以转化为人为利润中心。人为利润中心一般也应具备相对独立的经营权，既能自主决定本利润中心的产品品种（含劳务）、产品质量、作业方法、人员调配、资金使用，又能拥有与其他责任中心签订“供销合同”以及向上级部门提出建议或正当要求等权力。车间人为利润中心的责任利润，是根据可控内部销售收入和可控内部销售成本计算的可控内部利润。

人为利润中心可以是包含利润在内的内部转移价格，也可以是成本型内部转移价格。这两类人为利润中心的差别是明显的：前者的利润是在生产过程中已创造，但尚未实现的利润；后者的利润其实只是产品成本差异。为了使责任中心能够更明确地体现其特点，一般只把前者称为人为利润中心，而把后者仍称为成本中心。

（3）利润中心的考核指标

利润中心对利润负责，在考核时必然需要考虑收入和成本能同时考核的指标，以便作为利润中心业绩评价与考核的可靠依据。

在评价利润中心业绩时，可以有边际贡献、部门可控边际贡献、部门边际贡献和部门税前利润等。

$$边际贡献=部门销售收入-部门变动成本 \quad 4\text{-}4$$

$$部门可控边际贡献=边际贡献-可控固定成本 \tag{4-5}$$

$$部门边际贡献=部门可控边际贡献-部门不可控固定成本 \tag{4-6}$$

$$部门税前利润=部门边际贡献-公司管理费用 \tag{4-7}$$

3. 投资中心

（1）投资中心的概念

投资中心是指既对成本、收入和利润负责，又对投资效果负责的责任中心。

投资中心是企业内部最高层次的责任中心，它在企业内部具有很大的决策权，也承担最大的责任。

（2）投资中心的考核指标

除考核利润指标外，投资中心主要考核能集中反映利润与投资额之间关系的指标，可以用投资利润率作为主要考核指标。

投资利润率又称投资报酬率或投资收益率，是指投资中心所获得的利润与投资额之间的比率。其计算公式：

$$投资利润率=\frac{利润}{投资额}\times100\% \tag{4-8}$$

其中，投资额是指投资中心的总资产扣除负债后的余额，即投资中心的净资产，或某个项目的投资额。也可以将分子设定为净利润，得出投资净利润率的计算公式：

$$投资净利润率=\frac{净利润}{投资额} \tag{4-9}$$

投资净利润率也可以称作净资产利润率，它主要说明投资中心运用公司的每一单位资产对整体利润贡献的大小，或投资中心对所有者权益的贡献程度。

投资利润率能反映投资中心的综合盈利能力，并使数据具有横向可比性，还可以作为选择投资机会的依据和评价投资中心经营业绩的尺度。

投资利润率的主要优点是能促使管理者像控制费用一样地控制资产占用或投资额的多少，综合反映一个投资中心的全部经营成果。但是该指标的局限性表现为，使用投资利润率往往会使投资中心只顾本身利润而放弃对整个企业有利的投资项目，造成投资中心的近期目标与整个企业的长远目标相冲突。

（二）责任预算

1. 责任预算的含义

责任预算是指以责任中心为主体，以其可控成本、收入、利润和投资等为对象编制的预算。

责任预算是责任中心努力的目标，也是考核责任中心工作业绩的标准。它可以将责任目标量化，使责任中心工作起来更加具体、目标更加明确。考核责任预算可以明确各责任中心的责任，并通过与企业总预算的一致性，以确保其实现。编制责任预算也为控制和考核责任中心经营管理活动提供了依据，责任预算是企业总预算的补充和具体化。

责任预算由各种责任指标组成，在上述责任中心中所提及的各责任中心的考核指标都是主要指标，也是必须保证实现的指标。这些指标反映了各种不同类型的责任中心之间的责任和相应的权利区别。其他责任指标是指根据企业其他奋斗目标分解而得到的或为保证主要责任指标完成而确定的责任指标，这些指标有劳动生产率、设备完好率、出勤率、材料消耗率和职工培训等。

2. 责任预算的编制

责任预算编制的目的在于将责任中心的经济责任数量化、具体化。其编制程序有两种基本类型。

①以责任中心为主体，将企业总预算在各责任中心之间层层分解而形成各责任中心的预算。它实质是由上而下来实现企业总预算目标。这种由上而下、层层分解指标的方式是一种常用的预算编制程序，使各责任中心目标与企业总目标上下一致，便于统一指挥和调度。

②各责任中心自行列示各自的预算指标，由下而上、层层汇总、协调地预算编制程序。其优点是有利于发挥各责任中心的积极性，但往往各责任中心只注意本中心的具体情况或多从自身利益角度考虑，容易造成彼此协调困难、相互支持少，以致冲击企业的总体目标。而且，层层汇总、协调，工作量大，协调难度大会影响预算质量和编制时效。

（三）责任报告

责任报告也称业绩报告、绩效报告，它是根据责任会计记录编制的反映责任预算实际执行情况、揭示责任预算与实际执行差异的内部会计报告。

责任报告的形式主要有报表、数据分析和文字说明等。将责任预算、实际执行结果及其差异用报表予以列示是责任报告的基本形式。在揭示差异时，还必须对重大差异予以定量分析和定性分析。定量分析旨在确定差异的发生程度，定性分析旨在确定差异产生的原因，并根据这些原因提出改进建议。

在企业的不同管理层次上，责任报告的侧重点应有所不同。最低层次的责任中心的责任报告应当最详细，随着层次的升高，责任报告的内容应以更为概括的形式来表现。

这一点与责任预算的由上而下分解的过程不同，责任预算是由总括到具体，责任报告是由具体到总括。责任报告应能突出产生差异的重要影响因素。为此，应遵循“例外管理”原则，突出重点，使报告的使用者能把注意力集中到少数严重脱离预算的因素或项目上来。

责任报告是对各个责任中心执行责任预算情况的系统概括和总结。根据责任报告，可进一步对责任预算执行差异的原因和责任进行具体分析，以充分发挥反馈作用，使上层责任中心和本责任中心对有关生产经营活动实行有效控制和调节。

（四）责任中心结算

1. 内部转移价格

在责任会计体系中，企业内部的每一个责任中心都相对独立，为了分清经济责任，各责任中心之间的经济往来应当参照外部市场交易原则进行。各责任中心之间相互提供产品（或劳务）时，要按照一定的价格，采用一定的结算方式，进行内部计价结算。这种计价结算是一种考核需要的结算，计价结算过程中使用的价格，称为内部转移价格或内部结算价格。

内部转移价格是指企业内部各责任中心之间进行内部结算和内部责任结转时所使用的计价标准。

采用内部转移价格进行内部结算，可以使企业内部的两个责任中心处于类似于市场交易中的买卖双方，可促使双方降低成本费用，提高产品或劳务质量，争取获得更多的利润。

制定转移价格的目的是：

①防止成本转移带来的部门间责任转嫁，使每个利润中心都能作为单独的组织单位进行业绩评价；

②作为一种价格引导下级部门采取明智的决策，生产部门据此确定提供产品的数量，购买部门据此确定所需要的产品数量。

内部转移价格的作用在于：

①是分清各责任中心经济责任的重要依据；

②是测定各责任中心资金流量的重要依据；

③是考核各责任中心生产经营成果的重要依据。

制定内部转移价格时应遵循的原则：

①公平性原则。企业制定的内部转移价格，应当使提供产品的责任中心和接受产品的责任中心都认为是公平合理的。

②目标一致原则。在制定内部转移价格时，既要考虑有关责任中心的利益，又要考虑企业的总体利益，并且尽量使两方面的利益保持一致。

③激励性原则。建立责任会计制度的目的，既不是分析考核、更不是核算记录，而

是要激励企业的各个部门和员工，使其更加努力地工作，以实现企业的经营目标。

内部转移价格的类型可以采用市场价格、协商价格、双重价格、双重市场价格等。

2. 内部结算方式

企业内部各责任中心之间发生经济业务往来，需要按照一定的方式进行内部结算，内部结算是指企业各责任中心清偿因相互提供产品或劳务所发生的、按内部转移价格计算的债权、债务。按照内部对象不同，内部结算可以采取以下方式：

（1）内部支票结算方式

内部支票结算方式是指由付款一方签发内部支票通知内部银行从其账户中支付款项的结算方式。这种方式分为签发、收发和银行转账三个环节。签发就是由付款一方根据有关原始凭证或业务活动证明签发内部支票交付收款一方；收发是收款一方经过审核无误后接受付款一方的支付；银行转账就是收款一方将支票送存内部银行办理收款转账。内部支票一式三联，收付双方一手“钱”、一手“货”，双方责任明确。

（2）转账通知单方式

转账通知单方式是由收款一方根据有关原始凭证或业务活动证明签发转账通知单，通知内部银行将转账通知单转给付款一方，让其付款的一种结算方式。转账通知单一式三联。第一联为收款一方的收款凭证，第二联为付款一方的付款凭证，第三联为内部银行的记账凭证。

这种结算方式适用于经常性的质量与价格较稳定的往来业务，它手续简便、结算及时，但转账通知单是单向发出指令，付款一方若有异议，可以拒付，需要交涉。

各责任中心在往来结算和责任转账过程中，要从企业整体利益出发，以保证各责任中心正常、合理地行使权力，保证企业整体财务目标的实现。

第五章 财务利润及其分配

第一节 财务利润管理及核算

一、利润的构成

企业的利润是指在一定时期内进行经营活动所取得的财务成果。它是衡量企业经营管理水平的一个重要指标，企业经营成果的好坏，都综合地体现在利润指标上。因此，企业应正确核算利润总额，并通过对这一指标的分析，不断地提高经营管理水平，获得更多的利润。此外，根据利润总额还可以求得各种盈利能力指标，为有关方面进行决策，提供重要参考资料。

（一）利润总额

企业的利润总额是由营业利润、投资收益以及营业外收支净额组成的，其计算公式为：

利润总额 = 营业利润 + 投资收益 + 营业外收入 − 营业外支出 + 补贴收入

5-1

（二）营业利润

营业利润是指物业管理企业从事服务业务活动所取得的纯收入。其计算公式为：

营业利润 = 主营业务利润 + 其他业务利润

5-2

（三）主营业务利润和其他业务利润

1. 主营业务利润

主营业务利润是指物业管理企业从事主营业务所取得的利润。主营业务是指为物业产权人、使用人提供维修管理和服务等业务活动。主营业务利润的计算公式为：

主营业务利润 = 营业收入 - 营业成本 - 营业税金及附加 - 管理费用 - 财务费用

5-3

2. 其他业务利润

其他业务利润是指物业管理企业主营业务以外的其他业务活动所取得的利润。其他业务活动包括房屋中介代销活动、材料物资销售、利用商业用房从事经营活动等。其他业务利润计算公式为：

其他业务利润 = 其他业务收入 - 其他业务支出

5-4

（四）投资收益

投资收益是指物业管理企业对外投资活动所获得投资收益减去投资损失后的净额。其中，投资收益包括分回的股利和利润、债券利息收入、企业转让、出售股票或债券时，售价高于账面价值的差额及收回的其他投资大于原投资额的部分。投资损失包括企业转让、出售股票或债券时售价低于账面价值的差额及收回的其他投资小于原投资额的部分。

营业外收支是指企业生产经营活动没有直接关系的各项收入减去各项支出后的余额。即：

营业外收支净额 = 营业外收入 - 营业外支出

5-5

（五）补贴收入

补贴收入是指国家拨给企业的政策性补贴和其他补贴。如部分房屋转为物业管理企业后，由于承担直管公房和单位公房的管理任务，房屋租金低廉，无法满足正常维修运转，导致这部分物业管理企业严重亏损。财政部门和主管部门根据国家统一规定，拨给这部分物业管理企业一部分亏损补贴，物业管理企业收到亏损补贴后，作为补贴收入并入企业利润总额。

（六）营业外收入

营业外收入具体包括固定资产盘盈，处理固定资产收益，罚款净收入，确实无法支付而按规定程序经批准后转作营业外收入的应付款项。

（七）营业外支出

①固定资产盘盈和出售净收益是指按固定资产原价减去计提折旧后的差额。出售的净收益是指转让或变卖固定资产取得的价款减去清理费用、应交税金后的差额与固定资产账面净值的差额。

②因债权人确实无法支付的应付款项，是指因债权人单位变更或撤销的原因，确实无法支付的应付款项。

③罚款收入是指企业取得的对方违反国家有关行政管理法规，按照规定收取的各种罚款。

④教育费附加返还款是指自办职工子弟学校的企业，在交纳教育费附加后，教育部门返还给企业的所办学校经费。

⑤营业外支出包括固定资产盘亏、报废、毁损和出售的净损失，非季节性的停工损失、非常损失，职工子弟学校经费、公益救济性捐赠、赔偿金、违约金等。

⑥固定资产盘亏、报废、毁损和出售的净损失中的盘亏和毁损净损失是指按照原价扣除累计折旧，过失及保险公司赔款后的差额。报废的净损失是指变价收入减去清理费用后与账面净值的差额。出售的净损失是指转让或变卖固定资产所取得的价款减去清理费用。

⑦非季节性的停工损失是相对季节性停工损失而言的。

⑧非常损失是指自然灾害造成各种资产净损失，还包括由此造成停工的损失和善后清理费用。

⑨职工子弟学校经费是指企业按照国家规定自办的职工子弟学校支出大于收入的差额。

⑩公益救济性捐赠是指企业对国内重大救灾或慈善事业的救济性捐赠支出。

⑪ 赔偿金、违约金是指企业因未履行合同、协议而向其他单位支付的赔偿金、违约金。

⑫ 罚款性支出不包括被没收的财产损失和支付各种税收的滞纳金和罚款，它们应该在税后利润中列支。

二、利润的核算

（一）账户的设置

为了核算和监督企业利润的形成，物业管理企业应设置如下账户。

1.“本年利润”账户

“本年利润”账户是核算企业在本年度实现的利润总额的账户。贷方登记企业当期实际的营业收入、其他业务收入、营业外收入、投资收益等；借方登记当期实现的营业成本、营业税金及附加管理费用、财务费用、其他业务支出、营业外支出等。余额如果在贷方，则为实现利润数；余额如果在借方，则为实现亏损数。年终将“本年利润”的账户余额全部转入“利润分配”账户，结转后本账户没有余额。

2. “营业外收入”账户

“营业外收入”账户属于损益类账户，贷方登记本期发生的各项营业收入；借方平时不登记，期末应将本账户的余额从借方转入“本年利润”账户贷方。结转后，该账户无余额。该账户应按收入项目设置明细账。

3. “营业外支出”账户

“营业外支出”账户属损益类账户，借方登记发生的各项营业外支出；贷方平时不登记，期末将本账户余额从该账户贷方全部转入“本年利润”账户借方。结转后本账户应无余额。该账户应按支出项目设置明细账。

4. “补贴收入”账户

属损益类账户，用来核算企业应收取的补贴收入。该账户贷方登记原收的政策性亏损补贴和其他补贴；借方登记已结转的补贴收入。期末该账户余额全部转入“本年利润”账户的贷方。结转后，该账户应无余额。

（二）利润的账务处理

例 1：某物业管理企业年终结转出售固定资产的净收入 2 000 元，根据固定资产清理明细账，作会计分录如下。

借：固定资产清理 2 000

贷：营业外收入 2 000

例 2：某物业企业 1997 年欠 ×× 工程队工程款 1 200 元，因该工程队已撤销，报经批准后，转作营业外收入。根据应付账款明细账及有关审批文件，作会计分录如下。

借：应付账款 ——×× 工程队 1 200

贷：营业外收入 1 200

期末将上项收入结转本年利润

借：营业外收入 3 200

贷：本年利润 3 200

例 3：某物业企业支付提供救灾捐赠 10 000 元。根据“付款凭证”及支票存根作会计分录如下。

借：营业外支出 —— 公益救济性捐赠 10 000

贷：银行存款 10 000

例 4：某物业企业因未按借款合同约定的用途使用借款，按规定支付罚金 4000 元。根据付款凭证，作会计分录如下。

借：营业外支出——违约金 4 000

贷：银行存款 4 000

期末，将本期发生的营业外支出结转“本年利润”账户：

借：本年利润 14 000

贷：营业外支出 14 000

期末，企业结转到“本年利润”的损益类账户，包括“主营业务收入”“其他业务收入”“营业外收入”“投资收益”“主营业务成本”“营业税金及附加”“管理费用”“财务费用”“其他业务支出”“营业外支出”等账户。

例 5：某物业管理企业 1997 年 12 月末各损益类账户余额如下：营业收入 40 000 元，其他业务收入 50 000 元，营业外收入 5 000 元，投资收益 10 000 元；营业成本 20 000 元，其他业务支出 30 000 元，管理费用 10 000 元，财务费用 600 元，营业外支出 500 元。作会计分录如下：

1. 结转收入

借：主营业务收入 40 000
　　其他业务收入 50 000
　　营业外收入 5 000
　　投资收益 10 000

贷：本年利润 105 000

2. 结转成本与费用

借：本年利润 61 100

贷：主营业务成本 20 000
　　其他业务支出 30 000
　　管理费用 10 000
　　财务费用 600
　　营业外支出 500

“本年利润”账户贷方发生额 105 000 元，与借方发生额 61 100 元，相抵后的贷方余额即利润总额为 43 900 元。

按照现行会计制度的规定，各月利润总额和累计利润的计算，可以采用“账结”的方法，也可以采用“表结”的方法。“账结”的方法是在每月将损益类账户的余额全部转入“本年利润”账户，通过“本年利润”账户结出本月份利润或亏损总额以及本年累计损益。如果采用“表结”的方法，每月结账时，各损益类账户的余额不需要结转到“本年利润”账户，只有到了年度终了进行决算时，才用“账结”法将损益类各科目的全年累计余额转入“本年利润”科目，在“本年利润”科目中集中反映本年的全年利润及其构成情况。因此，每月结账时，只要结出各损益类账户的本年累计数，就可以根据这些余额，逐项填入“损益表”，通过“损益表”计算出从年初到本月止的本年累计数，然后减去上月末本表中的本年累计利润，就是本月份利润或亏损。企业在“表结”利润情况下，每月编制“资产负债表”时，如果平时不进行利润分配，表内“未分配利润”项目应填到“损益表”中净利润；如果平时进行部分利润分配，应根据“损益表”中的净利润项目与“利润分配”账户余额的差额，填到“资产负债表”中的“未分配利润”账户。

（三）所得税概述

会计和税收是经济领域中两个不同的分支，分别遵循不同的原则、规范不同的对象。会计核算必须遵循一般会计原则，其目的是全面、真实、完整地反映企业的财务状况、经营业绩以及财务状况变动的全貌，为报表使用者提供有用的财务资料。所得税是以课税为目的，对企业的经营所得以及其他所得进行征税。由于会计与税收对损益计算或纳税所得计算的目的不同，因此，对收入、费用、利润等确认与计算方法也不同。所以，按会计方法计算的税前会计利润与按税收法规计算的纳税所得经常存在着差异，这种差异主要有两种。

1. 永久性差异

永久性差异，是指同一时期的纳税所得与会计利润不一致，二者间的差额在以后各期不能转回。形成这种差额的原因主要是会计与税收在其计算收益或所得时所确认的收支口径不同。永久性差异既可能导致纳税所得大于税前会计利润，也可能导致纳税所得小于税前会计利润。

（1）调增纳税所得

企业根据会计制度进行账务处理时，可将一些费用支出计入当期损益，从而减少当期税前会计利润。但按所得税法规定，这些费用支出在计算纳税所得时，不能从中扣除。这样在计算纳税所得时，就要调增一些项目。需调增纳税所得永久性费用支出项目如下。

①企业违法经营的罚款和被没收财产的损失。

②各项税收的滞纳金、罚款和罚金。

③超出国家规定允许扣除的公益、救济性捐赠，以及非公益、救济性捐赠。

④各种非广告性质的赞助支出。

⑤超出规定的利息支出。税法规定，企业发生的向非金融机构借款利息（含发行债券）支出，高于按照金融机构同类、同期贷款利率计算的数额部分，不得扣除。

⑥超过核定计税工资标准的工资性支出。

⑦超标准的业务招待费。

⑧超标准计提的坏账准备、商品削价准备等。

⑨企业在建工程，职工福利、管理部门领用本企业的商品、产品。

（2）调减纳税所得

企业根据会计制度，可将一些收入计入当期损益，从而增加税前会计利润；但按税法规定，这些收入在计算纳税所得时可以扣除，即享受免税待遇，调减纳税所得。永久性差异收入项目主要如下。

①企业购买国债的利息收入。

②企业从其他单位分回的已经缴纳所得税的利润。如果双方适用税率不同，企业从其他单位分回的已纳税的利润，在计算纳税所得时仍需调整。

2. 时间性差异

时间性差异是指一个时期内的纳税所得和税前利润间的差额，其发生是由于有些收入项目、支出项目计入纳税所得的时间与计入税前会计利润时间不一致。时间性差异发生在某一时期，但在以后的一期或若干期内转移。时间性差异的影响，可能造成在某一特定时期内计入税前会计利润和计入纳税所得的金额不同，但最终的总金额是一致的。

企业税前会计利润和纳税所得之间出现时间性差异的项目，主要由以下几点造成。

①企业改变折旧年限和折旧方法。

②未经批准改变存货计价方法，如将存货发出或销售的计价方法由先进先出法改为后进先出法。

③不按税法和财务制度规定的方法和期限进行无形资产和递延资产摊销。

（四）所得税费用的会计处理方法

由于纳税所得和税前会计利润在计算口径与时间上不一致而形成的永久性差异和时间性差异，在会计核算上可以采用两种方法处理：一是应付税款法；二是纳税影响会计法。

1. 应付税款法

应付税款法是指按当期纳税所得计算的应交所得税，确认所得税费用计入当期损益的一种核算方法。在采用此法进行核算时，企业按税法规定对税前会计利润进行调整，进而计算应纳税所得和应交所得税款。这样，本期税前会计利润和纳税所得之间的差异所造成的影响纳税的金额就直接计入当期损益，而不递延到以后期间。应付税款法主要适用于永久性差异的处理。为了反映企业所得税费用的发生情况，企业应单独设置“所得税”账户，该账户借方登记企业按规定从当期损益中扣除的所得税额，贷方登记期末转入“本年利润”账户的所得税费用，结账后该账户应无余额。

在实际中，企业所得税的征收是按季或月预缴，年终汇算清缴。企业预交所得税时，应按纳税期限的实际数预缴，借记“应交税费 —— 应交所得税”账户或贷记“银行存款”账户。

2. 纳税影响会计法

纳税影响会计法是指将本期税前会计利润和纳税所得之间的时间性差异影响纳税的金额，递延或分配到以后各期的一种核算方法。在这种方法下，企业将时间性差异影响纳税的金额单独列出来，作为递延税款处理，并将其保留到时间差异发生相反变化以后期间予以转销。这种方法在具体处理时又分为“递延法”和“债务法”两种。

在影响纳税会计法核算方式下，设置“递延税款”账户，该账户借方登记企业本期税前会计利润小于纳税所得产生的时间性差异影响纳税的金额，以及本期转销的已确认的时间性差异对纳税影响的贷方数额；贷方反映企业本期税前会计利润大于纳税所得产生的时间性差异影响纳税的金额以及本期转销已确认的时间性差异对纳税影响的借方数额；期末余额可能在借方也可能在贷方，反映尚未转销的时间性差异影响纳税的金额。

（1）递延法

递延法是将本期由于时间差异而产生的影响纳税的金额，保留到这一差异发生相反变化在以后期间予以转销。

（2）债务法

债务法是将本期由于时间性差异而产生的影响纳税的金额，保留到这一差异发生相反变化时转销。当税率变更或开征计税时，要按变更的税率或开征的计税，对已确认的递延税款的余额进行调整。

第二节　财务利润分配

利润分配是将企业实现的净利润，按照国家财务制度规定的分配形式和分配顺序，在企业和投资者之间进行的分配。利润分配的过程与结果，是关系所有者的合法权益能否得到保护，企业能否长期、稳定发展的重要问题，为此，企业必须加强利润分配的管理和核算。企业利润分配的主体是投资者和企业，利润分配的对象是企业实现的净利润；利润分配的时间是利润分配义务发生的时间和企业做出决定向内、向外分配利润的时间。

一、基本原则

（一）依法分配的原则

企业利润分配的对象是企业缴纳所得税后的净利润，这些利润是企业的权益，企业有权自主分配。国家有关法律、法规对企业利润分配的基本原则、一般次序和重大比例也作了较为明确的规定，其目的是保障企业利润分配的有序进行，维护企业和所有者、债权人以及职工的合法权益，促使企业增加积累，增强风险防范能力。企业在利润分配中必须切实执行有关法律法规。利润分配在企业内部属于重大事项，企业的章程必须在不违背国家有关规定的前提下，对本企业利润分配的原则、方法、决策程序等内容作出具体而又明确的规定，企业在利润分配中也必须按规定办事。

（二）资本保全的原则

资本保全是责任有限的现代企业制度的基础性原则之一，企业在分配中不能侵蚀资本。利润的分配是对经营中资本增值额的分配，不是对资本金的返还。按照这一原则，一般情况下，企业如果存在尚未弥补的亏损，应首先弥补亏损，再进行其他分配。

（三）充分保护债权人利益的原则

债权人的利益按照风险承担的顺序及其合同契约的规定，企业必须在利润分配之前偿清所有债权人到期的债务，否则不能进行利润分配。同时，在利润分配之后，企业还应保持一定的偿债能力，以免产生财务危机，危及企业生存。此外，企业在与债权人签订某些长期债务契约的情况下，其利润分配政策还应征得债权人的同意或审核方能执行。

（四）多方及长短期利益兼顾的原则

利益机制是制约机制的核心，而利润分配的合理与否是利益机制最终能否持续发挥作用的关键。利润分配涉及投资者、经营者、职工等多方面的利益，企业必须兼顾，并尽可能地保持稳定的利润分配。在企业获得稳定增长的利润后，应增加利润分配的数额或百分比。同时，由于发展及优化资本结构的需要，除依法必须留用的利润外，企业仍可以处于长远发展的考虑，合理留用利润。在积累与消费关系的处理上，企业应贯彻积累优先的原则，合理确定提取盈余公积金和分配给投资者利润的比例，使利润分配真正成为促进企业发展的有效手段。

二、分配项目

按照相关法律的规定，公司利润分配的项目包括以下部分。

（一）法定公积金

法定公积金从净利润中提取形成，用于弥补公司亏损、扩大公司生产经营或者转为增加公司资本。公司分配当年税后利润时，应当按照 10% 的比例提取法定公积金；当法定公积金累计额达到公司注册资本的 50% 时，可不再继续提取。任意公积金的提取由股东会根据需要决定。

（二）股利（向投资者分配的利润）

公司向股东（投资者）支付股利（分配利润），要在提取公积金之后。股利（分配利润）的分配应以各股东（投资者）持有股份（投资额）的数额为依据，每一股东（投资者）

取得的股利（分得的利润）与其持有的股份数（投资额）成正比。股份有限公司原则上应从累计盈利中分派股利，无盈利不得支付股利，即所谓“无利不分”的原则。但若公司用公积金抵补亏损以后，为维护其股票信誉，经股东大会特别决议，也可用公积金支付股利。

三、分配顺序

利润分配的顺序根据有关法律法规的规定，企业当年实现的净利润，一般应按照下列内容、顺序和金额进行分配。

（一）计算可供分配的利润

将本年净利润（或亏损）与年初未分配利润（或亏损）合并，计算出可供分配的利润。如果可供分配的利润为负数（亏损），则不能进行后续分配；如果可供分配的利润为正数（本年累计盈利），则进行后续分配。

（二）提取法定盈余公积金

在不存在年初累计亏损的前提下，法定盈余公积金按照税后净利润的 10% 提取。法定盈余公积金已达注册资本的 50% 时可不再提取。提取的法定盈余公积金用于弥补以前年度亏损或转增资本金，但转增资本金后留存的法定盈余公积金不得低于注册资本的 25%。

（三）提取任意盈余公积金

任意盈余公积金计提标准由股东大会确定，如确因需要，经股东大会同意后，也可用于分配。

（四）向股东（投资者）支付股利（分配利润）

企业前年度未分配的利润，可以并入本年度分配。公司股东会或董事会违反上述利润分配顺序，在抵补亏损和提取法定公积金之前向股东分配利润的，必须将违反规定发放的利润退还公司。

四、会计分录

（一）所得税的缴纳

借：所得税费

贷：应交税费——应交所得税

具体是：

计提时：

借：所得税

贷：应交税费——所得税

缴纳时：

借：应交税费——应交所得税

贷：银行存款等

结转时：

借：本年利润

贷：所得税费

（二）将本年利润转入利润分配

借：本年利润

贷：利润分配——未分配利润

（三）提取法定盈余公积（税后利润的10%）和任意盈余公积（根据公司章程规定的比例计算）

借：利润分配——提取法定盈余公积

——提取任意盈余公积

贷：盈余公积——法定盈余公积

——任意盈余公积

（四）分配股利（根据董事会决议）

借：利润分配——应付股利

贷：应付股利

（五）结转利润分配

借：利润分配——未分配利润

贷：利润分配——提取法定盈余公积

——提取任意盈余公积

——应付股利

（六）以盈余公积弥补以前年度亏损

借：盈余公积

贷：利润分配——盈余公积转入

五、账务处理

利润分配的主要账务处理如下。

①企业按规定提取的盈余公积，借记本科目（提取法定盈余公积、提取任意盈余公积），贷记“盈余公积——法定盈余公积、任意盈余公积”科目。

外商投资企业按规定提取的储备基金、企业发展基金、职工奖励及福利基金，借记本科目（提取储备基金、企业发展基金、职工奖励及福利基金），贷记“盈余公积——储备基金”“企业发展基金”“应付职工薪酬”等科目。

②经股东大会或类似机构决议，分配给股东或投资者的现金股利或利润，借记本科目（应付现金股利或利润），贷记“应付股利”科目。经股东大会或类似机构决议，分配给股东的股票股利，应在办理增资手续后，借记本科目（转作股本的股利），贷记“股本”科目。

③用盈余公积弥补亏损，借记“盈余公积——法定盈余公积或任意盈余公积”科目，贷记本科目（盈余公积补亏）。

④年度终了，企业应将全年实现的净利润，自“本年利润”科目转入“利润分配——未分配利润”科目，并将“利润分配”科目下的其他有关明细科目的余额，转入“未分配利润”明细科目。结转后，“未分配利润”明细科目的贷方余额，就是累积未分配的利润数额；如为借方余额，则表示累积未弥补的亏损数额。结转后，本科目除“未分配利润”明细科目外，其他明细科目应无余额。

第三节　股利支付与股利政策

一、股利及其种类

股利是股份制企业从公司利润中以现金、股票的形式或以其他形式支付给公司投资者的报酬，是利润分配的一种形式。股利按其支付方式的不同而分为现金股利、股票股利、实物股利和负债股利等形式。

（一）现金股利

现金股利是用货币资金支付股利的形式，这种支付方式是公司在分配股利时常用的方式，也是投资者最容易接受的方式。这种方式能满足大多数投资者希望得到一定数量的现金作为投资收益的愿望，但这种分配方式无疑会大量增加公司的现金流出量，给公司形成支付压力。如果公司现金比较充足，则可考虑采用此方式。如果公司在股利支付之后会有大量现金流入，也可采用暂时筹集短期资金解决股利支付的现金问题。但当公司目前现金不足，而外部筹集又受到限制时，就只能采用其他方式支付股利，这要由企业实力来决定。

由于现金股利会减少公司现金，影响资产变现能力，所以公司在发放现金股利的同时，采取措施吸引投资者将其获得的股利再投资到企业中去。通常做法是说服股东将分得的现金股利购买公司新股用于公司再投资。

现金股利按发放的稳定性和规律性，可分为正常股利、额外股利、清算股利三种形式。

1. 正常股利

正常股利指公司根据自身的经营状况和盈利能力，有把握在未来一定时期按时、按量支付的股利。这部分股利也称股息，因为其稳定性与债券的债息相似。

2. 额外股利

由于某种原因，公司不愿对某些股利定期支付做出保证，或者没有能力做出保证，因而称为额外股利，又称为分红，表示与股息的区别。额外股利的发放与否、发放多少，与公司当期的收益状况和投资决策密切相关。正常股利与额外股利都是对股东权益和税后利润的分配。

3. 清算股利

清算股利指公司清算资产时，将偿付债权人之后的剩余部分在股东之间进行分配。清算股利不是源于公司的现金和留存收益，而是源于公司资产的减少。

（二）股票股利

股票股利是指公司利用增发股利的形式支付给股东的股利，即公司通常是按现有股东持有股份的比例，来分配每个股东应得到新股的数量，其实质是增发股票。有两种情况：一是公司以新发行的股票分配给股东；二是当企业注册资本尚未足额时，以其未被认购的股票作为股利分配给股东。在具体操作上，可以在增资发行新股时增资配股，即股东在不用支付现金及资产的情况下就能得到公司新发行的股票。

股票股利的优点主要有以下几点。

①公司分配股票股利可以降低股利支付率，在不影响股东心理状态的情况下，可将大量股利作为公司留存收益，用于企业发展及扩大再生产对资金的需要。

②股票股利能够沟通股东和公司决策层之间的思想，发放股票股利的目的在于公司的发展和进一步扩大再生产，不是公司无力发放；由此使股东理解而不感到失望，能够维持股票市场价格的稳定。

③如果企业能够做到在保持每股现金股利不变的情况下，同时分配股票股利，还可以达到增加现金股利的目的。

④如果公司股票的市场信誉较高，股东往往也愿意接受以股票股利分配股利的形式，

可以使股票市场价维持在合乎交易需要的范围内；尤其当公司不希望由于股票价格过高而失去一些投资者的购买热情时，利用股票股利常能达到目的。

（三）实物股利

实物股利是指公司以发给股东除现金以外的资产（如公司实物资产、实物产品、其他公司有价证券等）支付股利。这种情况一般适用于支付额外股利，由于这种形式不会增加公司的现金流出，所以当公司资产变现能力较弱时，还是可取的一种支付股利方式。但是这种支付方式有两大缺点：一是不易为广大股东所接受，因为股东持有股票的目的是获取现金收入，而不是为了分得实物；二是以实物支付股利会严重影响公司形象，社会上会普遍认为公司财务状况不好、变现能力下降、资金流转不畅，对公司发展失去信心，由此导致股票市价的大跌。因此，这种支付方式非到不得已的情况下，不宜采用。

（四）负债股利

负债股利是企业以负债形式发放股利，这种发放形式通常是公司以应付票据或公司债券抵制股利。由于票据和债券都是带息的，所以会使公司支付利息的压力增大，但可以缓解企业资金不足的情况。这种股利发放方式只是公司的一种权宜之策，股东往往也不喜欢这种股利支付方式。

另外，当企业受到各方面的限制而不能发放更多的现金股利时，公司可以用现金收回已发行的股票，这就是股票的购回。这种方式有时也被认为是间接支付股利的一种形式。公司将流传在外的股票重新购回，会减少在外的股票数，从而引起每股收益的增加，导致股票市价上涨，从而使股东由股价上涨而得到的资本收入代替了股利收入。当企业经营状况好，而且有很多闲置资金时，可以采取这种形式。

二、股利支付程序

公司每年向股东支付一次股利，由于股票可以自由买卖，公司的股东及股东持有的股份都是处于经常性的变动之中。所以，公司究竟应向哪些股东支付本年股利，必须确定一些必要的时间界限，主要包括股利宣告日、股权登记日和股利支付日。企业必须正确理解和运用这一程序，避免产生不必要的混乱和误解。

（一）股利宣告日

股利宣告日即公司董事会将股利支付情况予以公告的日期。公告中将宣布每股支付股利数额、股权登记期限、除去股息的日期和股利支付日期。

（二）股权登记日

股权登记日即有权领取股利的股东有资格登记的截止日期，也称为除权日。只有在股权登记日前在公司股东名册上有名字的股东，才有权分享股利。

（三）股利支付日

股利支付日即向股东发放股利的日期。

三、影响股利分配的因素

公司股利分配是在制约因素影响的情况下进行的，公司不可能脱离这些因素的影响。影响公司股利分配的因素具体有以下几个方面。

（一）内部因素

1. 企业的盈利状况

企业的盈利状况是制约股利分配的首要因素，也只有当企业盈利时，才谈得上股利的分配问题。公司必须以其盈利水平及未来的发展趋势为出发点，研究派发股利的形式、股利的多少、派发的时间等。另外，公司盈余的稳定性也是考虑分发股利高低的主要因素，一般来说，盈余比较稳定的公司，其股利可高些；盈余状况不够稳定的公司则可采用低股利政策，以使公司将更多的盈余转为再投资，逐渐提高公司盈利水平，并降低财务风险。

2. 公司变现能力

变现能力即指公司资产的流动性，保持公司现金一定的流动性是提高其偿债能力及正常经营需要且必需的。过多的现金股利支付则会减少公司现金的持有量，降低资产的流动性。所以，公司在制定股利分配政策时，应充分预测一定时期公司现金收入和支出情况，并考虑现金不足时的筹资方向和筹资数额，以保证企业生产经营活动的正常进行。

3. 融资能力

对于经营好、利润高、举债融资能力比较强的公司，在股利支付方式、支付数额的选择上则会有较大的余地。但对于实力较弱、风险较大、资金短缺而融资能力比较弱的公司来说，应考虑更多地留存收益以增加其资本数额，为企业发展准备更多的资金，同时也会降低公司的财务风险，这一点股东是会充分理解的。

4. 债务需要

对于需要较多资金偿还债务的公司，既可以通过举借新债、发行新股来进行筹资还债，又可以直接用经营积累偿还债务。如果公司筹资成本较高，或受到其他条件限制时，公司减少股利支付数额，用更多的经营积累还债还是比较合适的。

（二）外部因素

1. 法律限制

国家为了保护股东权益和债权人权益，有关法律文件对公司的股利分配经常有如下限制。

（1）资本完整性上的限制

例如，企业在弥补亏损、提取法定盈余公积金之前不得分配股利；公司不能用资本（包括股本和资本公积金）发放股利。

（2）无力偿付的期限

即公司无力偿还到期债务，或者因为支付股利而会使其失去偿债能力时，则不能分配股利。

（3）超额累积利润

由于股东接受分发的股利而缴纳的所得税高于其进行股票交易的所得税，公司可以通过累积利润使股价上涨来帮助股东避税，因此许多国家规定公司不得超额累积利润；一旦公司的保留收益超过法律认可的水平，将被加征额外税额。我国现尚未对此作出限制。

2. 合同上的限制

公司在进行债务融资时，常常要在债券与贷款合同上载有限制股利分配的有关条款，目的是保证企业拥有偿还到期债务的能力。另外，公司若发行优先股，则合同中也要求在未清偿优先股股利之前，不能派发普通股股利。这些合同条款在某种程度上限制了公司的股利政策，在制定公司股利发放政策时应认真对待。

3. 投资机会

有良好投资机会的公司，由于需要较多的资金，此时从公司的长远利益考虑，往往采取低股利政策，将大部分盈余资金用于投资；而缺乏良好投资机会的公司，倾向于采取高股利政策，以避免大量的资金积压或闲置。因此，处于成长中的公司往往采取低股利政策，陷于经营收缩的公司多采用高股利政策。

4. 股东意见

公司股利政策虽由董事会制定，但董事会必须向股东大会负责。所以，董事会在制定股利政策时，必须考虑股东的意见。股东从自身利益出发，对公司股利分配往往产生一些影响。

（1）稳定收入和避税

有相当一些股东要求公司支付较稳定的股利，如果公司留存收益过多，则会受到这部分股东的反对；另外，一些高股利收入的股东出于避税的考虑，会反对公司发放较高的股利。

（2）控制权的稀释

公司若支付较高的股利，则会减少公司的留存收益，导致公司资金流量及支付能力下降，这就意味着公司未来发行新股的可能性增大，而发行新股必然稀释公司的控制权。所以，对于老股东来说，为保证其对公司的控制权限，宁肯少分配股利增加公司累积，而不同意公司增发新股。

5. 通货膨胀

在通货膨胀率较高的情况下，会导致公司购买力的下降，公司将拿不出更多的资金用于固定资产的更新和改造，这将直接影响公司的生存和发展。因此，公司在通货膨胀情况下，会采取较低分配股利的政策，以更多的留存收益来补充资金的不足，提高公司的购买力水平。

四、公司常用的股利政策

股利支付与留存收益存在着此消彼长的关系，股利分配政策既决定了股东分配股利的多少，又决定了公司留存收益的多少，这对股东的收入及公司未来的发展都会产生重要影响。在实际工作中，公司常采用的股利政策如下。

（一）剩余股利政策

剩余股利政策是以首先满足公司资金需求为出发点的股利政策。根据这一政策，公司按如下步骤确定其股利分配额：

①确定公司的最佳资本结构；

②确定公司下一年度的资金需求量；

③确定按照最佳资本结构，为满足资金需求所需增加的股东权益数额；

④将公司税后利润首先满足公司下一年度的增加需求，剩余部分用来发放当年的现金股利。

剩余股利政策适用于那种有良好的投资机会、对资金需求比较大、能准确测定出目标（最佳）资本结构，并且投资收益率高于股票市场必要报酬率的公司；同时也要求股东对股利的依赖性不十分强烈，在股利和资本利得方面没有偏好或者偏好于资本利得。从公司的发展周期来考虑，该政策比较适合于初创和成长中的公司。对于一些处于衰退期，又需要投资进入新的行业以求生存的公司来说，也是适用的。当然，从筹资需求的角度讲，如果在高速成长阶段，公司分配股利的压力比较小，也可以采用剩余股利政策以寻求资本成本最低。事实上，很少有公司长期运用或是机械地照搬剩余股利理论，许多公司运用这种理论来帮助建立一个长期的目标发放率。

（二）固定或持续增长股利政策

以确定的现金股利分配额作为利润分配的首要目标优先予以考虑，一般不随资金需求的波动而波动。这一股利政策有以下两点好处。

①稳定的股利额给股票市场和公司股东一个稳定的信息。

②许多作为长期投资者的股东（包括个人投资者和机构投资者）希望公司股利能够成为其稳定的收入来源，以便安排消费和其他各项支出。稳定股利额政策有利于公司吸引和稳定这部分投资者的投资。

采用稳定股利政策，要求公司对未来的支付能力做出较好的判断。一般来说，公司确定的稳定股利额不应太高，要留有余地，以免形成公司无力支付的困境。固定股利或稳定增长股利政策适用于成熟的、生产能力扩张的需求减少、盈利充分并且获利能力比较稳定的公司。从公司发展的生命周期来考虑，稳定增长期的企业可用稳定增长股利政策，成熟期的企业可借鉴固定股利政策；而对于那些规模比较小、处于成长期、投资机会比较丰富、资金需求量相对较大的公司来说，这种股利分配政策并不适合。

（三）固定股利支付率政策

这一政策要求公司每年按固定的比例从税后利润中支付现金股利。从企业支付能力的角度看，这是一种真正稳定的股利政策；但这一政策将导致公司股利分配额的频繁变化，传递给外界一个公司不稳定的信息，所以很少有企业采用这一股利政策。

低正常股利加额外股利政策是一种介于固定股利政策和变动股利政策之间的折中的隔离政策。每期都支付稳定的较低的正常股利额，当企业盈利较高时，再根据实际情况发放额外股利。低正常股利加额外股利政策，既可以维持股利一贯的稳定性，又有利于使公司的资本结构达到目标资本结构，灵活性与稳定性较好结合，因而为许多公司采用。

固定股利支付率政策虽然有明显的优点，但是所带来的负面影响也是比较大的，所以很少有公司会单独地采用这种股利分配政策，而大都是充分考虑自身因素，和其他政策相结合使用。

（四）低正常股利加额外股利政策

低正常股利加额外股利政策适用于处于高速增长阶段的公司。因为公司在这一阶段迅速扩大规模，需要大量资金；而由于已经度过初创期，股东往往又有分配股利的要求，该政策就能够很好地平衡资金需求和股利分配这两方面的要求。另外，对于那些盈利水平各年间浮动较大的公司来说，无疑也是一种较为理想的支付政策。

以上是借鉴公司发展的生命周期理论来分析如何适时选择四种股利政策。但是，需要注意的问题是，并不是说公司在选择股利政策时，要单纯从生命周期这个角度考虑，这只是选择股利政策的一个比较重要的方面。由于某个时期内可能投资机会比较多，对资金需求量要求比较大，这时也可以从筹资成本角度考虑采用剩余股利政策。这几种股利政策也未必单一存在，比如，只有很少的公司会单独去采用固定股利支付率政策，而大都是和其他政策相结合，制定出适合公司本身的政策。

第六章 企业成本管理相关理论

第一节 成本管理的概述

企业在竞争激烈的市场经济条件下，要想生存或谋求发展壮大，除了技术领先、资本雄厚之外，管理在其中也起到越来越重要的作用。而成本控制是企业管理活动中永恒的主题，成本控制的直接结果是降低成本、增加利润。

作业成本作为制造阶段成本控制目标。作业成本法是一种真正具有创新意义的成本计算方法，是以生产的自动化、电脑化为基础，同适时制与全面质量管理紧密配合而形成的一种成本计算方法。面向对象的编程思想，作业成本法是适应当代高新科学技术的制造环境和灵活多变的顾客化生产的需要而形成和发展起来的。它以顾客链为导向，以价值链为中心，对企业的“作业流程”进行根本、彻底的改造，强调协调企业内外部顾客的关系，从企业整体出发，协调各部门、各环节的关系，要求企业物资供应、生产和销售等环节的各项作业形成连续、同步的“作业流程”，消除一切不能增加价值的作业，使企业处于持续改善状态，促进企业整体的优化，确立企业竞争优势。它改革了制造费用的分配方法，并使产品成本和期间成本趋于一致，大大提高了成本信息的真实性。作业成本计算法更加符合现实，其结果以更加精确的成本分解替代了成本分配。作业成本法对成本的看法是“不同目的下有不同成本”。企业管理者可以利用作业成本法提供的信息来更好地对他们的产品、服务进行定价，以便使他们收到的收入与所付出的成本能够配比；企业管理者也可以利用作业成本计算法所提供的信息更好地选择产品组合。因此，以作业为基础的新的成本控制理论与方法是成本管理在成本控制方面的重要应用，也是成本控制系统随历史发展的必然趋势。

从成本管理的一些理论开始，并对长期以来我国经济的高速发展一直是以经济资源的大量消耗为代价，在财务上表现为成本高、盈利少，制约我国企业实现可持续发展战略的原因进行了归纳，主要有成本管理观念落后、成本管理方法陈旧、价值管理与使用价值管理的结合较差、不良利益动机驱动及分工过细导致分工成本过高、人力资源浪费严重等。

一、成本管理概述

成本管理是指企业生产经营过程中各项成本核算、成本分析、成本决策和成本控制等一系列科学管理行为的总称。成本管理一般包括成本预测、成本决策、成本计划、成本核算、成本控制、成本分析和成本考核等职能。

二、成本管理目的

充分动员和组织企业全体人员，在保证产品质量的前提下，对企业生产经营过程的各个环节进行科学合理的管理，力求以最少的生产耗费取得最大的生产成果。

三、成本管理作用

成本管理是企业管理的一个重要组成部分，它要求系统全面、科学和合理，它对于促进增产节支、加强经济核算、改进企业管理、提高企业整体成本管理水平具有重大意义。

四、成本管理过程

要搞好成本管理和提高成本管理水平，首先要认真开展成本预测工作，规划一定时期的成本水平和成本目标，对比分析实现成本目标的各项方案，进行最有效的成本决策。其次根据成本决策的具体内容，编制成本计划，并以此作为成本控制的依据，加强日常的成本审核监督，随时发现并解决生产过程中的损失浪费情况，在平时要认真组织成本核算工作，建立健全成本核算制度和各项基本工作，严格执行成本开支范围，采用适当的成本核算方法，正确计算产品成本。最后安排好成本的考核和分析工作，正确评价各部门的成本管理业绩，促进企业不断改善成本管理措施，提高企业的成本管理水平。要定期积极地开展成本分析，找出成本升降变动的原因，挖掘降低生产耗费和节约成本开支的潜力。

进行成本管理应该实行指标分解，将各项成本指标层层落实，分口分段地进行管理和考核，使成本降低的任务能从组织上得以保证，并与企业和部门的经济责任制结合起来。

成本是体现企业生产经营管理水平高低的一个综合指标。因此，成本管理不能仅局限于生产耗费活动，还应扩展到产品设计、工艺安排、设备利用、原材料采购、人力分配等产品生产、技术、销售、储备和经营等各个领域。参与成本管理的人员也不能仅仅是专职成本管理人员，更应该包括各部门的生产和经营管理人员，并要发动广大职工群众，调动全体员工的积极性，实行全面成本管理。只有这样，才能最大限度地挖掘企业降低成本的潜力，提高企业整体成本管理水平。

第二节 成本管理的含义

成本管理是指企业生产经营过程中各项成本核算、成本分析、成本决策和成本控制等一系列科学管理行为的总称。在企业运营中，充分动员和组织全体人员，在保证质量的前提下，对企业生产运营过程中的各个环节进行科学合理的管理，力求以最少的生产耗费取得最大的生产成果。

一、成本管理的概念

成本管理是指企业生产经营过程中各项成本规划、成本核算、成本分析、成本控制、成本考核等一系列科学管理行为的总称。

（一）成本规划

成本规划是进行成本管理的第一步，主要是指成本管理的战略制定。它从总体上规划成本管理工作，并为具体的成本管理提供战略思路和总体要求。成本规划根据企业的竞争战略和所处的内外部环境制定。

（二）成本核算

成本核算分为财务成本核算和管理成本核算。财务成本核算采用历史成本计量，而管理成本核算既可以用历史成本计量又可以用现在成本或未来成本计量。

（三）成本分析

通过成本分析，可以深入了解成本变动的规律，寻求成本降低的途径，为有关人员进行成本规划和经营决策提供参考依据。

（四）成本控制

成本控制是利用成本计算提供的信息，采取经济、技术和组织等手段实现降低成本或成本改善目的的一系列活动。

（五）成本考核

成本考核是定期对成本计划及有关指标实际完成情况进行总结和评价，对成本控制的效果进行评估。成本考核指标可以是财务指标，也可以是非财务指标。

二、成本管理的意义

成本管理在建筑经济中是非常重要且起着决定性作用的因素。随着国内外经济科技的发展，建筑企业也发生了明显的变化。其整体素质提高了，经营模式和管理方式也更加的追求效益。

①降低成本，为企业扩大再生产创造条件。

②增加企业利润，提高企业的经济效益。

③帮助企业取得竞争优势，增强企业的竞争能力和抗压能力。

三、目标成本的特色与优点

目标成本是指产品开发生产过程中为了实现目标利润而必须达到的成本目标值。目标成本的制定从企业的总目标开始，逐级分解成基层的具体目标，强调执行人参与，专业人员协助，以发挥各级管理人员和全体员工的积极性和创造性。

（一）特色

目标成本具有以下几个特色：

①以顾客为导向求得竞争优势。

②以市场价格为上限，谋求降低成本。

③在产品设计与开发阶段就注重成本的降低。

④采用超部门团队方式在未开始生产产品前就衡量产品的功能、消费者的需求、产品的成本和利润。

⑤采用价值工程等方法维持产品功能，并降低产品成本。

（二）优点

进行目标成本管理的好处是：

①明确的目标可以起到激励的作用。

②迫使主管人员更好地计划自己的工作，选择更有效的实现目标的方法，更合理地组织人力和物力资源。

③迫使主管人员弄清楚组织的结构、任务和权责关系。

④有助于有效地开展控制工作。

第三节 成本管理的作用

成本管理是企业管理的一个重要组成部分，它对于促进增产节支、加强经济核算、改进企业管理、提高企业整体管理水平具有重大的意义，成本管理为企业经营提供重要的基础，降低成本水平，为企业的整体经营目标服务。

当今，世界经济格局正在发生根本性变化。在市场经济条件下，企业始终面对的是全方位的竞争、全世界的竞争。它涉及企业方方面面的因素，如价格、产品、服务、技术、质量、品牌、网络等。随着我国结构的调整和经营环境的变化，企业成本控制的不利因素在不断增加。企业要想在日益激烈的市场竞争中谋求经济利益，以取得持续性的竞争优势，那么就要努力提升自己的竞争优势，必须精打细算，加强成本控制，努力寻求各种降低成本的有效途径和方法。

企业要发展，离不开销售。按理说，销售越好，营业额越高，企业的发展就越壮大。事实上，销售好，营业额高，还需要重视一个重要的因素——成本的控制。没有重视到成本，赚再多的钱也是白搭。在一般情况下，成本降低的幅度，要比利润增加的幅度要大，即成本降低10%，利润可能增加20%甚至更多。所以说，控制成本是势在必行的关键工作。它影响着产品的设计成本、采购成本、质量成本、销售成本、工作流程、资金占用、减少库存等各个阶段。良好的成本控制管理可以降低产品成本，提高企业生产能力和资源利用率，提高市场竞争力，促进企业改善经营管理，有利于企业的持续发展和改进，最终提高企业盈利能力。

一、企业成本控制的重要性

在企业的发展战略中，成本控制处于极其重要的地位。如果同类产品的性能、质量相差无几，决定产品价格高低的主要因素就是成本。因为只有降低了成本，才有可能降低产品的价格，使企业在市场竞争中处于领先地位。

（一）成本控制能改善企业的经营管理工作

成本控制是通过制定标准、发现差异并改进来实现的。在实际工作中，形成的成本以标准为中心，尽量达到或低于标准，这就促使各个成本控制的责任中心加强管理，厉行节约，从而改善整个企业的经营管理。

（二）成本控制能增强企业成本资料的准确性

成本控制贯穿成本形成的全过程，主要任务在于监督成本计划的执行情况，纠正不利差异。这些工作是以真实、准确的实际资料为依据的，所以要求相应的成本资料必须符合实际，原始记录工作必须健全。

（三）成本控制的直接结果是降低成本

当其他因素不变时，降低成本就意味着利润的相对增加。降低成本，增强了企业抵御经营风险的能力，增强了企业的竞争力。成本控制的好坏直接关系企业的经济利益，关系企业的生存与发展。

（四）成本控制能促使企业经济责任制进一步改善和巩固

成本控制的目标是企业的总目标，必须分解落实到企业内部的各个责任单位，使每一个责任单位的活动，在耗费或支出上都有定额或标准，按定额或标准进行控制。成本控制是加强成本管理的重要手段，成本管理的目的是规范成本行为、降低成本水平、保证成本管理目标的实现。

二、企业成本控制面临的挑战

近年来，随着我国企业改革的不断深化，经济结构的调整和企业经营环境的变化，影响成本控制的不利因素在增多，控制成本遇到的压力在增大。我国企业的成本管理相对滞后，成本管理的问题也逐渐显现出来。

（一）人力资源的成本在飞快地增长

随着社会的发展，我国的劳动力成本已经有了大幅增加，现在已成为企业成本控制必须面对的挑战。

1. 人力成本过快的增长源于人力资源的激烈竞争

众所周知，市场竞争实质上是人力资源的竞争，人力资源竞争的程度越激烈，人力成本上涨的速度也就越快，而且趋势是不可逆转的。

2. 工资的比较差异和劳动力价值的自我认识

相关法律使劳动者的合法权益得以保证，让雇佣双方的权利与义务更加透明化。工资的比较差异和劳动力价值的自我认识所诱发的人们对高工资、高报酬追求的迫切性，促使企业在短时间内增加使用人力的成本。

（二）能源等材料价格不断攀升

企业的水电、房租、原材料、运输等经营成本都在持续上涨，而产品的销售价格几乎没有什么提高，利润空间越来越小，国内企业原材料价格的普遍上涨，特别是能源（主要是石油）。在产品成本中，石油消费在各种能源消费结构中所占比例较大，而且石油价格随国际油价等多种因素影响而波动不定，这会直接影响其他能源的供应价格，从而使企业控制成本面临极大的挑战。

（三）环保压力与日俱增

环境是人类的生存之本。但我国企业在环保方面存在的问题已经成为制约国民经济持续发展和人民生活水平进一步提高的消极因素。国家提出环保的迫切性，倡导保护环境，这就使企业必须在环保方面进行投资，而如何消化和控制投资带来的成本负担是企业应认真考虑的问题之一。

三、企业降低成本的途径和方法

在现代企业制度下，提高经济效益是企业生产经营的出发点和落脚点。面对各种不利因素给企业成本控制所带来的诸多挑战，要提高企业经济效益，关键在于加强企业成本控制管理，不断降低产品成本，这已成为人们的共同目标。降低产品成本，企业应从以下几个方面着手进行。

（一）财务领域控制

1. 提高资金运作水平

要提高资金运作水平，首先，要开源节流，增收节支；其次，要对资金实施跟踪管理，加强资金的调度与使用，做到专款专用，防止资金被挪用；最后，要加大应收账款的催收力度，降低应付款比例，加速货款回笼，降低存货比例，加强存货管理。通过以上措施能够减少资金占用，优化资金结构，合理分配资金，加速资金周转，降低筹资成本。

2. 财务人员要抓好成本事前、事中、事后的工作

事前要抓好成本预测、决策和成本计划工作；事中要抓好成本控制和核算工作；事后要抓好成本的考核和分析工作。应从管理的高度去挖掘成本降低和获取效益的潜力。

3. 严格控制、节约费用开支

可以控制的费用应尽量减少开支，节约开支，如材料费、差旅费等。企业应遵守财务管理制度，坚持勤俭办厂，反对铺张浪费；尽量降低制造费用，节约生产费用；严格控制期间费用，压缩非生产费用。

（二）策略管理领域控制

1. 技术创新，寻求新出路

每一家企业都会采用各种方法来控制成本。企业成本控制，除保持成本不上升之外，可能更大的是希望成本每年都有一定幅度的降低，但成本降低总有一个限度，到了某一

个限度后，如果不是创新技术、工艺、增加或改进设备等，成本很难再降低，若管理上稍稍松懈还有可能反弹。成本降低到一定阶段后，企业只有从创新着手来降低成本，从技术创新上来降低原料用量或寻找新的、价格便宜的材料替代原有老的、价格较高的材料；从工艺创新上来提高材料利用率、降低材料的损耗量、提高商品率或一级品率；从工作流程和管理方式创新上来提高劳动生产率、设备利用率来降低单位产品的人工成本与固定成本含量；从营销方式创新上来增加销量、降低单位产品营销成本。企业只有通过不断地创新，用有效的激励方式来激励创新。从创新方面着手，才是企业不断降低成本的根本出路。

2. 以销定产

坚持以销定产，避免盲目生产不适销的产品而造成积压。一个企业的决策者应该进行比较准确的销售预测，确定企业所生产的产品究竟有多少是在近期内能够销售出去的。错误的销售预测是多数生产经营管理中的一个共同弱点。这是一种代价很高的浪费，如某企业属于季节性的生产企业，企业的决策者在一个销售旺季结束时，因本企业很多产品销售业绩不错，就认为到下一个旺季同类产品仍会畅销，所以决定在销售淡季时充分利用产能，安排多个品种进行大量生产。到了下一个旺季，由于换代产品的推广，该企业在销售淡季所生产的大批产品成了过时的产品，即使降价也很难销售出去，出现了严重的积压，给企业造成了很大的损失。

（三）采购领域控制

因为现在市场竞争非常激烈，原材料以次充好的现象很多，劣质材料充斥市场以及材料采购人员不得力，致使原材料价格偏高或材料运杂费增加等，都使原材料的价格不稳定。

①利用科学的决策分析方法，合理决定经济订货量或经济批量、决定采购项目、选择供应单位、决定采购时间。

②进一步推进集中采购制，建立原材料、辅料、低值易耗品、办公用品、对外服务的统一采购平台，实现价格、供应商等资源共享。

③推进直供制，逐步取消中间供应商。

④建立采购责任制，强化采购人员、审价人员的责任意识。

⑤整顿辅料、零星物资采购价格，采购价格要在前一次采购销售价格的基础上逐步下降。

⑥探索建立采购奖罚制度，奖罚要与领导、个人挂钩。

⑦加强技术攻关力量，降低采购成本。

一般来说，采购部门要根据企业生产计划来编制，而企业生产计划是根据销售计划来制订的，这样环环相扣，只要销售计划不出大的偏差，采购计划大体上就是合理的。

（四）生产领域控制

1. 提高设备的利用效率

企业的设备在进行综合利用下，要充分发挥设备的效能，不断提高利用效率。合理组织安排生产，避免设备忙闲不均；加强设备的维修保养，提高设备的完好率；合理安排班次，增加设备实际工作时间，实行专业化协作等，这样可以减少单位产品的固定资产折旧费用。

2. 优化工作流程

从原材料采购开始，到最终产品或服务为止，每一个流程中增值后再送到下一个流程；合理制定原材料、燃料、辅助材料等物资费用的定额；严格健全计量、检验和物资收发制度；健全产品、产量、品种、质量、原材料消耗、工时考勤和设备使用等原始记录，才能为财务统计部门提供有效、系统、准确的信息。

3. 减少库存

库存不会产生任何附加价值，它不仅占用空间、占用资金，而且产生搬运和储存需求，吞食了财务资产。而且，随着时间的推移，一方面，库存的腐蚀、变质，会产生浪费；另一方面，技术进步、竞争对手产品的改进，产品有一夜之间变成废品的可能性。降低库存需要从降低库存数量、单位价格方面着手。因此，应加大对库存的管理力度，缩短生产线、减少在线产品，科学预算销售数量，决定库存数量和结构，正确计算取得成本、储存成本、缺货成本，把存货量和库存金额控制在最佳的范围之内。

4. 控制人员成本

控制劳动力的投入、精减人员、合理定岗、定编是加强用人管理的基础，也是节约劳动、降低人工成本的基础工作。若企业冗员太多，必然造成人工成本投入不合理和人工成本的无效益增长，使职工收入水平难以提高。

5. 充分调动员工的积极性，确保成本控制有效地进行

全面提高企业素质，要使成本控制真正发挥作用，就要明确各项成本的经济责任，将责任落实到部门或个人，完善收入分配制度，加强组织激励，加强个人激励，实行奖惩兑现，调动全体员工对工作的积极性。

6. 控制质量成本

质量是成本的基础。要打破提高质量增加成本、降低成本损害质量的旧观念。改进质量，事实上会带动成本的降低。改进质量成本，要提高工作过程中的质量，才能减少废品损失、减少工作、减少返工时间、减少资源耗用，因而才能降低运营总成本。

（五）销售领域控制

1. 控制销售成本

销售部门在扩大销售成果、提高市场占有率的同时，要强化销售费用的使用效率，相对降低成本。首先，销售部门要研究、推进销售、服务的营销体系，以规模经营降低成本；其次，销售部门要认真研究国家及各地方的税收政策，合理进行分公司的税收策划；再次，销售部门要利用经济决策方法，降低运输成本；最后，销售部门要利用成本最优决策，提高广告费的使用效率。

2. 降低物流成本

通过效率化的配送来降低物流成本。企业实现效率化的配送，减少运输次数，提高装载率及合理安排配车计划，选择最佳的运送手段，从而降低配送成本。企业通过降低成本来提高利润，关键是要将成本控制落到实处，成本控制与企业的基础管理工作紧紧相连。企业只有提高管理水平、开源节流、降低成本，才可能提高市场占有率。

四、企业应对金融海啸的成本战略

企业减少成本、提高效率是一个永恒的话题。在危机的影响下，可能对整个全球经济结构产生深远的影响。企业在经济调整中如何取得未来的发展机会，这是一个很大的挑战。我相信对大部分企业来讲，首先是要解决生存的问题。在这种快速变化中。你如何适应这种变化，能够让自己的业务健康地持续下去，能够生存下来，这是很多企业面临的一个很直接的问题。但是同时，你也要寻找一个新的机会。这种新的机会是和企业的创新直接相关的。包括产品的创新、技术的创新、业务模式的创新。这样才有可能在经济调整和未来的经济成长中更好地把握机会。

在目前的情况下，从我国的产业来说，应从两个大的方面来着手。一方面，要在基础管理的效率、能力方面进一步提高。我们讲得最多的是供应链的管理、资金流的管理，流动资产周转的速度加快，库存要尽量地少，生产的周期要尽量地短，产品的开发要尽量贴近市场的需求。另一方面，企业可能要考虑面对整个经济的发展市场和消费者需求的变化，无论是在产品技术创新、发展方面，还是商业模式方面都要有所突破。

全球性的金融风暴使获得技术、品牌和资源的机会成本下降，中国企业应该趁此机会，获取技术、品牌和资源。再有，人民币对美元汇率的升值使企业能以更少的人民币购买海外资产，降低了企业的收购成本。况且，一旦欧美发达国家的资本市场动荡加剧，许多企业包括金融企业资本将会大大缩水，价格甚至会低于成本。这种时候就是走出去的最好时机。与此同时，走出去还可以起到雪中送炭的功效，会受到国际广泛的欢迎，也使中国从亚洲金融危机中负责任的亚洲大国形象提升为在全球金融危机中负责任的世界大国的新形象。

在现代经济社会中，成本控制需要将成本和与成本相关的变量因素联系起来加以考察。这里对成本控制的原则、方法和影响成本控制的因素做了分析，以及在企业生产销售的各个环节需要如何控制成本做了详细说明，使企业各环节的成本都降到最低水平。这也是企业经营管理的目标所在，成本最低，也就实现了利润最大的经营目标。

第四节　成本管理的方法及程序

为了加强成本信息的归集与管理，降低成本耗费，提高经济效益，贯彻实施“分层管理、有效控制”的管理原则，进一步细化、理顺两个业务板块的成本核算工作，有效地控制成本开支，准确核算各产品成本，落实管理责任，更好地指导生产经营，并根据公司有关的定额成本管理规定，制定了成本管理方法。

一、成本管理方法

成本管理的方法多种多样，主要有两种：目标成本法、作业成本法。

（一）目标成本法

目标成本法是一种以市场为导向，对有独立制造过程的产品进行利润计划和成本管理的方法，是一种全过程、全方位、全人员的成本管理方法。该方法有三个阶段：首先，在设计阶段，以市场为导向设定目标成本；其次，在设计阶段实现目标成本之后，计算成本差异；最后，在生产阶段运用持续改善成本法以达到设定的目标成本。该方法不是试图在制造过程中降低成本。

（二）作业成本法

作业成本法把直接成本和间接成本作为产品消耗作业的成本同等地对待，拓宽了成本的计算范围，使计算出来的产品成本更准确、更真实。作业是成本计算的核心和基本对象，产品成本或服务成本是全部作业的成本总和，是实际耗用企业资源成本的终结。作业成本法在精确成本信息、改善经营过程，为资源决策、产品定价及组合决策提供完善的信息等方面都受到了广泛的赞誉，世界上许多先进的公司已经实施作业成本法来改善原有的会计系统，增强企业的竞争力。

二、成本管理程序

首先，要认真开展成本预测工作，规划一定时期的成本水平和成本目标，对比分析实现成本目标的各项方案，进行有效的成本决策。

其次，应根据成本决策的具体内容编制成本计划，并以此作为成本控制的依据，加强日常的成本审核监督，随时发现并克服生产过程中的损失浪费情况。在平时要认真组织成本核算工作，建立健全成本核算制度和各项基本工作，严格执行成本开支范围，采用合适的成本核算方法，正确计算产品成本。同时安排好成本的考核和分析工作，正确评价各部门的成本管理业绩，促进企业不断改善成本管理措施，提高企业的成本管理水平。以物流成本管理为例：

（一）物流成本的分类

物流成本有以下几种分类：

①一般分类：直接成本、运营成本、间接成本。

②按物流功能范围分类：运输成本、流通加工成本、配送成本、包装成本、装卸与搬运成本、仓储成本。

③按物流活动范围分类：供应物流费、企业内物流费、销售物流费、回收物流费、废弃物物流费。

所谓物流成本管理，就是通过成本去管理物流，即管理的对象是物流而不是成本，物流成本管理可以说是以成本为手段的物流管理方法。物流成本管理的意义在于，通过对物流成本的有效把握，利用物流要素之间的效益背反关系，科学、合理地组织物流活动，加强对物流活动过程中费用支出的有效控制，减少物流活动中的物化劳动和活劳动的消耗，从而达到降低物流总成本，提高企业和社会经济效益的目的。

（二）物流成本管理的目的

企业在进行物流成本管理时，要明确管理目的，有的放矢。在一般情况下，企业物流成本管理的出发点是：通过掌握物流成本现状，发现企业物流中存在的主要问题；对各个物流相关部门进行比较和评价；依据物流成本计算结果，制定物流规划、确立物流管理战略；通过物流成本管理，发现降低物流成本的环节，强化总体物流管理。

（三）物流成本管理的方法

准确地进行物流成本管理，必须掌握好物流成本管理方法，一般有以下几种。

1. 比较分析

（1）横向比较

把企业的供应物流、生产物流、销售物流、退货物流和废弃物物流（有时包括流通加工和配送）等各部分物流费，分别计算出来，然后进行横向比较，看哪部分发生的物流费用最多。如果是供应物流费用最多或者异常多，则再详细查明原因，堵住漏洞，改进管理方法，以便降低物流成本。

（2）纵向比较

把企业历年的各项物流费用与当年的物流费用加以比较，如果增加了，再分析一下为什么增加、在哪个地方增加了、增加的原因是什么。假若增加的是无效物流费，则应立即改正。

（3）计划与实际比较

把企业当年实际开支的物流费与原来编制的物流预算进行比较，如果超支了，分析一下超支的原因—在什么地方超支了。这样便能掌握企业物流管理中的问题和薄弱环节。

2. 综合评价

如采用集装箱运输，第一，可以简化包装，节约包装费；第二，可以防雨、防晒，保证运输途中物品的质量；第三，可以起仓库作用，防盗、防火。但是，如果包装由于简化而降低了包装强度，货物在仓库保管时则不能往高堆码，浪费库房空间，降低仓库保管能力。由于简化包装，可能还会影响货物的装卸搬运效率等。那么，利用集装箱运输是好还是坏呢？就要用物流成本计算这个统一的尺度来综合评价。分别算出上述各环节物流活动的费用，经过全面分析后得出结论，这就是物流成本管理。即通过物流成本的综合效益研究分析，发现问题，解决问题，从而加强物流管理。

3. 排除法

在物流成本管理中有一种方法叫活动标准管理（ABM）。其中一种做法就是把物流相关的活动划分为两类，一类是有附加价值的活动，如出入库、包装、装卸等与货主直接相关的活动；另一类是非附加价值的活动，如开会、改变工序、维修机械设备等与货主没有直接关系的活动。其实，在商品流通过程中，如果能采用直达送货的话，则不必设立仓库或配送中心，实现零库存，等于避免了物流中的非附加价值活动。如果将上述非附加价值的活动加以排除或尽量减少，就能节约物流费用，达到物流管理的目的。

4. 责任划分

在生产企业里，物流的责任究竟在哪个部门？是物流部门还是销售部门？客观地讲，物流本身的责任在物流部门，但责任的源头却是销售部门或生产部门。以销售物流为例，在一般情况下，由销售部门制订销售物流计划，包括订货后几天之内送货、接受订货的最小批量是多少等均由企业的销售部门提出方案，定出原则。假如该企业过于强调销售的重要性，则可能决定当天订货，次日送达。这样的话订货批量大时，物流部门的送货成本少；订货批量小时，送货成本就增大，甚至过分频繁、过少数量送货造成的物流费用增加，大大超过了扩大销售产生的价值。这种浪费和损失，应由销售部门负责。

（四）影响企业物流成本的因素

①产品因素：产品价值、产品密度、易损性、特殊搬运。

②竞争性因素：订货周期、库存水平、运输。

③空间因素：企业制造中心或仓库相对于目标市场或供货点的位置。

（五）物流成本的几种相关理论

1. “黑大陆”学说

彼得·德鲁克1962年在《财富》杂志中发表的《经济的黑色大陆》强调：“流通是一块灰色区域，乃至黑色区域，是一块未被开垦的处女地，是经济领域里的黑暗大陆。”这里彼得·德鲁克虽然泛指的是流通，但是由于流通领域中物流活动的模糊性特别突出，是流通领域中人们认识不清的领域，所以“黑大陆”学说主要是针对物流而言的。

2. 物流“冰山”说

日本早稻田大学西泽修教授在研究物流成本时发现：现行的财务会计制度和会计核算方法都不能掌握物流费用的实际情况，人们对物流费用的了解是一片空白，甚至有很大的虚伪性。他把这种情况比作“物流冰山”，我们只看到水面上的一小部分，而沉在水面之下的黑色区域却未引起人们的开发和重视。

3. “第三利润源”

西泽修教授于1970年所写的《流通费用》一书中继续指出“物流是第三利润源”，这是指通过物流合理化，降低物流成本，使物流成为继节约物质资源和降低劳动消耗之后企业获取利润的第三种途径。

第七章 成本控制在企业财务管理中的作用

第一节 成本控制的形式

成本标准是成本控制的准绳，成本标准包括成本计划中规定的各项指标。但成本计划中的一些指标都比较综合，还不能满足具体控制的要求，这就必须规定一系列具体的标准。

一、确定标准的方法

成本控制不仅从建厂、设计开始，而且在生产过程、销售过程中均要实行成本控制。在产品销售时要利用期货市场交易，控制材料、能源进货成本，同时注意规避价格风险，不能使产品价值的实现功亏一篑，以实现企业的正常利润，实现价值耗费与补偿的统一。而在这些控制中则需要很多具体的标准，下面看看确定这些标准的方法。

（一）计划指标分解法

计划指标分解法就是将大指标分解为小指标。分解时，可以按部门、单位分解，也可以按不同产品和各种产品的工艺阶段或零部件进行分解，若更细致一点，还可以按工序进行分解。

（二）预算法

预算法就是用制定预算的办法来制定控制标准。有的企业基本上是根据季度的生产销售计划来制定较短期的（如月份）费用开支预算，并把它作为成本控制的标准。采用这种方法特别要注意从实际出发来制定预算。

（三）定额法

定额法就是建立起定额和费用开支限额，并将这些定额和限额作为控制标准来进行控制。在企业中，凡是能建立定额的地方，都应把定额建立起来。如材料消耗定额、工时定额等。实行定额控制的办法有利于成本控制的具体化和经常化。在采用上述方法确定成本控制标准时，一定要进行充分的调查研究和科学计算。同时还要正确处理成本指标与其他技术经济指标的关系（如和质量、生产效率的关系），从完成企业的总体目标出发，经过综合平衡，防止片面性。必要时，还应搞多种方案的择优选择。

二、成本控制的程序

（一）分解预算成本

工程项目中，以审定的施工图预算为依据，确定预算成本。预算成本是对施工图预算所列价值、按照成本项目的核算内容进行分析归类而得出的，其中直接成本的人工费、材料费、机械使用费根据分部分项工程量和预算单价（定额）计算求得，直接成本的其他直接费、间接成本的施工管理费，按工程类别、计费基础和取费系数计算求得。

有专门用途的费用，如间接费、利润、税金、概预算定额编制费和劳动定额测定费等，不包括在预算成本内。但为了便于对比计算，也作为独立的项目反映。

（二）确定计划成本

计划成本的确定要从两点考虑：一是按预算成本；二是按可能支出。

在按预算成本确定计划成本前，一定要先计算税金、利润、概预算定编费和定额测定费够不够缴纳，如果向业主收取的此四项费用超出应向税务局、公司和有关部门缴纳的数额，超出部分可作为暂时的收入；如果可取的此四项费用小于应向税务局、公司和有关部门缴纳的数额，差额部分从直接费或间接费中弥补。

按预算成本确定计划成本，主要的一点是把不可控费用剔除，然后按照各成本项目的预算成本折算成各成本项目的计划成本。

在按预算成本确定了初步的计划成本后，还须按预算工程量、材料用量、机械设备需用量和实际人工单价、材料采购价、机械设备使用、租赁单价等因素确定可能支出的计划成本。

人工费支出计划成本，要根据预算总工日数、内部职工平均实际工日工资计算，还可以按照分部分项的工程量和单项工程人工费单价计算人工费支出的计划成本。

材料费支出计划成本，可根据预算材料费减去材料计划降低额求得。材料计划降低额的计算，分两个方面进行：首先是价差，即根据材料预算价和市场采购价的差额计算综合材料采购降低率，然后乘以预算材料费即可，也可以根据几种用量大的主要材料的材料采购降低率代替综合材料采购降低率，计算材料价差的计划降低额；其次是量差，即根据以往的经验、采用的工艺、方法先推算出可节约的主要材料用量比例，再乘以主要材料的用量，便可计算出主要材料量差的计划降低额。

机械使用费支出计划成本的测算，分为两部分：一部分是使用自有机械的折旧大修费、经常修理费、操作人员的工资及奖金、燃油及电费等，根据使用台数、有关资料及经验测算；另一部分是使用租赁机械，根据需要租赁台数及租赁单价分类计算。

按预算成本确定的计划成本和按可能支出确定的计划成本对照比较，互相修正，如各成本子项数额不相接近时，要调整计划成本数额，即如按预算成本确定的计划成本高于按可能支出确定的计划成本，以按可能支出确定的计划成本作为最终的计划成本，其超出额可弥补其他成本子项支出的不足；如按预算成本确定的计划成本低于按可能支出确定的计划成本，要找出原因所在，其差额需从其他成本子项的节余中弥补，如果无法弥补，则从上缴公司的利润中弥补。这样需向公司打报告，申请核减等额的上缴利润。

计划成本的确定要实事求是，因为市场经济条件下所承揽的工程项目普遍存在压级压价的现象，要实现项目盈利，只有控制成本，但成本支出不可能是越低越好，因为实现质量目标所要求的成本支出有最低额度，成本控制只能是在一定的额度区间进行。

在计划成本确定的同时，必须制定降低成本的措施与方法，使成本的降低建立在可能与积极的基础上。

（三）实施成本控制

成本控制包括制度控制、定额或指标控制、合同控制等。

制度控制指在成本支出过程中，必须执行国家、公司的有关制度，如财经制度、工资含量包干制度等。

定额或指标控制指为了控制项目成本，要求成本支出必须按定额执行，没有定额的，要根据同类工程耗用的情况，结合本工程的具体情况和节约要求，制定各项指标，据以执行。如材料用量的控制，应以消耗定额为依据，实行限额领料，没有消耗定额的材料，要制定领用材料指标。材料购置实际单价超过预算单价，可能的话要报经营部门找业主签证或直接找业主签证，以便在合同外另结算工程款。

合同控制即项目部为了达到降低成本的目的，根据已确定各子项工程的计划成本，与各专业管理人员、施工队长等签订成本承包合同，即按照费用归口管理的要求，确立各部门、各有关人员的成本管理责任制。

（四）进行成本核算

成本核算要严格遵守成本开支的范围，划清成本费用支出与非成本费用支出的界限，划清工程项目成本和期间费用的界限。

实际成本中耗用材料的数量，必须以计算期内工程施工中实际耗用量为准，不得以领代耗。已领未耗用的材料，应及时办理退料手续；需留下期继续使用的，应办理假退料手续。实际成本中按预算价（计划价）核算耗用材料的价格时，其材料成本差异应按月随同实际耗用材料计入工程成本，不得在季（年）末一次计算分配。

（五）组织成本分析

项目部每月按成本费用进行项目成本分析，提出截至本月项目累计成本实现水平，并逐项分析成本项目节约或超支情况，寻找原因之后，根据成本分析报告，定期或不定期召开项目成本分析会，总结成本节约的经验，吸取成本超支的教训，为下月成本控制提供对策。

（六）严格成本考核

项目竣工，工程结算收入与各成本项目的支出数额最终确定，项目部整理汇总有关成本核算资料，报公司审核。根据公司的审核意见及项目部与各部门、各有关人员签订的成本承包合同，项目部对责任人予以奖罚。如果成本核算和信息反馈及时，在工程施工过程中，分次进行成本考核并奖罚兑现，效果会更好。

三、成本控制的关键

成本控制的一切工作都是为了效益，建筑产品的价格一旦确定，成本便是最终效益的决定因素，只有控制住成本，利润空间才能打开。而因为建筑产品的一次性特点，其成本控制没有现成的依据可循，更需要因项目而异、因时间而异。

（一）核算口径一致

预算成本、计划成本和实际成本的核算范围、项目设置和计算口径，不仅应与财经制度规定、施工图预算、施工预算一致，而且应相互一致。

每一个工程开工之前，应统一确定工程项目目录，据此确定成本核算对象。成本核算对象确定后，各种原始资料的记录、核算，上报口径统一、明晰，预算成本、计划成本和实际成本才有相互对比、考核、分析的基础。

（二）最终目标明确

工程项目成本控制的基本任务是执行有关的成本开支范围、费用开支标准、工程预算定额等。制定积极的、合理的计划成本和降低成本的措施，严格、准确地控制和核算施工过程中发生的各项成本，及时地提供可用的成本分析报告和有关资料，并与计划成本相对比，对项目进行经济责任承包的考核，以改善经营管理、降低成本、提高经济效益。最终目标是实现经济效益最优化。以制造企业成本费用控制措施为例：

1. 成本费用控制的概念

成本费用控制是指企业在生产经营过程中，按照既定的成本费用目标，对构成成本费用的诸要素进行的规划、限制和调节，及时纠正偏差，控制成本费用超支，把实际耗费控制在成本费用计划范围内。其控制的内容包括材料消耗成本控制、工资成本控制、费用成本控制。

2. 成本费用控制的步骤

成本费用控制工作的基本程序大致可以分为以下几步：

（1）制定成本费用控制标准，建立成本费用标准体系

成本费用标准是对各项费用开支和资源消耗规定的数量界限，是成本费用控制和成本费用考核的依据，便于分清部门责任。成本费用控制标准种类繁多，要在实践中不断总结整理，使其形成有机的科学体系，以提高控制的实际效果。

（2）建立成本费用控制的组织体系和责任体系

即要由财务部门负责，在各个费用发生点建立成本费用控制责任制，定岗、定人、定责，并定期检查。对成本费用的形成过程严格按照成本费用标准进行控制和监督。

（3）建立成本费用控制的信息反馈系统

及时准确地将成本费用标准与实际发生的成本费用之间的差异以及成本费用控制实施情况反馈到企业决策层，以便适时地采取措施，组织协调企业财务活动，圆满完成成本费用计划。

3. 改进成本费用控制的对策措施

（1）做好成本费用控制的准备工作

①加强成本核算与成本分析

a. 区别对待材料采购过程中产生的辅助费用

原材料在采购过程中会产生各种辅助费用，如运输费、税金、入库前的挑选整理费用、运输途中的合理损耗等，报关进口的原材料还会产生报关费用、保险费等。按照会计准则的规定，这些费用都是要计入原材料成本的，但在实务中要区别对待，因为会计理论是在完全理想化的前提下展开论述的，而实际情况与假设前提会大相径庭。如运输费、来料加工的报关费和进口材料的报关费、保险费等的处理，实务中单据传递不及时的现象时有发生，加上业务流程不规范、部门之间沟通不顺畅、财务人员不了解采购条款，通常是在采购材料入账后一段时间，运输费用单据才传递到财务部门。如果某单位的运输承包给运输公司，几个月结算一次运输费，单据传递就更慢了，来料加工的报关费和进口材料的报关费、保险费等费用单据的传递也是如此。这些费用的金额，有些是无法预知的，有些实际的金额会不同于合同的约定，如在收到单据后，调整原材料的入账价值，就会造成财务数据一直处于修改状态。这样处理不仅烦琐，而且在某些情况下

是根本无法实现的。对于这类费用应单独设置费用项目，作为期间费用来核算。由于这类费用在原材料的成本中的比重较小，这样处理可以不用经常修改原材料成本数据，简化会计处理，只要前后各期采用相同的处理方法，同一原材料之间的采购价格之间就有可比性。又如增值税的处理，小规模纳税人由于采购原材料的增值税进项税额不能抵扣，所以计入原材料成本；而一般纳税人由于其进项税额可以抵扣，不能计入原材料成本。实际操作中会出现没有取得增值税专用发票，而其进项税额又要计入成本。对于那些无法认定是否能抵扣的物资采购，处理起来就比较困难。无论财务人员采用哪种处理方法，一定要保持前后各期一致。

b. 动力费用的处理

动力费用主要包括水费和电费。很多企业生产用水电、办公用水电、宿舍用水电和食堂用水电等共用一个水表或电表，很难分清生产用水电和其他用水电，给成本核算带来了困难。如果分表使用，需要重新改造动力系统，不仅工程较大，而且可能效益远小于为此而付出的代价。对于这个问题，可采用按一定比例分摊的方法来处理水电费，但要前后各期一致。

c. 要区分可控成本费用和不可控成本费用

开展成本费用控制，只有在核算相对准确的前提下，成本分析才能找出存在的问题，为下一步的成本控制指明方向。因此，在会计科目的设置上，应尽可能区分可控费用和不可控费用，这样便于数据的归集、分析和控制。

②明确制定成本费用标准

成本费用标准是支出是否合理的参考依据。因此，此标准一定要符合经营的实际情况，而且要有一定的压力，需要经过努力才能实现。可以以成本费用历史数据为基础，但是历史数据只是过去实际支出的数，并不代表合理性。要详细分析支出的合理性和效益，结合可以预见的变化进行调整。

③领导重视与全员参与，增强员工成本意识

成本费用控制是一项系统工程，需要各部门之间的密切配合，得到高层领导的支持是非常重要的。而企业的日常事务是由广大员工来执行的，他们会直接或间接地影响成本费用水平。因此，要加强宣传，使成本费用理念深入人心，让每一个员工知道，他们的行为也会对公司的成本造成影响。

（2）加强对成本费用形成过程的控制

①加强对采购、存储过程的控制

加强物料购进管理是抓好降本增效的第一道环节。降低采购成本的主要措施有以下几点：

a. 采购过程中，要实施“货比三家、招标采购、按质论价”的物资采购原则，以做到质优价廉，并尽可能做到就近采购，以减少原材料的运输费用。同时，要做到定点采购，以保证原材料的质量和交货期。

b. 加强物资采购的计量和质量管理。进厂的物资，一定要严格计量和检验，防止质次价高、数量不足的货物进厂。采购合同的签订、执行、计量、检验，要由不同的人来执行，以防止可能出现的舞弊行为。

c. 制定合理的储备定额。物资的储备定额是在一定管理条件下为保证生产顺利进行所必要的、经济合理的物资储备数量标准。原材料储备一定要合理、不同的材料要有不同的标准，特别是大宗原材料和燃料要根据不同的季节制定不同的合理库存，以减少资金浪费。实际采购量和进价必须控制在限额之内。

d. 加强存储管理。仓库的物资，要做到防火、防盗、防变质。对已经失去使用价值的物品要及时处理。

②加强生产过程的成本控制

实施生产过程控制，降低原材料及动力消耗的成本。

a. 改进产品设计，在保证产品质量的前提下，改进产品结构，降低材料消耗。

b. 改进工艺，利用科学技术研制并使用新材料和代用料，力争做到低投入、高产出。

c. 注重边角余料的回收利用，实行科学配料、集中下料、合理套裁和修旧利废，使原材料能够得到充分利用。

d. 做好原料、燃料的供应储备工作，按限额领料。

e. 提高产品质量，减少废品损失，开展全面的质量管理，建立严格的检验制度。

第二节　成本控制在企业财务管理中的作用

有效地控制企业的成本无论对实现企业的经济目标还是提高企业的核心竞争力来说都有不可忽视的作用。成本控制也是当前企业管理中非常重要的一个组成部分。当前经济发展是经济全球一体化的发展，企业面临着来自国内外的激烈竞争。面对这种发展趋势，企业要想得到更好的发展，除了更新技术和人才之外，还需要企业内部高效的管理和控制。其中成本控制是企业管理和控制的重要组成部分，也是企业实现良好经济效益的基础。因此，企业要重视成本管理，加强成本控制，提高企业的管理水平，提升企业的核心竞争力。

一、企业成本控制的概述

企业成本控制是指企业依据设置的成本管理目标，对企业产生成本前和影响成本控制的各个因素进行严格的调节控制和计算，使企业的各项成本支出控制在前期设定好的成本目标范围之内，从而达到成本管理的目标。成本控制按从广义和狭义来定义，又可以称为相对成本控制和绝对成本控制。从广义上来说，企业的成本控制要涉及企业的全部经营管理活动；而从狭义上来说，成本控制是指以完成企业限定的成本限额为目标。

企业的成本控制是企业管理的重要组成部分。企业成本控制的内容包括企业内部人员的控制和企业经营全过程、全方位、全环节的控制。在企业的成本控制中要遵守的原则有节约性原则、经济性原则、权利和责任相结合原则、目标管理原则以及全面性原则。

二、成本控制在企业管理中的作用

当前企业的经营管理中，成本管理是非常重要的管理手段。而成本控制又是成本管理中的重中之重，所以企业通过有效的成本控制可以促进企业经济效益的实现，实现企业的可持续发展以及提高企业的核心竞争力。

（一）促进企业经济效益的实现

①能够降低企业的资金风险。对于一个企业来说，资金的良好运转关系着企业的生死存亡。企业除了对外吸引投资来降低财务风险之外，还可以通过企业本身成本费用的支出来缓解企业的资金压力，使企业可以将资金有效地投入生产建设当中，完善企业的技术设备和人才配备，以促进企业经济效益的实现。

②成本控制还可以作为加强内部管理的一种有效手段，以达到企业内部工作的有序开展，提高企业内部的积极性，从而为生产经营创造良好的工作环境。

③能实现企业的经济效益。

由此可见，成本控制是当前企业经营管理的重要手段之一，也是实现企业利益最大化的有效手段。从整体上来说，保证了企业管理和实现经济效益的双丰收。

（二）实现企业的可持续发展

企业的发展壮大不是一朝一夕的，尤其是在当今经济全球一体化竞争的环境中，企业如果想做强、做大，实现可持续发展，就必须重视成本控制。一个企业的可持续发展除了离不开人才和好的技术外，最不能缺少的就是资金。

$$\text{企业的经济效益} = \text{企业的总收入} - \text{总成本投入} \tag{7-1}$$

通过这个公式可以看出，总成本投入对于企业是否能够盈利非常重要。一个企业虽然资金雄厚，但如果不重视成本的有效控制，虽然不会影响企业短时期的经营，但是一旦出现金融危机，企业必然出现重大危机，严重者可导致破产。相反，如果企业在每一发展阶段都注重成本的控制，必将给企业积攒一笔雄厚的资金，企业抵御危机和风险的能力必然增强，才能真正地实现可持续发展。

（三）提高企业的核心竞争力

加强成本控制还能够有效地提高企业的核心竞争力。降低企业生产过程中的成本，可以实现企业利润的提升。相同的产品，根据市场经济的要求，价格的差距不会太大。如果企业能够对生产成本进行有效的降低，除了可以获得更高的利润以外，还可以形成一定的价格优势，吸引更多的消费者，从而提高产品的销量，也能更好地开展与市场上同类产品的竞争，占据更大的市场份额，创造品牌效应，最终实现企业的经济效益和可持续发展。

三、企业有效进行成本控制的措施

企业要想提高核心竞争力，实现经济效益最大化的目标，促进企业的可持续发展，就必须重视企业的成本控制。通过企业内部的成本控制意识，树立全面系统的成本控制新理念，完善企业成本控制制度，建立企业成本费用支出的考核体系，不仅能够有效地提升企业的经营管理水平，使企业成本控制在科学合理的范围内，还能实现企业效益的最终增长，促进企业长远发展。

（一）树立新型的成本控制理念

当前企业面临着国内外的激烈竞争，各个企业要想实现经济效益最大化的目标，必须树立新型的成本控制理念。首先，在企业的内部要引起各部门人员对企业成本控制的高度重视，提高职员对企业成本控制的认识水平，让职工认识到成本控制对于一个企业发展的重要意义。具体的可以在企业内部开展成本控制的宣传讲座，让每一个员工都能从内心深处意识到成本控制的重要性，争取促使每一个职工都能成为企业成本控制的有效践行者。通过企业内部所有职工的共同努力，做好企业成本控制的工作。其次，企业成本控制的实践还必须以企业的发展战略目标为根本出发点，使成本控制能够适应企业的整体战略目标。具体要求企业必须深入贯彻和落实全局控制的思想观念和方法。最后，还要全面建设企业的成本控制管理体系，重视成本控制对企业发展和实现利润最大化的重要作用。具体要求企业要全面地分析企业成本控制的对象和内容的特征，采取合适的成本控制方式和方法。

（二）采用先进、科学的成本控制方法

企业要想在激烈的市场竞争中成功地占据市场份额，就必须采用先进、科学的成本控制方法。成本控制的方法应该是企业在分析自身情况的基础上，有效地将传统的成本控制方法和现代成本控制方法进行有机结合。如作业成本法、成本效益分析法、价值链成本分析法、生命周期成本法的应用。尤其是在现代化的制造产业中，其自动化的水平越高，包括的成本控制环节就越多，涉及设计生产费用、生产过程中的组织和协调费用、组织订单费用以及比重逐渐加大的间接性费用，还包括占比重较少的材料和人工费用。对此就可以采用作业成本的控制方法。

（三）加强成本控制的管理

在企业的成本控制中容易忽视的是对日常成本的控制，因此企业要加强成本控制的管理。针对日常成本来说有以下几点：

①要对日常材料费用进行控制和管理。具体要求技术人员和施工人员必须严格按照设计图纸要求的技艺和工序进行操作，以减少施工过程中出现材料浪费的现象。

②管理人员要对人工成本进行有效的控制。对每天的施工人数和工作时间进行有效的监督，以防止出现人工成本的损失。

③尤其是要注重间接性成本控制的管理。由于间接性费用支出容易产生突发状况，相对于直接性的成本控制来说不太容易把控。针对这个问题，如果是有限定额的就必须严格按照限定的额度进行控制，如果是没有限定额度就必须按照事先预定好的费用进行控制。

（四）完善成本控制管理制度

①要在企业内部建立成本控制责任制度，加强各环节成本控制的责任意识。通过建立各个环节和部门的成本控制责任制度，有效地保证企业生产经营环节的顺利开展。

②要完善企业成本控制的基础性制度。比如，完善成本记录制度，具体要求企业对生产经营中所有的材料费用明细等做出准确有效的记录，并且每一项费用的支出都必须有相关有效的凭证。与此同时，还应该完善企业的定额管理制度，如企业经营中涉及的工作时间定额、原材料费用定额、费用定额等，这些定额必须在考察实际情况的基础上继续进行合理科学的设定。除此之外，还要完善标准的资产核实制度，对于企业的计量、验收、收发、清查等环节进行系统标准化的管理。

③要完善企业成本的预算管理制度。具体来说就是企业要根据整体的战略目标对企业的初级成本进行合理的预算。然后根据具体的发展目标对初级成本预算管理加以协调和改进，以实现企业的成本预算既符合整体大局发展，又不会忽视到细节生产。

（五）构建企业成本费用支出的考核机制

企业构建成本费用支出的考核机制是实现成本控制的又一个有效的措施。具体的企业可以将成本费用支出作为内部考核的一项重要指标。企业可以通过建立有效的激励机制，让企业的成本控制与各部门的工作情况相联系，强化企业职工的成本控制责任意识。企业的成本控制主要包括直接性成本控制和间接性成本控制，与企业的工作激励机制相结合就表现在各部门在工作中涉及的成本控制的工作要求、各部门成本控制职能的分工。构建企业成本费用支出考核制度要求在确保各项工作顺利开展的同时，将成本控制的完成情况纳入员工的考核体系。比如，生产部门一季度设置的成本控制目标是50万元，如果在一季度生产部门的成本控制超出设定的目标，并且责任人对此没有真实有效的说明，对于生产部门可以采取相应的惩罚。通过建立成本考核制度，将成本控制纳入职工的绩效考核，从而有效地达到调动企业内部的积极性，实现企业的经济效益最大化。

四、通过预算管理控制成本

为了使我国的企业保持稳步发展的势头，企业管理控制的目标从完成生产的品种、数量、计划，开始逐渐往注重追求企业经济效益，即实现企业价值最大化转移。所以推行以提高经营绩效为目标的预算管理具有重要的现实意义。通过预算管理不仅可以为企业全体员工提供一个共同努力的目标、凝聚员工的才智、为企业的发展提供动力，还可以帮助企业控制成本、提升企业管理能力。

（一）预算管理的主要内容

预算管理是西方发达国家多年积累的企业先进管理经验，是以对市场需求的充分研究和科学预测为前提，以销售预算为起点，进而延伸到如生产、成本和资金收支等重要经济活动各个方面的科学管理方法，对企业的健康发展起着举足轻重的作用。全面预算管理是以目标利润为中心，在一定时期内对其经营所涉及的经济资源进行整体控制的一种现代化科学管理方法。企业通过全面预算管理，能够把经济活动中的物质和人力资源，通过货币（价值）形式予以量化，通过确定、执行、考核、奖惩进行全面的控制。

（二）完善全面预算管理的对策

1. 树立基于企业发展战略的全面预算管理思想

企业实施全面预算管理，首先，必须树立预算管理与企业发展战略目标相结合的理念。企业全面预算管理的编制和组织实施应该与企业发展战略相配合，其核心在于对企业未来发展的安排和计划，对企业内部资源的合理分配、考核和控制，因此全面预算管理是企业实现长期发展战略目标的基本手段，应该全面服务于企业战略目标的实现。其次，全面预算管理的功能和效用的发挥必须以企业的治理结构为基础，预算管理的实施与各级、各部门的业绩考评相结合，使各级、各部门对预算的整个过程给予重视和配合。

2. 建立健全科学的全面预算管理组织机构

企业要实行全面预算管理，必须建立健全科学的全面预算管理组织机构，并且明确各部门的相关职责。科学的全面预算管理组织机构应包括全面预算管理委员会、全面预算管理办公室、归口、分级管理科室、各二级单位及有关科室。预算管理委员会负责全面预算的组织、领导工作，协调解决重大问题。通常由董事长担任主任；由总会计师担任常务副主任；由主管供应、生产、销售、基建、技术、设备、财务的副总经理担任副主任；委员由管理部门有关专业负责人组成。预算管理办公室具体负责日常工作，对各二级单位及有关处室的预算进行审查、汇总、平衡，对编制及管理工作进行指导、检查，制定管理制度和归口管理办法。归口管理部门为专业预算部门，负责编制本部门预算及向基础预算单位（二级单位）进行指标分解，各二级单位及有关处室为基础预算部门，负责编制单位预算。

3. 预算编制方法的选择

预算编制方法可以分为固定预算和滚动预算。固定预算一般适合于业务比较稳定的企业，对生产经营和市场的变化反应滞后、缺乏灵活性。而滚动预算正好克服了固定预算的缺点。它的主要特点是连续不断地保持 12 个月，每过去一个月就根据新的情况调整和修订后几个月的预算，并在原来预算的期末补充一个月预算。滚动预算不仅可以保持预算的完整性、连续性，而且由于预算的不断调整与修订，使预算与实际情况更加适应，有利于发挥预算的指导和控制作用。

（三）预算管理在财务管理中的作用

1. 预算管理是防范财务风险的重要手段

作为企业预算管理的一个重要组成部分，财务预算要考虑的不仅仅是利润，更重要的是现金流量的确定性与到期债务之间的关系。也就是说，企业在编制预算时要充分考虑财务风险对企业的影响，帮助企业通过预算安排好资金的使用，从而规避企业的财务风险。

2. 预算管理有助于企业内部控制制度进一步完善

企业财务部门及各个预算执行部门应充分收集有关财务、业务、市场、技术、政策等方面的信息，根据不同的情况，采用科学分析方法对预算和实际资料进行计量、对照，及时发现、重点揭露实际脱离预算差异的原因，要分清到底是企业内部的因素还是企业外部的因素。如果是内部因素，是企业内部控制制度执行不力还是制度不完善，要将有关信息及时反馈给各个责任组织，以便企业管理当局采取必要的措施，及时修订和完善内控制度，消除企业薄弱环节，使企业经济活动符合经营目标的要求，确保预算目标的顺利实现，达到全面预算管理对经济活动的控制作用的目的。

3. 建立以预算为中心的财务管理模式

预算是综合平衡的依据，它把企业纵向的和横向的各个环节目标有机地统一起来，形成企业最大效率的总目标。因此，必须建立起一套严格而规范的预算管理制度和工作方法。预算制的内容和方法涵盖了企业生产经营的全过程，贯穿了管理会计的所有思想和方法。企业管理会计抓住预算制这一中心，通过组织预算编制、开展预算控制、进行预算分析、强化预算考核等方法，就能够在错综复杂的经济关系中驾驭企业经济发展的方向；就能够在激烈的市场竞争中运筹帷幄以取得竞争的优势；就能够保持企业良好的运作秩序和财务状况。

全面预算管理作为一种管理手段，它采用的是集成管理模式。全面预算管理实现了资金流、业务流与信息流的集成及对企业各项资源的合理配置与整合。它通过组织预算编制、开展预算控制、进行预算分析、强化预算考核等方法强化企业管理，不失为提高经济效益最有效的方法。

五、中小型企业成本控制

中小型企业是推动我国社会主义市场经济发展不可缺少的主力军，但由于中小企业经营规模较小、资金力量较弱、内部控制程度较差、生产效率较低，使得在社会主义市场经济中处于较弱的竞争地位，尤其在目前严峻的经济形势下，大多中小型企业面临着生存的危机。那么，在外部经济形势相同的情况下，中小型企业如何依靠自身的力量来取得超越其他企业的优势，在市场经济中争得一席之地呢？中小型企业成本控制创新——引进先进的成本控制理念、采用科学的成本控制方法、完善成本控制体系是一条重要可行的途径。

（一）中小型企业成本控制创新有利于企业进一步降低产品成本、实现企业利润最大化目标

利润最大化是企业永远追求的目标。许多中小型企业片面地强调生产过程的成本控制，通过提高产量来降低产品成本，然而存货的积压，将生产过程中发生的成本转移或隐藏于存货，虽然提高了短期利润，但不利于长期利润目标的实现。只有从企业产品的设计、生产、营销、交货等基本活动以及对产品起辅助作用的辅助活动等全方位分析，挖掘降低成本的潜力，才能真正实现企业利润最大化。

（二）中小型企业成本控制创新有利于改善和提高企业的经营管理水平

成本控制是企业管理的一个重要方面，成本控制水平的高低也直接影响企业管理水平的高低。因此，不断引进先进的成本控制理念和方法是提高企业管理者管理水平的重要途径之一。

（三）中小型企业成本控制创新有利于中小型企业更好地适应市场的变化

市场经济使得企业不再是一个孤立的经济个体，要适应市场经济的发展，企业不仅要关注产品的生产成本，而且要关注其产品在市场上实现的效益，关心市场上竞争对手的一切变化。适应瞬息万变的环境，以求得持续性的竞争优势，是现代企业必须考虑的首要问题。因此，企业只有不断进行成本控制创新，依靠合理科学的新产品开发与完善的售后服务，降低产品开发和售后服务的成本，才能够取得竞争优势，从而更好地适应

市场发展的变化。

（四）中小型企业成本控制创新有利于进一步提高中小型企业的经济效益和社会效益

现代企业已进入微利时代，许多企业为了取得较高的利润，片面地强调产品生产过程中成本的降低，如通过控制单位产品的物资消耗来提高材料利用率以降低材料成本；通过提高劳动生产率控制产品单耗工时以降低人工成本；通过提高产品产量、扩大生产规模以降低单位产品负担固定成本等。目前，这种制造成本已经降到了尽可能低的程度。过度成本控制使产品质量降低、服务质量弱化，如果仅依靠这种成本控制理念，不仅不能取得较好的经济效益，而且会影响产品的社会效益，企业发展会受到巨大的限制。成本控制的创新可以改变这一陈旧落后的观念，通过成本控制的创新来引进并应用先进的成本管理理念和科学合理的核算方法，能寻求更好更多的降低成本的途径，为企业创造更多的利润，取得更好的经济效益和社会效益。

第八章 成本管理与企业经济效益

第一节 成本效益理论

随着社会主义市场经济和现代企业制度的逐步建立和完善，成本管理成为现代企业非常关注的问题。研究现代成本管理具有十分重要的意义。

传统的成本管理是以企业是否节约成本为依据，片面地从降低成本乃至力求避免某些费用的发生入手，强调节约和节省。传统成本管理的目的可简单地归纳为减少支出、降低成本。这就是成本的狭隘观念。在传统的计划经济下，产品实行统购统销，企业的产出等于企业的收入。因此，降低产品成本就意味着增加企业的收益，企业必然将成本管理的重点放在降低产品成本上，而陷入单纯的为降低成本而管理成本的滞后状态，不能为决策提供所需要的正确信息。

随着市场经济的发展，卖方市场逐渐向买方市场转变，企业不能再将成本管理简单地等同于降低成本。因为，企业不仅要关注产品的生产成本，而且要关注其产品能在市场上实现的效益。在市场经济的环境下，适应瞬息万变的环境、获得经济效益、取得持续性的竞争优势始终是现代企业管理必须考虑的首要问题。企业成本管理工作中也应该树立成本效益观念，实现由传统的“节约、节省”观念向现代效益观念转变。特别是在我国市场经济体制逐步完善的今天，企业管理应以市场需求为导向，通过向市场提供质量尽可能高、功能尽可能完善的产品和服务，力求使企业获取尽可能多的利润。与企业管理的这一基本要求相适应，企业成本管理也应与企业的整体经济效益直接联系起来，以一种新的认识观——成本效益观念，看待成本及其控制问题。

企业的一切成本管理活动应以成本效益观念作为支配思想，从“投入”与“产出”的对比分析来看待“投入”（成本）的必要性、合理性，即努力以尽可能少的成本付出，创造尽可能多的使用价值，为企业获取更多的经济效益。这里，值得注意的是，“尽可能少的成本付出”与“减少支出，降低成本”的概念是有区别的。“尽可能少的成本付出”

不单是节省或减少成本支出，它是运用成本效益观念来指导新产品的设计及老产品的改进工作。如在对市场需求进行调查分析的基础上，认识到如果在产品的原有功能基础上新增某一功能，会使产品的市场占有率大幅提高。那么，尽管为实现产品的新增功能会相应地增加一部分成本，只要这部分成本的增加能提高企业产品在市场的竞争力，最终为企业带来更大的经济效益，这种成本增加就是符合成本效益观念的。又如，企业推广合理化建议，虽然要增加一定的费用开支，但能使企业获取更好的收益；引进新设备要增加开支，但因此可节省设备维修费用和提高设备效率，从而提高企业的综合效益；为减少废次品数量而开发的检验费及改进产品质量等有关费用，虽然会使企业的近期成本有所增加，但企业的市场竞争能力和生产效益会因此而逐步提高；为充分论证决策备选方案的可行性及先进合理性而产生的费用开支，可保证决策的正确性，使企业获取最大的效益或避免可能发生的损失。这些支出都是不能不花的，这种成本观念就是体现了“花钱是为了省钱”的思想，即为了长期的大量的减支（相当于现时的机会收入或未来的真实收入）应该支出某些看来似乎高昂的费用，这都是成本效益观念的体现。

总而言之，在现代市场经济环境下的企业日常成本管理中，应对比“产出”看“投入”。研究成本增减与收益增减的关系，以确定最有利于提高效益的成本预测和决策方案。

一、成本效益分析

成本效益分析是通过比较项目的全部成本和效益来评估项目价值的一种方法。成本效益分析作为一种经济决策方法，将成本费用分析法运用于政府部门的计划决策之中，以寻求在投资决策上如何以最小的成本获得最大的收益。

成本效益分析法的基本原理是：针对某项支出目标，提出若干实现该目标的方案；运用一定的技术方法，计算出每种方案的成本和收益；通过比较方法，并依据一定的原则，选出最优的决策方案。

常用于评估需要量化社会效益的公共事业项目的价值，非公共行业的管理者也可采用这种方法对某一大型项目的无形收益进行分析。在该方法中，某一项目或决策的所有成本和收益都将被一一列出，并进行量化。

在开始成本效益分析前了解成本现状十分重要。需要权衡每一项投资的利弊。如果可能的话，再权衡一下不投资会有什么影响。不要以为如果不投资成本就会变高。在许多情况下，虽然新投资可获得巨额利润，但是不投资的成本相对更小。

二、成本效益分析的步骤

对一项投资进行成本效益分析的步骤：①确定购买新产品或一个商业机会中的成本；②确定额外收入的效益；③确定可节省的费用；④制定预期成本和预期收入的时间表；⑤评估难以量化的效益和成本。

前三个步骤十分简单明了。首先确定与商业风险相关的一切成本——本年度主要的成本以及下一年度的预计成本。额外收入也许是由于顾客数量的增加或现有顾客购买量的扩大。为了解这些收入的效益，一定要将与收入相关的新成本考虑在内，最后就可以考虑利润了。可节省费用显得简单一些，至少在某种意义上反映了利润的增加，可直接计入利润。然而，有时可节约费用也有微妙之处，难以确认。可节约费用可以来自各种渠道，以下列举的一些渠道比较便于量化。

第一，更有效的加工：这意味着减少加工过程中需要的人数，或者说简化加工步骤，甚至缩短每一个步骤所用的时间。

第二，更精确的加工：要求减少修正错误的时间和尽量避免客户的流失。

（一）效益

是否希望发生该成本？成本的增量是多少？期望何时获得效益（额外收入或可节约费用）？效益增值是多少？

1. 水煤浆效益分析

1.8 ~ 2.2 吨水煤浆代替 1 吨重油，1 吨水煤浆到厂价为 750 ~ 850 元，而 1 吨重油价在 3000 元以上，使用 2 吨水煤浆，其价格相当于 1 吨重油的 50%，直接经济效益十分可观。

2. 节能效益

水煤浆燃烧效率高，为 95% ~ 98%，另外，水煤浆燃烧系统（密闭储存、运输）损耗低，燃烧控制方便，负荷调节范围大，节能效果显著，燃用水煤浆具有与燃油基本相同且优于燃煤的低负荷稳燃性能和调节能力，可节约 20% 左右。

3. 环境效益

水煤浆为洗选后的精煤制成，灰、硫等有害物质远低于常规动力煤和其他工业用煤。水煤浆燃烧温度比燃油和燃煤粉低 100 ~ 200℃，可大大减少 SO_2（二氧化硫）的析出和 NOXT（含氮氧化物）的生成，减少污染物的排放。

4. 安全效益

水煤浆运输、储存和泵送的过程基本是在常温、全密封状态下进行的，燃烧前的所有过程均因其含有 30% 左右水分为非易燃烧体，相对于燃油和煤粉的易燃、易爆性来说，其使用过程中的安全性得到了很大的提高。

5. 效率效益

相对于燃煤锅炉，由于不设置储煤、上煤系统，可使企业在设备运行、检修管理方面节省很大的工作量，减小人力和资金的投入力度。同燃油相比，水煤浆易储、方便简单、安全可靠、便于管理。因此，可节省很多人力物力，提高生产效率。

6. 场地效益

工业锅炉燃用的煤中灰分占 28% ~ 30%，需占用较大的灰场，占用大量土地。并且灰场二次扬尘对大气造成污染。而燃用水煤浆的灰分一般在 7% 以下，灰场占地小，相当容量灰场仅为燃煤灰场的 25%。成本效益分析的基本原理是针对某项支出目标，提出若干实现该目标的方案，运用一定的技术方法，计算出每种方案的成本和收益，通过比较方法，并依据一定的原则，选择出最优的决策方案。

（二）背景

①老板经营思路与时俱进，对成本控制提出更高的要求。②除财务部门，其他部门不重视成本控制。③业务部门的成本控制不高。

（三）收益

构建全面的企业成本管理思维，寻求改善企业成本的有效方法；跳出传统的成本控制框架，从公司整体经营的视角，更宏观地分析并控制成本；掌握成本核算的主要方法及各自的优缺点，根据情况的变化改良现有的核算体系；掌握成本分析的主要方法，为决策者提供关键、有效的成本数字支持。

（四）对象

会计经理、成本会计、财务分析人员、成本分析人员。

（五）比率分析法

1. 相关指标分析法

产值成本率 = 成本 / 产值 ×100%；

销售收入成本率 = 成本 / 销售收入 ×100%；

成本利润率 = 利润 / 成本 ×100%。

2. 构成比率分析法

直接材料费用比率 = 直接材料成本 / 产品成本 ×100%；

直接人工费用比率 = 直接人工费用 / 产品成本 ×100%；

制造费用比率 = 制造费用 / 产品成本 ×100%。

（六）以成本收益理论视角看读研

1. 研究生教育的成本

（1）教育的个人成本

研究生个人进行教育投资的决策，在很大程度上受到教育投资费用水平的影响。对研究生教育个人投资者来说，投资的成本包括直接成本和间接成本两个部分。直接成本指的是研究生在接受教育期间，直接付出的投资成本，如学费、食宿费、杂费等，它在总投资中占有相当比例。研究生教育的机会成本是指一个人因读研而放弃的劳动收入。机会成本的存在对教育投资量的大小有着直接的影响，是减少学校入学人数的主要因素。

（2）教育的社会成本

教育的社会成本是指由社会支付的直接成本和间接成本。社会直接成本主要是用于教育的公共支出。社会间接成本包括社会所放弃的收入、免税成本、潜在的租金和折旧费。

2. 研究生教育的收益

（1）教育的个人直接收益

一般来说，研究生教育投资的收益是受教育的劳动者将得到较高的劳动力市场收入，包括财务收益、机会选择权收益、财务选择权收益、套头交易收益。财务收益是指因教育增加带来的终生（税后）收入总额；机会选择权收益是因教育对劳动者工作机会的影响而带来的收益；财务选择权收益，即因接受一定程度的教育而取得的进一步深造机会的价值；套头交易收益，即劳动者因接受教育、提高适应环境的能力和减少因技术变迁带来的职业风险的价值。

（2）教育的个人间接收益

教育的间接个人收益主要表现在以下四个方面。

①较大的职业适应性和更多的就业机会。受过较多教育的人与受过较少教育的人相比，具有较大的职业适应性和更多的就业机会，这是教育给个人带来的另一种收益。由于这种收益并不是直接表现为货币收入，所以它是教育的一种间接收益。

②由于较强的能力而实现的消费支出的节省。与受教育程度较低的劳动者相比，受教育程度较高的劳动者由于掌握了更多的市场知识和商品知识，因而就有可能在商品选购方面实现支出的节省，或者在支出相等的情况下得到更大的满足。

③较健康的身体。受教育程度和人的身体健康状况之间也存在着正相关的关系。未受教育或受教育较少的人，由于缺乏保健知识、预防传染病的知识和安全知识，相对于受教育程度较高的人来说，患病、受伤或致残的可能性就更大一些。此外，对于受教育程度较高的人，学校的体育课教给了他们体育锻炼的方法，养成了他们进行体育锻炼的良好习惯，从而使他们的体魄更加健壮。这样，受教育程度较高的人就有可能节省医疗保健费用的支出。

④世代影响。所谓世代影响，是指一代人以后才能感觉到的潜在的教育收益，即由父母的受教育增量所引起的他们的子女的受教育增量。父母的受教育程度越高，其子女完成较高教育水平的可能性就越大。这是因为，父母受教育程度高，对教育的重要性的认识更加明确，也能够掌握正确的教育方法，进而教育自己的子女。另外，由于他们有较高的文化科学知识水平，可以对子女的文化学习给予具体的指导和帮助。

（3）教育的社会收益

教育的社会收益可以分为直接收益和间接收益两种。在归因于教育的国民收入增量中，扣除受教育者个人因较高的教育水平而多得的个人收入，教育的直接社会收益集中体现在教育是提高劳动生产率的重要因素上。而教育在提高劳动生产率方面的作用则具体地表现在以下四个方面：

①教育可以提高劳动者的平均熟练程度。

②教育可以促进科学技术的发展和应用。

③教育可以加强生产过程的社会结合。

④教育可以促进生产资料规模的扩大和效能的提高。同时，也能够加强对自然资源的开发和自然力的应用。

教育的间接社会收益，主要表现为政治上和道德上的收益。政治上的收益是指国民教育水平的提高，可以增加全体国民的社会责任感和政治参与能力，更为自觉地去运用社会政治民主所赋予的每个人的权利。道德上的收益是指使受教育者具有较高的道德风范，即通过教育可以提高人们的道德认识、激发人们的道德情感，树立人们的道德信念，坚定人们的道德意志，并不断校正人们的道德行为，养成良好的道德习惯。

3. 研究生教育的成本收益曲线

虽然硕士研究生教育投资可以给个人带来收益，但并不是所有人投资于硕士研究生教育都能使收益大于成本。在具体的条件下，教育投资并不绝对优于其他投资。因此在具体的年龄、利息率、成本、就业等因素的制约下，要具体问题具体分析，结合个人的实际情况，理性地选择教育投资行为。尽管个人投资硕士研究生教育是一项高回报的投资，但是综合考虑影响个人作出教育投资决策的一些因素，个人投资于硕士研究生教育仍然存在一定的风险。

总而言之，准备投资于硕士研究生教育的大学生必须意识到：读研绝非缓解就业压力的唯一方法，掌握真才实学，直面就业竞争才是取得成功的决定因素。因此在对自己进行教育投资时，要“衡外情，量己力”，分析个人的兴趣、爱好与特长，个人的性格与价值观，个人所选定的目标与需求，个人的工作经验，个人的优缺点，个人的学历与能力等优点和劣势，结合眼前机遇和制约因素，为自己确立职业方向，确定教育计划、发展计划，为实现职业生涯目标而确定行动时间和行动方案。掌握所学专业的基础知识，对所学专业从入门到感觉有继续研究下去的必要，期待在学术上有所建树，这是硕士研究生本来的含义。如果没有研究的基本能力或研究的欲望，仅仅为了逃避就业、为了好就业，这无疑是对人力、物力、财力的浪费。选择工作或选择考研都是自己的选择，但是在选择之前，给自己制订一个好的职业生涯规划。这个职业生涯规划能够充分发挥自己的优势，使自己在日后众多的竞争对手中脱颖而出，而不是什么“热”就盲目跟从，考研与否要有理性的规划。

第二节 战略成本的观念

随着社会经济环境的发展、变化以及高新技术和管理科学的不断创新，现代成本管理的范围日益扩大。传统的成本管理范围主要是企业内部的生产经营过程，而对企业的供应与销售环节则考虑不多，对于企业外部价值链更是视而不见，使企业未能获得全面的发展竞争战略。然而，对于处于现代市场经济环境中的我国企业来说，成本管理更要注意企业外部环境的影响，应该把企业成本管理问题放在整个市场中予以全面考虑，树立战略成本的理念。

战略成本管理的形成和发展是现代市场经济和竞争的必然结果。近年来，企业环境发生了急剧的变化，全球性竞争日益激烈。为了适应这种竞争的需要，战略成本应运而生。不言而喻，成本是决定企业产品或劳务在竞争中能否取得份额以及占有多少份额的关键因素，而影响竞争成本的核心是企业的战略成本，而非传统的经营成本。

实施战略成本管理有利于更新成本管理的观念。在传统成本管理中，成本管理的目的被归结为降低成本，节约成了降低成本的基本手段。不可否认，在成本管理中，节约作为一种手段是不容置疑的，但它不是唯一的手段，现代成本管理的目的应该是以尽可能少的成本支出，获得尽可能多的使用价值，从而为赚取利润提供尽可能好的基础，提高成本效益。从战略成本管理的视角出发来分析成本管理这一目标，不难发现，成本降低是有条件和限度的。在某些情况下控制成本费用，可能导致产品质量和企业效益下降。如果企业以较低的成本升幅，而取得较高的使用价值，从而大大提高企业的经济效益，企业何乐而不为？企业在市场上取得的竞争优势取决于以同样的成本为顾客提供更优的使用价值或以较低的成本提供相同的使用价值。企业采用何种成本战略，取决于企业整个的经营战略和竞争战略，成本管理必须为企业整个经营管理服务。

战略成本管理的研究与实施，有利于改善和加强企业经营管理。在现代企业管理实践中，许多大公司设立了诸如“研究开发部”“战略研究部”等企业战略研究机构，而在实际运用中更多地着眼于战略经营、战略管理方面，较少涉及战略成本管理。企业管理作为一个完善的系统，战略成本管理是不可缺少的部分，如何正确引进和运用战略成本管理是我国会计管理值得深思的问题。

在现代成本管理中，战略成本管理占有十分重要的地位，它突破了传统成本管理把成本局限在微观层面上的研究领域，把重心转向企业整体战略这一更为广阔的研究领域，如生产关联、采购关联、技术关联、竞争对手关联中的成本分析等，有利于企业正确进行成本预测、决策，从而正确选择企业的经营战略，正确处理企业发展与加强成本管理的关系，提高企业整体经济效益。现代企业正面临国内和国际两个市场的竞争挑战，尤其是在信息时代和管理现代化的今天，企业管理者的行为时时刻刻都要涉及战略问题。战略成本管理是企业管理者确定战略成本的目标，在综合考虑企业内外部环境相关因素的基础上，制定并实施达到目标的战略和一系列行动计划的过程。在市场经济条件下，我国在实施现代企业制度和经济可持续发展的过程中，应充分运用战略成本管理的思想。

其实，企业在削减成本时，不应该对各种开支不加辨别，“不分青红皂白一刀切”。如果企业管理者把每一项看似多余的开支都削减掉，则很可能由此削弱企业的竞争力进而影响业务，结果得不偿失。所以，管理者应从企业战略的角度出发来控制成本，避免损害那些决定企业核心价值的要素。于是，成本加战略，就引出了战略成本管理的话题。

那么，什么是战略成本管理？战略可以定义为确立企业的根本长期目标并为实现目标而采取必需的行动规划和资源配置，是指导全局的计划和策略。所谓战略成本管理即从战略角度来研究成本的形成与控制。在既定的企业战略方针下，在成本管理方面进行的战略性选择与设计，它将导致企业最终交付的产品和服务成本降低，而不是在每一个环节上都追求成本最低。主要包括两个层面的内容：一是从成本角度分析、选择和优化企业战略；二是对成本实施控制的战略。战略成本管理思想是关于战略成本管理理论构架的概括与总结，它决定着战略成本管理理论和方法体系展开的基本思路。

而在危机大背景下的成本削减，更需要遵循战略成本管理的思想，有选择地进行削减，不重要的环节，大可以大刀阔斧地进行削减；而对于关乎企业核心竞争力的关键要素，反而不排除扩大投入的可能，如此有的放矢，有紧有松，聪明的削减成本，既能降低成本，又能不损害企业健康，是增强核心竞争力的理想选择。

一、战略成本管理的基本工具

战略成本管理有三大要素，即价值链分析、战略定位分析和成本动因分析。它们同时也是在战略管理的分析框架中与成本因素紧密相关的三个基本分析工具。

（一）价值链分析法

每一种最终产品从其最初的原材料投入直至到达最终消费者手中，中间要经过无数个相互联系的作业环节，这些作业环节既是一种产品的生产过程，同时又是一种价值形成和增值的过程，从而形成价值链。价值链分析具体又可分为行业价值链分析、企业价值链分析和竞争对手价值链分析。通过对行业价值链的分析，我们了解企业在行业中的位置和行业的现状与前景；通过对自身价值链的分析，消除不增值因素，我们可以在不影响竞争力的前提下降低成本；通过对竞争对手价值链的分析，则可以知己知彼，洞察全局，并由此形成企业成本管理的各种战略。

（二）战略定位分析法

战略定位是指企业如何选择竞争手段，并与对手抗衡。首先，企业要对自己所处的内外部环境进行详细的调查分析；其次，确定企业所应进入的行业，所适合立足的市场以及所需开发的产品；最后，确定以何种战略来保证企业在所选择的行业、市场和产品中站稳脚跟，击败对手，获取行业平均水平以上的利润。比如成本领先战略，这是诸多战略中最为明确的一种。在这种战略指导下，企业的目标是要成为其产业中的低成本生产（服务）厂商，也就是在提供的产品（或服务）的功能、质量差别不大的条件下，努力降低成本来取得竞争优势。如果企业能够创造和维持全面的成本领先地位，那它只要将价格控制在产业平均或接近平均的水平，就能获取优于平均水平的经营业绩。

在与对手相当或相对较低的价位上，成本领先者的低成本优势将转化为高收益。而差异领先战略要求企业就客户广泛重视的一些方面在产业内独树一帜，或在成本差距难以进一步扩大的情况下，生产比竞争对手功能更强、质量更优、服务更好的产品以显示经营差异。当然，这种差异应是买方所希望的或乐意接受的。如果能获得差异领先的地位，就可以得到价格溢价的报酬，或在一定的价格下出售更多的产品，或在周期性、季节性市场萎缩期间获得诸如买方忠诚等相应的利益。差异领先战略的逻辑要求企业选择那些有利于竞争的并能使自己的经营独具特色的性质，重在创新。除了这些之外，其他常见的战略定位有目标集聚战略、生命周期战略和整合战略等。

（三）成本动因分析法

成本动因是指引起产品成本发生的推动力和原因。战略成本动因主要是站在战略成本管理的角度来研究对企业的成本结构和成本行为产生长期影响的成本驱动因素。开创了企业竞争战略理论的管理学家迈克尔·波特将这些因素归纳为十一个方面，即规模经济、学习曲线、生产能力、利用形式、联系、相互关系、联合、选择时机、自主政策、地理位置和整体因素。

二、战略成本管理与传统成本管理的异同

从以上我们可以得知，战略成本管理是全方位、多角度、突破企业边界的成本管理。传统成本管理重在成本节省，它表现为“成本维持”和“成本改善”两种执行形式。而战略成本管理重在成本避免，立足于预防，从源头上控制成本的发生。另外，在产品的设计与开发阶段，为避免成本的发生，应尽力设计满足目标成本要求且具有竞争力的产品。

所以，战略成本管理的核心思想，并非仅仅是降低成本，更多的是要追求高利润，乃至建立和保持企业的长期竞争优势。

三、战略成本管理如何实施

当我们迈出了万里长征的第一步，有了战略成本管理的意识和需求后，具体的实施

便成了当务之急。

战略成本管理的实施是一项长期的工作，我们推荐战略成本管理实施有以下四个步骤。

①企业应进行成本诊断，找出实施重点。这里面包括广泛收集有关成本的事实数据，并以此为基础对后续阶段评估的重点进行假设，以及深入了解各个重点部分中的“成本驱动——价值创造”的相互关系。通过这些工作了解是哪些因素在驱动成本变化，同时它们又创造了什么价值。

②进行深入的分析，鉴别可以降低成本的机会。我们可以选取一些指标进行比较研究，进而找出成本差距和改进的措施。

③找出解决方案。此时我们已经发现了在许多环节上成本都可以削减。在这一阶段应开始考虑如何削减这些环节中的成本。对于每个可削减成本的环节，还应当明确如何进行削减。而且需要具体说明如何在业务上进行改进，这样才能确保成本控制的过程不会损害客户和股东的利益。

④优选最佳方案。在最后一个阶段中，应当将这些方案按重要性进行优选。可以对方案进行综合排序。某些方案收效显著而且见效很快，这类方案自然应该立即得到实施。这样能为其他方案提供动力和资金支持。

通过这四个步骤的实施，战略成本管理的效果也随之显现。当然，战略成本管理是一项长期工程而非阶段性工作，同时需要我们谨慎操作，保证在成本得到削减的同时还不会妨害企业的核心竞争力。

在如今的逆境之中，我们的企业将面临三种选择：糟糕的公司在抱怨中消亡；普通的公司在逆境中辛苦的经营；而优秀的公司则在变革中成长和壮大。如果能遵循战略成本管理的思维，借逆境之机进行整合变革，那它一定会成为优秀的企业！

四、制药企业的战略成本管理

目前，制药企业在成本管理上存在的问题主要是对成本管理内涵理解不到位，甚至错位，这就导致了企业在管理过程中只关注显性成本，不关注隐性成本；只关注效率，不关注效能。如只重视药品生产环节的制药企业单纯制造成本的节约，甚至不惜放弃企业道德与责任，但却不重视战略与定位错误带来的成本，不重视研发过程立项错误和研发过程带来的成本，不重视管理过程的无效环节与返工退货及销毁带来的成本等。面对此状，制药企业应该树立大成本概念，建立战略成本管理体系，从战略角度来研究成本的形成与控制。

（一）树立战略成本管理意识

战略成本管理是全方位、多角度、突破企业边界的成本管理，而传统的成本管理重在成本节省，所以战略成本管理的核心思想，并非仅仅是降低成本，更多的是要追求更高利润，乃至建立和保持企业的长期竞争优势。所谓战略成本管理体系，即在既定的企业战略方针下，在成本管理方面进行的战略性选择与设计，它将导致使企业最终交付的产品和服务成本降低，而不是在每一个环节上都追求成本最低。战略成本管理主要包括两个层面的内容：一是从成本角度分析、选择和优化企业的战略；二是对成本实施控制的战略。战略成本管理思想是关于战略成本管理理论构架的概括与总结，它决定着战略成本管理理论和方法体系展开的基本思路。

战略成本管理有三大要素与分析工具：价值链分析、战略定位分析和成本动因分析。在这里，我们将价值链分析作为讨论的重点，主要是因为价值链分析是决定顾客价值能否提升或成本能否降低的核心，是从战略性相关角度对企业成本空间的合理分摊与有机连接。

一般而言，价值链分析分为外部价值链分析和内部价值链分析。外部价值链分析是一种产业分析，即将企业的上游企业、下游企业等列出，并对主要供应商及主要顾客做出成本与利润分析，最后决定良好的并购、外包，与供应商及顾客联盟合作等策略；内部价值链分析则强调通过对企业的生产经营活动、基本职能活动、人力资源管理活动的组织，完成成本最低、差异最佳，从而实现最大的价值增值目标。

1. 外部价值链成本管理

（1）原材料供应商

一个企业需要供应商为它提供原材料、半成品、服务等各种投入，这是整个价值链的开端。优秀的供应商不仅能提高产品质量，还能降低产品成本。药品生产过程复杂，即便是最普通的常见药也需要经过多重提炼与加工。特别是对于以中药为原料药的药品，其药效更会因原料产地和采摘时节的不同而不同。

为保证药效，企业可以采取以下措施：

①减少供应商数量。

②降低采购费用。

③提高采购质量。

④同供应商建立诚信的合作伙伴关系。

同时，鉴于目前各种原材料价格都在不断攀升，企业应该不断突破原先原材料的采购方式，以全新的方式来进行原材料采购，建立严谨、科学、规范化的采购管理制度。该制度应包含对采购计划的制订及审批、相关部门的责任、采购方式、供应商准入等内容。而对于新入围的供应商的选择，应该在其质量、价格优于原供应商的基础上，再结合其综合能力横向比较选优。

需要指出的是，对于中药企业而言，还需要运用科学的原材料采购方法，通过对信息的利用掌握库存状况和产品的标准化程度等，把握价格变动的时机，依据季节、市场供求状况的变动，注重价格变动的规律，掌握采购时机和采购数量。当然，有实力的中药企业也可以直接建立中药材种植基地，从源头上降低成本。

（2）研发机构

我国在化学制药行业中，重原料药、轻制剂药的思想根深蒂固，从而导致医药企业创新能力普遍较低，许多企业根本没有能力进行研发。当市场上需要新药时，这些企业自然就会失去大好的市场契机。面对这一局势，许多专业研发机构相继产生，特别是大专院校中的研发机构，更是深受企业信赖。

当然，还有一部分企业有自己的研发队伍，研发能力比较突出。但考虑一般药品从研发到正式生产会经历一段很长的时期，所以仅仅依靠企业内部研发药品是绝对不够的。因此，这些企业应在建立好内部研发队伍的过程中，不断加强与专业研发机构的合作，比如与研发商或大专院校研发机构达成协议，双方各出部分研发人员合作研发，产品生产权归企业；或者采用最接近于消费者的方式，与医疗机构合作研发。这样一来研发出来的药品更容易得到消费者的认可，其结果不仅降低了成本，还能增强企业产品的市场占有率。

（3）终端市场

在医药企业的下游价值链活动过程中，由于大多数企业直接向医院、地级批发商销售产品，使整个行业用于这一环节的成本大幅提高。要改变这一现状，企业一方面可以舍弃无收益的销售渠道，另一方面应与下游经销商建立长期合作关系。

而在终端环节，面对医疗单位及乡村药品市场药价居高难下、部分药品零售企业和基层医疗网点的药品质量令人担忧的情况，建议企业可以自建销售网点。同样地，企业在城市若有自己的销售网点，可以进行内部直接供应药品，不但能使销售价格大幅度降低，更会增加销量，间接实现低成本。同时，为建立一个从产品研发到最终消费者使用的更加完整的价值链体系，企业还应利用自己的优势建立下属医疗网点，除了达到降低售价、扩大销售目标之外，还能更好地为群众服务，建立竞争优势。

2. 内部价值链成本管理

（1）成本内控

对于制药企业而言，成本内控主要体现在生产环节，具体应包括三个相对独立的控制层次：第一个层次是在生产部及成本预算编制人员全过程中融入相互牵制、相互制约的制度，建立以防为主的监控防线；第二个层次是在有关生产人员在从事生产时，必须明确处理权限和应承担的责任；第三个层次是以现有的成本、审计为基础，成立一个由公司直接领导并独立考核成本项目的内部审计小组。以上三个层次构筑的成本控制体系对成本发生的经济业务进行防、堵、查递进式的监督控制，对于及时发现问题、防范和化解内部的经营风险和会计风险具有重要作用。

（2）工艺改造

从短期来看，生产工艺及技术的改造将给企业带来一定的成本压力。但从长远来看，这不仅能控制和减少原材料的消耗，还能通过产品质量的提高、劳动生产率的提高、职工劳动强度的降低，最终形成低成本、高质量和按时完成生产的控制模式。例如，一些中成药的丸剂拘泥于传统的手工制作，而中药企业如果能探索实现全面机械化制丸工艺，从设备的改进和制造工艺入手，解决干燥过程中的“裂丸”“颜色差异”等问题，并在制丸机上增加辅助设备，或许就可以在制造中成药的丸剂上形成制丸、整型、筛选、微波干燥等一条龙的机制法生产，进而降低生产成本。

同时，对于生产过程中的动力运行车间，为了降低动力成本，一方面，企业可以进行合理的技术改造，并注意在改造方案制定时，做好可行性研究和效益评价等基础性工作，避免在机组投产后有缺陷仍进行技术改造；另一方面，加强生产过程的系统控制。实行费用承包制，同时配备有效的管理办法。加强设备管理，控制设备维护检修费。在设备管理过程中，实行状态检修制度，注意设备的日常维修和保养。

（3）销售成本

除了上述在终端市场自建销售网点等措施之外，企业还需要加强管理和营销费用的日常控制。有定额的按定额控制，没有定额的按各项费用预算进行控制。同时，费用预算必须面向市场，即把费用预算与开拓市场、提高市场竞争力紧密联系起来，科学评估其可行性，并对费用实行动态预算控制。

另外，企业可以建立与有效考核奖惩制度相配合的费用预算责任考评体系。在此体系的设计方面，应在考虑销售额的同时，还要考虑销售区域难易（市场成熟）程度、费用、投入产出比（可控销售费用与销售额比）、市场竞争程度、新产品销售占总销售的百分比、新客户销售占总销售额的百分比等因素。

（二）进一步控制成本的措施

随着我国社会主义市场经济体制的逐步建立，企业越来越意识到，在生存与发展的竞争中，成本管理的作用举足轻重。进一步控制成本的措施也至关重要。

1. 减少目标不明确的项目和任务

在企业目标清晰的情况下，每个项目及任务都是为实现目标服务的。项目立项分析后，可以把目标不明确的项目与任务削减掉。

2. 明确各部门的成本任务

实行“全员成本管理”的方法。具体做法是先测算出各项费用的最高限额，然后横向分解落实到各部门，纵向分解落实到小组与个人，并与奖惩挂钩，使责、权、利统一，最终在整个企业内形成纵横交错的目标成本管理体系。

3. 成本核算，精细化管理

成本控制计划出台的是一份数字清单，包括可控费用（人事、水电、包装、耗材等）和不可控费用（固定资产折旧、原料采购、利息、销售费用等）。每月、每季度都由财务汇总后发到管理者的手中，超支和异常的数据就用红色特别标识。在月底的总结会议中，相关部门需要对超支的部分作出解释。

4. 成本管理的“提前”和“延伸”

“提前”就是加大技术投资，控制采购成本；“延伸”就是将上下游整合起来。当今的市场竞争是实力的竞争、人才的竞争，产品和服务质量的竞争，也是成本的竞争。从某种意义上来讲，成本决定了一个企业的竞争力。在确保产品质量的前提下，降低成本是企业逐步扩大市场份额的重要途径，也是提高企业经济效益的基础。企业管理者要转变传统狭隘的成本观念，结合企业的实际情况，充分运用现代的先进成本控制方法来加强企业的竞争力。

（三）以外包服务实现效能最大化

目前我国医药产业的竞争还没有真正达到产业链的全面竞争层面，多数企业确实在通过各种方式寻求全价值链的整合以提高竞争能力，但是从欧美国家医药企业的发展现状来看，巨型企业正在面临巨大的挑战。全产业链不见得是药企的明智选择，随着竞争的加剧，利润空间等多方面的积压，实施全产业链战略的企业将会被拖垮而不是发展。因此，医药企业应该专注于自己核心能力的发展，将不是高附加值的部分外包出去，这一点在汽车产业非常常见，如汽车设计、配件生产、销售 4S 店都被厂家独立分化出去，而汽车厂家仅做组装和品牌运作，制药企业也将会沿着这条道路发展。

第三节 成本计算

成本计算既是成本会计的中心，也是成本管理的基础，其重要地位毋庸置疑。传统的成本计算包括以汇总、分配、再汇总的形式计算制造产品成本，也包括以标准成本为核心手段进行的成本预算。然而，在现代成本管理中，从形式到内容都有了飞速发展。西方发达国家经过多年的研究和实践，提出了一些新的成本计算方法，其中作业成本法（ABC）在欧美已经得到了较为普遍的应用。作业成本法在提供更为精密、真实的成本信息方面功不可没。

作业成本法（ABC）是指以作业为核算对象，通过成本动因来确认和计量作业量，进而以作业量为基础分配间接费用的成本计算方法。作业成本核算是基于传统成本核算制度下因间接费用或间接成本分配不真实而提出来的。在传统成本核算制度下，间接费用或间接成本的分配标准一般采用直接人工小时或机器台时，这种分配方式在以前起过积极作用，即在产品品种少或间接费用数额不大的情况下比较适用，一般不会对产品成本水平产生较大的冲击力。在现代企业制度下，由于企业生产产品种类较多，工时或机器台时在各产品间很难精确界定，又由于间接费用或间接成本较高，分配也难以做到合理。在作业成本制度下，成本归属从因果关系出发，间接费用或间接成本不在各产品间直接分配，而在各作业项间进行分配，这样就体现了费用分配的因果性，从而使作业成本乃至产品成本的计算较为准确。

在作业成本法下，作业成本可分为四个层次：首先是产品单位成本。即与生产单位产品有关的直接耗费，包括原材料、直接人工等。该层次的作业成本与产量呈正比例关系。其次是生产批次成本。即与生产批次和包装批次有关的资源耗费，包括生产某批次所需要的生产准备成本、清洁成本、质量成本等。该层次的作业成本取决于生产批次的多少；再次是产品维持成本。即与产品种类有关的资源耗费，包括获得某种产品的生产许可、包装设计等方面的成本。该层次的作业成本取决于产品的范围及复杂程度。最后是工厂级成本。即与维持作业生产能力有关的资源耗费，包括折旧、安全检查成本、保险等。该层次的作业成本取决于组织规模和结构。

作业成本概念的提出深化了人们对成本的认识。传统成本理论认为：成本是对象化的费用，是生产经营过程中所耗费的资金总和。传统成本理论的成本概念揭示了成本的经济实质（价值耗费）和经济形式（货币资金），但没有反映出成本形成的动态过程。作业成本法有效地弥补了这一不足。它把企业生产经营过程描述为一个为满足顾客需要而设计的一系列作业的集合。其中，作业推移的过程也是价值在企业内部逐步积累、转移，直到最后形成转移给顾客的总价值（最终产品成本）的过程。作业成本法通过作业这一中介，将费用发生与产品成本形成联系起来，形象地揭示了成本形成的动态过程，使成本的概念更加完整、具体。

与传统成本制度相比，作业成本法计算采用的是比较合理的方法分配间接费用。该方法首先汇集各作业中心消耗的各种资源，再将各作业中心的成本按各自的作业动因分配到各产品。归根到底，它是采用多种标准分配间接费用，是对不同的作业中心采用不同的作业动因来分配间接费用。而传统的成本计算只采用单一的标准进行制造费用的分配，无法正确反映不同产品在生产中不同技术因素对费用发生的不同影响。作业成本法将直接费用和间接费用都视为产品消耗作业所付出的代价同等对待。对直接费用的确认和分配，与传统成本计算方法并无差别；对间接费用的分配则依据作业成本动因，采用多样化的分配标准，从而使成本的可归属性大大提高。因此，从制造费用的分配准确性来说，作业成本法计算的成本信息比较客观、真实、准确。

从成本管理的角度来讲，作业成本管理把着眼点放在成本发生的前因后果上，通过对所有作业活动进行跟踪动态反映，可以更好地发挥决策、计划和控制作用，以促进现代成本管理的不断提高。另外，“目标成本计算”已经崛起为成本计算的主力军，正在发挥着日益重要的作用。所谓“目标成本计算”，并不仅仅局限于为产品设定成本目标，从其利用目的来看，它在开发准备、确定设计制造方针、投产准备、物流和定价各个领域均可实施；其计算对象已从产品或部件这类实物对象扩展到了抽象的功能对象；其计算基础则从财务会计基础转向管理会计基础；其计算内容也并非都是全部成本或平均成本，而可采用部分成本或增量成本；在计算方式上既可以采用各成本要素逐项加计形式，也可以将成本要素加以划分后，逐个以物理特性为基础进行理论的或统计学的分析计算，同时根据需要既可以概算也可以估算。这类成本计算方法贯穿了从开发源流到销售服务的各个阶段，是现代成本管理不可或缺的要素。

总而言之，要适应市场经济的大环境，企业必须改进成本计算方法，提供更准确的成本信息，使企业获得更多的效益，提高企业的市场竞争力。

第四节　成本动因观念

一般而言，成本动因是指导致成本发生的因素，企业只有真正了解成本发生的前因后果，才能真正控制成本。传统成本管理只重视有形成本动因，而忽视了无形成本动因。在传统成本管理观念中，像原材料、人工、制造费用等项目才是构成成本的主要因素，而产品的研究开发、市场开拓、企业内部结构的调整等都与成本管理无多少关联。但事实上，一些有形的成本项目往往并不是影响成本的最主要因素，而一些传统成本管理未能考虑的因素，如企业规模、地理位置、产品的复杂性，甚至像厂房的规划布局、存货的内部传递及企业的管理制度等因素，都会对产品成本产生很大的影响。这些动因需要长期的积累才能形成，且一经形成就难以改变，因此更要强调从战略上予以综合考虑。国外的研究表明，企业在生产开始之前，已有 85% 的产品成本成为约束成本，即一些结构性成本动因和执行性成本动因，实际上是影响企业成本的关键因素，而传统成本管理能产生影响的部分，只占总成本的 15%。

传统的成本计算对象是企业所生产的各种产品，而且一般为最终产品。因而，人们往往把成本动因归结为生产数量。在生产单一产品的企业里，生产数量可通过产品的单位数来计量；而在生产多种产品的企业中，直接人工小时数或直接人工工资通常被用作生产数量的替代品。固然，在高度人工密集型的生产过程中，对成本动因作这种假定不会严重歪曲产品的成本。因为生产过程中所涉及的主要成本是直接材料和直接人工，两者的耗费都直接与产品数量有关。而制造费用大部分是与生产时间有关的间接费用（主要包括机器设备的折旧费、动力费和其他机器设备相关的费用），按直接人工工时或直接人工工资分配也较合理。至于期间费用常常被认为只与发生期间相关，不分别计入产品成本，只是直接冲减当期利润。

但在高度自动化的现代制造过程中，直接人工成本比重日益降低，仅占生产成本的 5% ~ 10%，而与自动化紧密相关的机器折旧费、动力费等需要分别计入不同产品的间接费用又大幅增加。在这种情况下，如果仍以日益减少的直接人工工时或直接人工工资的比例来分配这些比例不断增大的间接费用，会使产品成本严重失真。很明显，由于现代企业产品中的科技含量的增加，使产品的制造成本并没有与产品生产数量直接相关，或者说至少不是只与产品数量直接相关。如果还按照传统方法来计算产品成本，会高估低科技含量产品成本，而低估高科技含量产品成本。成本计算的错误导会致企业生产决策的错误，这对企业来说，是足以致命的。

因此，在以计算机技术为代表的高科技迅猛发展的今天，有必要按战略成本管理观点将传统的单一的数量动因扩展为一系列的成本动因，通过对各种成本动因和相关成本之间进行分析，将单一标准的分配改为按成本动因的多标准分配，从而正确地分配各项间接费用，正确地计算产品成本。这样才能清晰地揭示哪些产品具有有效的盈利能力。特别是在传统成本管理下未予考虑的一些无形的成本动因，如企业的规模、产品开发、市场开拓、企业内部结构调整，甚至厂房的布局规则等，都会对产品成本产生很大的影响，更应从战略上予以考虑。

另外，通过进一步分析可以发现，除驱动成本的客观因素之外，企业成本也会受到人为的主观因素的驱动，用成本函数可表示为：成本 = f（客观动因，主观动因）。正因为人具有最大的能动性，人为的主观动因也应是驱动企业成本的一个重要因素。比如，职工的成本管理意识、综合素质、集体意识、企业主人翁地位意识、工作态度和责任感、工人之间以及工人与领导之间的人际关系等，都是影响企业成本高低的主观因素，因而也可将其视为成本的驱动因素。从成本控制角度来看，人为的主观动因具有巨大的潜力。实践表明，责任会计中对成本中心、可控成本、责任成本的研究分析，对于改善企业成本管理工作具有积极的现实意义。

通过对成本主观动因的研究分析，可进一步启发我们在现代企业成本管理中的一些新思路、新观念。比如，将成本控制意识作为企业文化的一部分，消除认为成本无法再降低的错误思想，对企业全体员工进行培训教育，要求企业各级管理人员及全体员工充分认识到企业成本降低的潜力是无穷无尽的，人人应对成本管理和控制有足够的重视。

总而言之，在现代企业成本管理的工作中，应树立基于多动因理论的成本管理观念。不仅要重视有形动因，还应该重视无形动因。不仅要注重驱动成本的客观因素，而且要注重驱动成本的主观因素。这种建立在成本动因分析基础上的成本管理观念，往往可诱发企业成本管理的崭新思路和有效举措。

一、成本的系统管理观念

受长期计划经济观念的影响，企业在成本管理中往往只注重生产成本的管理，忽视其他方面的成本分析与研究，这种成本管理观念远远不能适应市场经济环境的要求。在市场经济环境下，企业应树立成本的系统管理观念，将企业的成本管理工作视为一项系统工程，强调整体与全局，对企业成本管理的对象、内容、方法进行全方位的分析研究。

①为使企业产品在市场上具有强大的竞争力，成本管理就不能再局限于产品的生产（制造）过程，而是应该将视野向前延伸到产品的市场需求分析、相关技术的发展态势

分析，以及产品的设计；向后延伸到顾客的使用、维修及处置。按照成本全程管理的要求，就会涉及产品的信息来源成本、技术成本、后勤成本、生产成本、库存成本、销售成本以及对顾客的维修成本、处置成本等范畴。对所有这些成本内容都应以严格、细致的科学手段进行管理，以增强产品在市场中的竞争力，使企业在激烈的市场竞争中立于不败之地。如在产品设计阶段推行价值分析，就是一种技术与经济相结合的成本管理手段。

②随着市场经济的发展，非物质产品日趋商品化。与此相适应，成本管理的内涵也应由物质产品成本扩展到非物质产品成本，如人力资源成本、资本成本、服务成本、产权成本、环境成本等。

③在市场经济条件下，如果企业管理的重心由企业内部转向外部，由重生产管理转向重经营决策管理，研究分析各种决策成本也就成为企业成本管理的一项至关重要的内容，如相关成本、差量成本、机会成本、边际成本、付现成本、重置成本、可避免成本、可递延成本、未来成本等。在现代企业成本管理中，重视和加强对这些管理决策成本范畴的研究分析，可以避免决策失误给企业带来的巨大损失，为保证企业作出最优决策、获取最佳经济效益提供基础。

二、无形成本动因与企业竞争优势

20 世纪 80 年代末开始，战略成本管理日益受到国际理论界和实务界的广泛重视，其最值得借鉴的是成本动因理论，成本动因是战略成本管理的重要理论基础。

（一）成本动因是导致成本发生的各种因素，即成本驱动因素

传统成本管理中所确认的成本动因大多是有形的、可量化的，如生产数量、生产准备次数和生产小时数等。其实，在企业生产开始之前就已有约束产品成本的，大多是无形的非量化的成本动因，如企业的规模、整合程度、地理位置、厂房的布局规划、企业管理制度等。国外的研究表明，前者对产品成本的影响仅占 15%，后者却占 85%。

在传统的计划经济体制下，产品实行统购统销，企业的产出等于企业的收入，降低产品成本就意味着增加企业的收益。因而，企业把降低产品生产成本作为决定其生存和发展的重要因素，把重点放在对生产过程的个别环节、个别方面，即注重微观层次的成本控制。所以，在传统成本管理的观念中，往往将生产数量和生产中的物耗作为主要成本动因。

然而，在市场经济体制下，竞争越来越激烈，企业为了争夺市场和生存发展的空间，必须对市场环境进行深入的分析，采用新的管理方式，将管理活动提高到战略层次，成本管理也将导入企业战略，并与之相融合，形成了战略成本管理。战略成本管理的核心是寻求企业持之以恒的竞争优势。企业为了保持其竞争优势，必须以全局为对象，把企业内部结构和外部环境综合起来，通过辨别每项活动的成本动因，特别是无形的成本动因，有的放矢地进行有效的成本控制。

罗宾·库珀和罗伯特·卡普兰教授曾于1987年提出了“成本驱动因素”，即成本动因理论，为战略成本管理的实施奠定了十分有力的理论基础。他们认为战略成本管理是要把间接成本与隐藏其后的“推动力”联系起来。这种隐藏在间接成本之后的推动力，就是他们所称的“成本动因”。尽管目前对成本动因的一般定义已达成共识，但在传统成本管理中，有形的成本动因往往被认为是主要的成本动因。事实上，如果我们以更宽广的视野来看待影响成本的因素就会发现，一些有形的成本动因并不是影响企业成本的最主要的因素，而无形的成本动因却对企业成本影响很大，因而更需要从战略上予以综合考虑。

（二）根据成本动因的基本含义，成本动因可分为微观层次和战略层次

①微观层次是与企业具体生产作业相关的成本动因，如作业量、物耗等生产经营性成本动因。

②战略（宏观）层次上的成本动因，如规模、技术多样性、质量管理等经营战略性成本动因，这类成本动因大多是无形的。

无形的成本动因主要是从企业整体战略这一宏观角度出发来考虑的，也就是战略成本动因。在战略成本管理方式下，成本动因的分析超出了传统成本分析的狭隘范围（企业内部、责任中心）和少量因素（产量、物耗），而代之以更宽广的与战略相结合的方式来分析成本动因。战略成本管理所注重的无形的成本动因，恰恰是被传统成本管理所忽视的。

（三）无形的成本动因具有以下特点：

①与企业的战略密切相关。

②形成需要较长的时间，且一经形成很难改变。

③对产品成本的影响更长期、更持久、更深远。

④对成本的影响比重比较大，可塑性也大。

可见，无形成本动因是影响企业成本的关键因素。以无形成本动因作为突破口进行战略成本管理，不仅可以控制住企业日常经营中的大量潜在的成本问题，而且有利于企业取得持久的竞争优势。

（四）瑞利将无形的战略成本动因分为结构性成本动因与执行性成本动因

1. 结构性成本动因

结构性成本动因是指决定企业基础经济结构的成本动因。它往往发生在开始生产之前，不仅决定了企业的产品成本，而且也会对企业的产品质量、人力资源、财务、生产

经营等方面产生极其重要的影响。结构性成本动因通常包括以下几点：

（1）规模经济

一般来说，在价值链活动规模较大时，活动的效率是可以提高的，成本动因分摊于较大规模的业务量而使单位成本降低，即增加使用企业共享资源的规模和频率，可以降低产品成本。

（2）整合程度

整合是指企业为了让自己的业务领域更广泛、更直接，将企业的业务流向两端延伸，如生产商直接销售、零部件内制和与原材料供应商联营等。加强整合能够带来竞争优势。

（3）学习与溢出

企业价值链活动可以通过学习提高作业效率从而使成本下降。学习的效应在企业刚建立时表现突出，在企业发展非常成熟阶段可能不太明显。学习还存在一个溢出的问题，即学习的成果可以通过咨询顾问、新闻媒体、供应商等渠道从一个企业流到另一个企业。注意学习的溢出对保持成本优势至关重要。

（4）地理位置

由于地理位置几乎对所有价值活动的成本均有影响，所以要求企业在进行厂址的选择、工业布局活动中慎重行事。

（5）技术

任何企业都涉及大量的技术，优势的技术能为企业带来持久的成本优势。

对结构性成本动因而言，并不是程度越高越好，而是存在一个适度问题。单纯扩大规模、范围或采用高新技术、追求产品的多样化，对一个企业而言，在一定环境下，并非都是好事。例如，整合并非总是带来成本的降低，也可能造成企业组织弹性的降低，丧失灵活性。又如，技术变革并非总能降低成本。在技术更新迅速、产品日新月异的行业，技术的先行采用者可能因过早行动而面临所引用的技术迅速被淘汰，又无力更新技术的窘境。由此可见，结构性成本动因分析就是分析以上各项成本驱动因素对价值链活动成本的直接影响以及它们之间的相互作用对价值链活动成本的影响。最终可归结为一个“选择”问题：企业应采用何等规模和范围、如何设定目标和总结学习经验、如何选择地理位置和技术等。这种选择能够决定企业的“成本地位”，无疑是企业在经济结构层面的战略选择。

2. 执行性成本动因

执行性成本动因是指与企业执行作业程序相关的成本驱动因素，它是在结构性成本动因决定以后成立的。执行性成本动因反映出一个企业的业务和管理决策如何运用资源去有效地达到企业的战略目标。执行性成本动因通常包括：

（1）生产能力运用模式

生产能力运用模式是指在既定工厂建设规模的前提下，提高生产效率采取的措施，如进行技术改造以及采用先进的生产管理方法等。它主要通过固定成本影响企业的成本水平，当企业的生产能力利用率提高，产量上升时，单位产品的固定成本相对较少，从而引起单位成本的降低。对于固定成本所占比重较大的企业而言，生产能力运用模式将对其产生重大影响。

（2）联系

联系是指各项价值链活动之间的相互关联。这种关联可分为企业内部联系和垂直联系两类。企业内部各种价值活动之间的联系遍布于整个价值链。垂直联系反映的是企业与供应商和销售渠道之间的相互依存关系。

（3）全面质量管理

全面质量管理要求贯穿企业内部价值链形成的全过程，包括原材料采购、加工工序等。产品设计开发乃至产品售后服务等方面进行质量管理，其宗旨是以最少的质量成本获得最优的产品质量。全面质量管理是一个重要的成本动因，它能给企业带来降低成本的重大机会。

（4）员工对企业的向心力

企业的行动是众多具体个人行动的总和。因而，企业各部门的每一名员工都与成本直接相关。战略成本管理要求重视人的因素，强调以人为本、以人治物，充分组织、调动员工的积极性和创造力，增强员工对企业的向心力，从而达到充分降低成本、取得竞争优势的目的。

对执行性成本动因而言，一般认为程度越高越好，因为加强全员参与、进行全面质量管理和全面成本管理都对持续降低成本有利；提高生产能力利用效率、协调整个价值链等都会增加产出、提高效率。这些成本动因若能执行成功，成本就可以降低。

从以上分析还可以看出，执行性成本动因与结构性成本动因有着不同的性质：结构性成本动因分析主要是解决决策层问题，因而，其所要求的战略性选择怎样才是“最优”的问题；而执行性成本动因分析是在企业基础经济结构既定的情况下，提高各种生产执行性因素的能动性及优化它们之间的组合，从而降低价值链总成本。

3. 分析有形和无形成本

如果说，在传统成本管理方式下，分析有形成本动因的目的在于正确计算产品成本；那么在战略成本管理方式下，分析无形成本动因的目的在于创造竞争优势。

从无形成本动因着手来加强成本管理，创造企业竞争优势是战略成本管理的精髓所在。无形的成本动因不仅是战略成本管理的重要理论基础，而且对企业经营管理具有非常重要的现实意义。在战略成本管理方兴未艾的今天，确认和分析无形成本动因是务实和明智的。

第九章 财务成本资金、收入与利润控制

第一节 流动资金与固定资产投资控制

一、流动资金控制

（一）流动资金归口分级控制责任制度

1. 流动资金归口分级控制责任制度的基本内容

流动资金是企业组织生产经营的重要条件，它的使用，涉及企业内外各方面的关系，对生产经营活动有直接影响。因此，在企业范围内只有加强流动资金的集中统一控制，才能保证企业的活动符合党的政策和国家法规的要求，促使供产销互相协调、平衡，加速流动资金周转。

实践证明，在流动资金管理工作中贯彻经济责任制的基本方法是实行统一领导下的归口分级控制责任制度。流动资金归口分级控制责任制度的基本内容包括以下几个方面。

（1）在厂长的领导下，以财务部门作为企业管理资金的专门部门，对企业流动资金进行集中管理。企业财务部门是在厂长领导下统一管理流动资金的职能部门，对全厂流动资金的筹集、使用和调度负全面责任。财务部门的集中管理体现在以下几个方面。

①贯彻国家对流动资金管理的方针、政策、法令、制度，并根据企业的具体情况，制定企业内部的流动资金管理办法；

②筹集资金满足生产经营的需要；

③统一组织流动资金定额的核定，进行全厂综合平衡；

④将流动资金定额指标分解落实，组织归口分级管理，并对各分管部门流动资金的使用情况进行监督；

⑤统筹调度全厂流动资金的使用，平衡财务收支；

⑥集中办理现金出纳、对外结算和银行借款业务；

⑦分析和考核流动资金的使用情况，通过加速流动资金周转，来提高流动资金使用效果。

（2）根据使用和管理相结合的原则，每项资金由哪个部门使用，就归口给哪个部门负责管理，工业企业的流动资金按照管用结合的原则，各项资金归口管理的分工一般为：原料及主要材料、辅助材料、燃料、包装物由供应部门管理；工具由工具部门管理；劳保用品由劳动工资部门管理；在产品、自制半成品由生产部门管理；产成品由销售部门管理；待摊费用、应收款项、货币资金等则由财务部门管理；等等。

（3）各归口管理部门再根据具体情况，将资金定额（或其他有关资金指标）分配给所属单位或个人，实行分级管理。例如：供应部门根据企业的具体情况可将分管的材料按大类或供应环节分别由各条采购供应线、材料仓库或整理准备小组管理；生产部门将在产品或自制半成品由各基本生产车间、辅助生产车间或半成品库管理，生产车间还可以再分解到所属工段、班组；待摊费用、应收款项、货币资金等则由财务部门内部分工管理；等等。

（4）根据权限、责任和利益相结合的原则，对各部门、各级有关人员，应明确规定出管理和使用资金的权限和责任，制定奖惩办法，纳入岗位责任制。同时，按照责、权、利相结合的原则，应承担下列责任：保证经管的物资不发生短缺和损坏，保证资金完整无缺；合理组织各项业务活动，节约使用资金，使资金占用不超过定额；力求从改进供应、生产、销售等工作方面压缩资金占用，从而加速资金周转。

流动资金归口分级控制责任制度是企业内部实行全面经济核算和推行经济责任制的主要方面，贯彻流动资金归口分级控制责任制度，必须做好核定资金定额、按照资金流转过程和经济责任进行指标分解、制定内部结算价格和完善结算形式等工作。如果没有准确的数量概念和合理界限，就没有考核资金效果的客观标准，经济责任也无法分清。为了充分调动企业各部门和全体职工管理流动资金的积极性，还应建立节约流动资金使用的奖励制度，使企业在流动资金管理上做到权、责、利相结合。

2. 核定流动资金定额

企业的流动资金定额，是保证生产经营活动正常进行所必需的最低限度的资金数额。制定流动资金定额是流动资金实行计划管理的基础，对于企业有计划地组织收入、控制支出、监督资金的合理占用、实行流动资金的归口分级控制责任制度，并以定额为依据，检查分析有关经营活动的经济效果等方面都有着重要意义。

核定流动资金定额的基本方法有以下几种：

（1）周转期计算法

周转期计算法是根据各种材料、在产品、产成品的平均每日周转额和周转期（定额日数）来确定资金定额的方法。采用这种方法，应对影响流动资金需要额的各个因素（周转额和周转期）按计划期生产任务、经营条件、产品成本、购销合同以及加速资金周转的具体措施等资料分析计算，逐项制定流动资金定额。一般适用于材料、在产品、产成品中的重点项目。

在生产周期较长、多阶段生产的机械工业企业中，原材料在各生产阶段先后投入使用，生产过程一般分为铸锻、加工、装配三个阶段。铸造车间、锻造车间领用金属材料生产出铸件、锻件后入毛坯库，等待加工车间领用；加工车间将铸件、锻件和各种钢材加工成各种零部件后，又交入零件半成品库，然后由装配车间领用并装配成产成品。在这种情况下，产品占用的资金应以产品为对象，分别按铸造、锻造、加工、装配等车间和毛坯库、零件库加以核定。

（2）因素分析法

因素分析法是以上年度流动资金的实际占用额为基础，对计划年度影响流动资金占用的各种主客观因素进行分析调整后，计算流动资金定额的方法。

采用这种方法时，应考虑以下各项因素变动对资金定额的影响：

①剔除上年度流动资金实际占用数中的不合理部分，如超储积压物资，以保证资金不被挤占。这样既使定额符合正常生产的需要，又有利于挖掘资金潜力，把呆滞的资金挤出来，使“死”资金变成“活”资金。

②计划年度生产增长的影响。在流动资金中原材料、在产品、产成品等项目的占用额一般和生产增长幅度呈比例变动；而辅助材料、低值易耗品、修理用备件等虽与产量有一定联系，但并不呈比例增长；应根据流动资金各个项目的占用额与产量之间的不同依存关系分别按计划期的生产任务进行调整。

③计划年度成本变动的影响。在其他条件不变的情况下，流动资金占用额和材料采购成本、产品生产成本的升降一般呈比例变动。

④计划年度周转期变动的影响。各个阶段流动资金周转期的长短受供应、生产、销售等各种因素的影响。例如，改进供应工作，合理安排到货日期和进货批量，可以缩短供应间隔日期；确定经济合理的生产批量，做到均衡生产，可以缩短生产周期；以销定产，生产适销对路的商品可以减少成品资金的储存日期等。

（3）比例计算法

比例计算法是根据流动资金与产值、销售收入、产品成本等有关因素之间的比例关系来核定流动资金定额的方法。采用这种方法对上年流动资金实际占用额中的不合理因素也应予以剔除，并考虑计划年度由于主客观条件变化对加速流动资金周转的影响。

比例计算法虽较简便，但因流动资金占用额并非简单地和某种因素呈比例关系，而是受多种因素影响，因此，上式中计划年度的资金周转加速率应根据前文所述影响流动资金需要额的各种因素加以分析确定，才能使定额具有先进性和可靠性。

（二）存货控制

1. 存货控制的目标

存货是指企业在生产经营过程中为销售或者耗用所储备的物资。包括材料、燃料、低值易耗品、在产品、半成品、产成品、协作件、商品等。

如果企业能在生产投料时随时购入所需的原材料，或者能在销售时随时购入该项商品，就不需要存货，因为有了存货就要占用资金，甚至资金的占用量会很大。但实际上，企业总有储存存货的需要。这种存货的需要，出自以下原因：

（1）保证生产或销售的经营需要

实际上，企业很少能做到随时购入生产或销售所需的各种物资，即使是市场供应量充足的物资也是如此。这不仅因为有时会出现某种材料的市场断档，还因为企业距供货点较远而需要必要的途中运输及可能出现运输故障。

（2）出自价格的考虑

通常零星采购物资的价格较高，而整批购买在价格上往往有所优惠。但过多的存货要占用较大资金，并且会增加包括仓储费、保险费、维护费、管理人员工资在内的各项开支。

2. 储备存货的有关成本

与储备存货有关的成本，包括以下三种：

（1）取得成本

取得成本是指为取得某种存货而支出的成本，通常用 *TCa* 来表示。其下又分为订货成本和购置成本。

①订货成本

订货成本指取得订单的成本，如办公费、差旅费、邮资、电报、电话费等支出。订货成本中有一部分与订货次数无关，如常设采购机构的基本开支等，称为订货的固定成本，用 *F*1 表示。另一部分与订货次数有关，如差旅费、邮资等，称为订货的变动成本。每次订货的变动成本用 *K* 表示；订货次数等于存货年需要量 *D* 与每次进货批量 *Q* 之商。订货成本的计算为：

$$\frac{D}{Q}\times K+F1$$

9-1

②购置成本

购置成本指存货本身的价值，经常用数量与单价的乘积来确定。年需要量用XT表示，单价用 *U* 表示，于是购置成本为 $D\times U$。

订货成本加上购置成本，就等于存货的取得成本。其公式可表达为：

取得成本 = 订货成本 + 购置成本

= 订货固定成本 + 订货变动成本 + 购置成本

$$TCa = F1 + \frac{D}{Q} \times K + D \times U$$

9-2

（2）储存成本

储存成本指为保持存货而发生的成本，包括存货占用资金所应计的利息（若企业用现有现金购买存货，使其失去了现金存放银行或投资于证券本应取得的利息，是为“放弃利息”；若企业借款购买存货，便要支付利息费用，是为“付出利息”）、仓库费用、保险费用、存货破损和变质损失等，通常用 *TCc* 来表示。

储存成本也分为固定成本和变动成本。固定成本与存货数量的多少无关，如仓库折旧、仓库职工的固定月工资等，常用 *F*2 表示。变动成本与存货的数量有关，如存货资金的应计利息、存货的破损和变质损失、存货的保险费用等，单位变动成本用 *Kc* 表示。用公式表达的储存成本为：

储存成本 = 储存固定成本 + 储存变动成本

$$TCc = F2 + Kc \times \frac{Q}{2}$$

9-3

（3）缺货成本

缺货成本指由于存货供应中断而造成的损失，包括材料供应中断造成的停工损失，产成品库存缺货造成的拖欠发货损失和丧失销售机会的损失；如果生产企业以紧急采购代用材料解决库存材料中断之急，那么缺货成本表现为紧急额外购入成本。缺货成本用 *TCs* 表示。

如果以 *TC* 来表示储备存货的总成本，它的计算公式则为：

$$TC = TCa + TCc + TCs$$

$$= F1 + \frac{D}{Q} \times K + D \times U + F2 + Kc \times \frac{Q}{2} + ICs$$

9-4

企业存货的最优化，即使上式 *TC* 值最小。

3. 存货控制方法

（1）经济订货量法

进货的控制涉及四项内容：决定进货项目、选择供应单位、决定进货时间、决定进货批量。决定进货项目和选择供应单位是销售部门、采购部门和生产部门的职责。按照存货控制的目标，需要通过合理的进货批量和进货时间，使存货的总成本降为最低，这个批量叫作经济订货量。有了经济订货量，可以很容易地找出最适宜的进货时间。

与存货总成本有关的变量（影响总成本的因素）很多，为了解决比较复杂的问题，有必要简化或舍弃一些变量，先研究解决简单的问题，然后再扩展到复杂的问题。这需要设立一些假设，在此基础上建立经济订货量的基本模型。

（2）经济生产批量法

在分批生产的企业，每批投产量应为多大才算是最经济，也是一个值得研究的问题，也就是说在成批生产的企业，有个确定经济生产批量的问题。

①生产准备成本和储存成本

在上述经济订货量的计算中，订货成本与储存成本起相互制约作用，而在经济生产批量中，不存在订货成本，但在每批产品投产前要耗费准备成本。

生产准备成本就是在每批产品投产以前所需的设计图纸、模具、工艺规程、工具等所耗用的人工和原材料等成本。这类成本一般不以每批产量的多少为转移，而是随着全年投产批次的多少而变动，所以相当于经济订货量中的一次订货成本。

在全年产品投产总量不变的情况下，减少投产批次，可以降低全年生产准备成本，但由于减少批次会增大批量，使全年储存成本增加；如果减少批量，则可以降低储存成本，但因批量减少而增加全年投产批次，会引起准备成本增加。

②经济生产批量的计算

经济生产批量是指产品在生产过程中，全年所发生的准备成本和储存成本之和为最低的每批投产量。可以应用前述的经济订货量的计算原理来计算经济生产批量。

设：D—— 全年总产量；

K—— 每批的准备成本；

Kc—— 单位产品年储存成本；

Q—— 每批投产量。

则：全年准备成本=$\frac{D}{Q}\times K$

全年储存成本 = 平均储存量 $\times K$

平均储存量是最高储存量的一半，在计算经济订货量时，假定一次订货的订货量 Q 全额同时到达，所以最高储存量就是一次订货量，平均储存量就是一次订货量的二分之一。但一批产品完工入库不一定如此，有些企业可以成批生产，成批完工，则其平均储存量也可以按投产批量的二分之一计算；有些企业成批生产，但陆续完工入库，陆续领用，则其最高储存量并不等于投产批量。

（3）存货控制的其他方法

做好存货管理工作除以上介绍的经济订货量与经济生产批量控制方法之外，为了使存货控制在最优水平，还必须采取一系列科学有效的存货控制措施，不仅要提供充实而适用的物资，满足企业生产经营的正常需要，还必须建立相应的存货信息系统，为管理部门提供及时而正确的资料。在日常工作中，还有如下几种存货控制法。

①ABC分析法

ABC分析法是将企业的各种存货按需要耗用额的大小分为A、B、C三类，区别对待，突出重点，用不同的要求和方法来计划和控制不同类别的存货。A类存货品种少，大约只占全部存货品种数的10%，但单位价值高，一定期间耗用金额要占全部材料耗用金额的70%左右；C类存货品种多，大约占全部存货总品种数的70%，但一定期间耗用金额只占全部材料耗用金额的10%左右；B类则介于这两者之间，从品种数和一定期间耗用金额来看，大约都占20%。

②周期检视法

周期检视法就是按预定的周期（每周、每月）定期检查各项存货的实有存量，以确定是否需要补充和应该补充多少，此法最适于对B类存货的控制。

检视周期的长短，可根据各项存货的不同情况而定。一般来说，价格较高，货源较不稳定，与企业生产、销售的关系较为密切的存货，其周期应较短；反之，则其周期可以较长。

这种方法的特点是不预先确定每次订购批量和订货点，而是每一个周期进行一次检视，并根据预定的最高储存量和当时的实际存量，来计算确定应订购、补充的数量，其有关计算公式如下：

$$最高储存量=每天平均用量\times检视周期+保险储备量 \tag{9-5}$$

$$保险储备量=（每天最高用量-每天平均用量）\times检视周期+每天最高用量\times提前时间 \tag{9-6}$$

$$订购量=最高储存量-实际存量 \tag{9-7}$$

企业在采用周期检视法作为其存货控制的一种制度时，必须严格按照预定的检视周期检查、核实有关存货项目的实际存量；否则就有可能因为延误订货而发生存货不足的情况，因为其每一次的订货量，仅能将存货补充至可以满足这一周期的需要水平。

③准时存货控制

传统存货控制的主要目的是发现并保持从原材料、在产品到产成品各种类型存货的最优水平。控制存货水平往往是规定两个极限，因为管理者经常需要避免的有两个危险点：第一是存货不足的危险，这会影响生产，造成脱销；第二是存货过多的危险，这将导致不必要的储存成本和发生陈旧过时。但最优存货控制的实质还是要避免存货不足的危险，认为企业应储存一定数量的存货以应付一些计划外事件的发生，是一种“万无一失”式的存货控制方式。针对传统存货控制存在的问题，人们创建了一种与传统存货控制方式截然不同的存货控制方式——准时存货控制方式，其越来越受到企业广泛的重视和运用。

准时存货控制的主要目的是生产部门生产产品的数量刚好等于被销售数量，零部件数量刚好组装成产品数量，材料采购数量刚好满足零部件生产。这样在任何一个时点都不会发生存货积压情况，也就是说，所有各工作点都把以销定产落实到生产的全过程。

a. 实行准时存货控制的要求

第一，实行准时存货控制要求供应单位保证供应优质材料和优质服务。供应单位要按照买主订单品种、数量，按时按质供应材料。

第二，所选择的供应单位必须愿意接受“少量多次”的运货方式。供应单位往往必须在一天内送货好几次，并且按买主的订单数量精确送达，而不是像一般一个星期甚至一个月定期采购的情形一样。

第三，实现准时存货控制要求每一工序所提供的零件数量刚好是下一工序需要的零件数量。因此，有一两个不合格品就足以封闭整个装配作业，这就要求企业建立严格的内部生产控制系统，要求废品率降低到零或接近于零的水平。

b. 实行准时存货控制的效益

第一，实行准时存货控制系统，可以减少资金占用，企业储存的材料、在产品、产成品数量大为减少，使存货资金占用降低，并且可以节约材料、在产品、产成品的保管费用，减少由于保管不善而造成的损失，以及由于产品过时而造成的风险。

第二，可以降低成本，提高企业经济效益。

第三，建立严密的质量控制系统，可以提高产品质量和服务质量。由于准时存货控制具有上述效益，在国外，特别是日本，已有越来越多的公司采用。

（三）现金控制

现金是立即可以投入流通的交换媒介。显然这里的“现金”是广义的现金。它的首要特点是普遍可接受性，即可以有效地立即用来购买商品、货物、劳务或偿还债务。

1. 现金控制的目标

企业置存现金主要是为满足交易性需要、预防性需要和投机性需要。

交易性需要是指满足日常业务的现金支付需要。企业经常得到收入，也经常发生支出，两者不可能同步同量。收入多于支出时，形成现金置存；收入小于支出时，需要借入现金。

预防性需要是指置存现金以防发生意外的支付。企业有时会出现料想不到的开支，现金流量的不确定性越大，预防性现金的数额也就应越大；反之，企业现金流量的可预测性强，预防性现金数额则可小些。

投机性需要是指置存现金用于不寻常的购买机会，比如遇有廉价原材料或其他资产供应的机会，便可用手头现金大量购入；再如，在适当时机购入价格有利的股票和其他有价证券；等等。

企业缺乏必要的现金，将不能应付业务开支，使企业蒙受损失，企业由此而造成的损失，称为短缺现金成本。短缺现金成本不考虑企业其他资产的变现能力，仅就不能以充足的现金支付购买费用而言，内容上大致包括丧失购买机会（甚至会因缺乏现金不能及时购买原材料，而使生产中断造成停工损失）、造成信用损失和得不到折扣好处。但是，如果企业置存过量的现金，又会因这些资金不能投入周转、无法取得盈利，而遭受另一些损失。

2. 现金管理的有关规定

按照现行制度，国家有关部门对企业使用现金制定了管理规定，目前仍是企业所应遵守的。这些规定主要是：

①规定了现金使用范围。这里的现金指人民币现钞，即企业用现钞从事交易，只能在一定范围内进行。该范围包括：支付职工工资、津贴；支付个人劳务报酬；支付各种劳保、福利费用以及国家规定的对个人的其他支出；向个人收购农副产品和其他物资的价款；出差人员的差旅费；结算起点（1000元）以下的零星支出。

②规定了库存现金限额。这里的现金，也指人民币现钞。企业库存现钞，由其开户银行根据企业的实际需要核定限额，一般以三天至五天的零星开支额为限。

③不得坐支现金。即企业不得从本单位的人民币现钞收入中直接支付交易款。现钞收入应于当日终了时送存开户银行。

④不得出租、出借银行账户。

⑤不得套用银行信用。

⑥不得签发空头支票和远期支票。

⑦不得保存账外公款。包括不得将公款以个人名义存入银行和保存账外现钞等各种形式的账外公款。

3. 影响现金余额水平的因素

要管好用好现金，首先要分析研究影响现金余额水平的因素。通常情况下，可以从以下几个方面来考虑：

（1）宏观经济状况的变化

国家的政治经济形势及有关财政、银行、税收等政策发生变化，会在很大程度上影响企业的现金持有量。

（2）销售季节的变化

任何一个企业都会有产销旺季和淡季。在产销旺季，由于销售增加，需要增加设备、材料、人工和费用的支出，便会降低现金的余额水平。

（3）企业预期的现金流量

预期的现金流量主要取决于企业销售量的大小和企业产品在其生命周期中所处的阶段。

（4）重要临时性支出

企业在未来某个时期要购进设备或要进行基本建设，与日常性活动相比，其支出数额大，可能需要通过较长一段时间为其筹集资金，这些资金在支付之前，会增加现金的余额；而支付后，则会急剧降低其余额。

（5）企业应付紧急情况的借款能力

如果企业有很好的借款能力，就不需要持有较多的现金。

4. 现金收支控制

企业在经营过程中，要处理大量的现金收支业务。进行现金收支控制，需要做好以下几个方面的工作。

（1）完善企业现金收支的内部控制

企业现金收支，首先应保证不出差错，财产安全完整。这需要完善现金收支的内部控制。主要有：

①现金收支的职责分工与内部牵制。这主要指现金的保管职责与记账职责应由不同人员担任，业务的执行要由不同职责的人员共同完成，以防止或减少误差的发生。

②现金的及时清理。现金收支应做到日清月结，确保库存现金的账面余额与实际库存额相吻合；银行存款账余额与银行对账单余额相吻合；现金、银行存款日记账数额分别与现金、银行存款总账数额相吻合。

③现金收支凭证的管理。包括强化收据与发票的领用制度，空白凭证与使用过凭证的管理等等。

④按照国家的有关现金使用规定和结算纪律处理现金收支。

（2）制定现金预算和按预算安排现金收支

从理论上，企业如果能使现金收入量与流出量同时等量地发生，便可以极大限度地利用资金，不需要置存现金。但实际上这几乎是不可能的。企业能够切实做到的，是尽可能准确地预测现金流入和流出，确定适当的现金置存额，并及早采取措施合理安排使用多余的现金或弥补现金的不足，以充分发挥现金的使用效益和保证经营的现金需要。

现金预算的内容，包括现金收入、现金支出、现金多余或不足的计算，以及不足部分的筹措方案和多余部分的利用方案等。它可以分开编成短期现金收支预算和短期信贷预算两个预算，也可以合在一起编成一个预算。

现金预算实际上是其他预算有关现金收支部分的汇总，以及收支差额平衡措施的具体计划。它的编制，要以其他各项预算为基础，或者说其他预算在编制时要为现金预算做好数据准备。

（3）现金日常管理的策略

现金日常管理的目的在于提高现金使用效率，为达到这一目的，可运用下列策略：

①力争现金流量同步

如果企业能尽量使它的现金流入与现金流出发生的时间趋于一致，就可以使其所持有的交易性现金余额降到最低水平。

②使用现金浮游量

从企业开出支票，收款人收到支票并存入银行，至银行将款项划出企业账户，中间需要一段时间。现金在这段时间的占用称为现金浮游量，在这段时间里，尽管企业已开出了支票，却仍可动用在活期存款账户上的这笔资金。

③加速收款

这主要指缩短应收账款的时间。发生应收账款会增加企业的资金占用，但它又是必要的，因为可以扩大销售规模、增加销售收入。问题在于如何既利用应收账款吸引顾客，又缩短收款时间。企业财务成本控制要在这两者之间找到适当的平衡点，并需实施妥善的收账策略。

④推迟应付款的支付

推迟应付款的支付是指企业在不影响自己信誉的前提下，尽可能地推迟应付款的支付期，充分运用供货方所提供的信用优惠。如遇企业急需现金，甚至可以放弃供货方的折扣优惠，在信用期的最后一天支付款项。

二、固定资产投资控制

（一）固定资产投资的特点

固定资产投资是指用于固定资产扩大再生产和简单再生产的投资。它既包括基本建设投资，也包括对现有固定资产进行挖潜、革新、改造的投资。

固定资产投资的特点是：

1. 固定资产投资额度较大

企业的固定资产是企业生产经营的技术装备和生产的物质技术基础，所需投资额一般较大，即一次需要投入大量的资金。

2. 投资回收期长

固定资产的投资回收期是指该项目所取得的收益，达到回收期投资额所需要的时间。固定资产回收期较长，一般都在一年以上。

3. 投资的弹性小

固定资产投资方案一旦实施，再做较大范围的改变或调整就相当困难。

4. 投资的风险较大

固定资产投资是一项长期事业，固定资产投资方案一旦实施，所形成的固定资产将长期影响企业的生产和经营，而在这较长的时期内，市场和企业供产销、人财物等因素经常变化，不确定因素较多。

（二）投资项目的可行性研究

固定资产投资数额大、投资回收期长、投资的弹性小、投资的风险较大，投资决策的正确与否，不仅关系投资项目的成败，而且从一定程度上影响企业未来的发展。

投资项目的可行性研究是指综合运用技术科学、经济科学以及社会科学知识，对投资项目进行系统调查、科学分析和效益评价的过程。投资项目的可行性研究，一般包括以下几方面内容：

1. 该投资项目技术上是否可行

所投资项目在技术上先进、适用、可靠，这是投资项目可行的基本前提。

2. 投资项目经济上是否合理

投资的目的就是取得尽可能好的经济效益。

3. 需要多少投资

进行可行性研究，必须预算项目的总投资支出为多少。

4. 人力、物力资源的供应

能否找到所需管理人员、技术工人和操作人员；所需原材料、燃料、动力等有无可靠且稳定的供应来源。

5. 能否筹集到资金

通过各种渠道，采取各种方式筹集到的资金能否满足投资需要，投资项目所需资金是否有一定的来源作保证。

6. 市场需求情况

研究市场对本投资项目产品的需求情况，如本企业产品是否适应市场需要、竞争能力如何以及产品寿命周期长短等。

7. 需要多长建设时间

建设时间越短，投产越早，则收回投资的时间就越早。

8. 自然环境的适应性

如地理位置、气候条件、运输条件、生态环境等，凡是与周围环境严重不适应的项目，该投资方案是不可行的。

（三）固定资产投资方案评价方法

1. 投资回收期法

投资回收期法是根据收回全部投资额所需要的时间来评价投资项目是否可行的

方法。

决定固定资产投资回收期的因素有两个：一是投资额的大小，二是每年收回资金额的多少。投资回收期的计算公式如下：

$$投资回收期=\frac{投资总额}{每年收回资金额}$$

9–8

2. 净现值法

净现值是一项投资在整个存续期内的现金流入量的总现值超过现金流出量的总现值的差额。净现值的计算公式如下：

$$净现值=投资项目未来现金流入量的总现值-投资项目现金流出量的总现值$$

9–9

净现值法是根据投资项目的净现值来评判投资项目是否可行的方法。其具体做法是：在进行投资项目可行性研究时，净现值大于零，则投资项目可行；净现值小于或等于零，则投资项目不可行。

净现值法的缺点：净现值法计算出来的净现值是一个绝对值，只能反映投资报酬额，不能表示各个投资方案可能达到的实际投资报酬率。另外，净现值不能用来比较投资总额不相等的方案。净现值是投资方案现金流入量的现值与流出量的现值相减的结果，在投资额不同的几个方案中，单凭净现值的绝对量很难做出对各投资方案的正确评价，因为在这种情况下，不同投资方案的净现值实际上是不可比的。

3. 现值指数法

现值指数是指投资方案现金流入量的总现值同现金流出量总现值之比值，它用以说明每一元的现金流出，可以获得的现金流入量的现值是多少。

现值指数是一种反映投资回收能力的相对指标，使不同投资方案具有共同的可比基础，其适用性更广泛。计算公式如下：

$$现值指数=\frac{投资方案现金流入量的总现值}{投资方案现金流出量的总现值}$$

9–10

现值指数法是根据投资方案的现值指数来评判投资方案是否可行和比较投资方案优劣的方法。在进行投资项目可行性研究时，现值指数大于1，意味着该投资方案收回投资以后，还可获利，故此投资方案可行；现值指数小于或等于1，意味着该投资方案连投资本金都收不回来或刚够收回本金而无利可图，因此，该投资方案不可行。如果是几个投资方案进行比较，则现值指数大者为优，现值指数越大越好。

（四）投资方案决策分析

1. 确定性投资决策分析

上面介绍的经济评价指标是评价投资项目优劣的标准和量度。为正确地进行方案的对比与选优，要从不同投资方案之间的关系着眼，将投资方案区分为独立方案和相互排斥方案两类。对于这类投资方案来说，在资金总量没有限制的条件下，是通过经济评价指标的计算来权衡其经济上是否可行，决定取舍，不存在方案之间的对比、选优问题。如果一定期间内资金总量不足，不可能满足已经选定的经济上可行的全部方案的需要，在这种情况下，已选定的经济上可行的独立方案，也有一个或者优先安排，或者后续安排的抉择问题，因而也就同样要进行相互对比和筛选了。对于相互排斥的方案，则在两个以上的待选项目中，有取必有舍，不能同时并存。

（1）独立方案的决策分析

对于独立方案的决策，常用的评价方法是净现值法和内部报酬率法为一个独立方案的净现值如为正值，说明该方案可实现的投资报酬率大于所用的贴现率，经济上可行；如其净现值为负值，说明该方案可实现的投资报酬率小于要求达到的最低报酬率，经济上不可行；如原投资额相同，净现值越大，说明可实现的投资报酬率越高。同时，如果方案的内部报酬率大于要求达到的最低报酬率，经济上可行；小于要求达到的最低报酬率，经济上不可行。

（2）互斥方案的决策分析

互斥方案的选优，可用差量分析原理进行比较，增量投资如能获得要求达到的最低报酬率，则增量投资经济上是可取的，具体可计算增量投资净现值或增量投资内部报酬率。

增量投资的内部报酬率大于要求的最低投资报酬率，投资额大的方案较优；反之，投资额小的较优。

2. 风险投资决策分析

前面在讨论投资决策时，曾假定现金流量是确定的，即可以确知现金收支的金额及其发生时间。实际上，投资活动充满了不确定性。如果决策面临的不确定性比较小，一般可忽略它们的影响，把决策视为确定情况下的决策。

投资风险分析的常用方法是风险调整贴现率法和肯定当量法，现分别介绍如下：

（1）风险调整贴现率法

投资风险分析最常用的方法是风险调整贴现率法。这种方法的基本思想是对于高风险的项目，采用较高的贴现率去计算净现值，然后根据净现值法的规则来选择方案。问题的关键是如何根据风险的大小确定包括了风险因素的贴现率即风险调整贴现率。

风险和报酬的基本关系是风险越大，要求的报酬率越高。各投资项目的风险大小是不同的，在投资报酬率相同的情况下，人们都会选择风险小的投资，结果竞争使其风险增加，报酬率下降。最终，高风险的项目必须有高报酬，否则就没有人投资；低报酬的项目必须风险很低，否则也没有人投资。

（2）肯定当量法

为了克服风险调整贴现率的缺点，人们提出了肯定当量法。这种方法的基本思路是先用一个系数把有风险的现金收支调整为无风险的现金收支，然后用无风险的贴现率去计算净现值，以便用净现值法的规则判断投资机会的可取程度。

3. 投资方案的敏感性分析

对投资方案进行评价时，所依据的各种参数，如一年净收益、固定资产的寿命期和残值等都是估计数。由于主观估计上的误差和客观情况的变化，使实际发生数与原估计数有偏离，从而使实际结果同原先分析所得的结论不同。原来认为可接受的方案，可能变得不可接受，原来认为最优的方案可能变成不是最优的了，以致给企业造成被动局面，并给经济带来损失，为了避免这种情况的发生，在决策时，应对各项数据偏离估计数可能造成的影响有多大程度进行分析，这种分析称为敏感性分析。

通过敏感性分析，可以使人们预见到，预计的某一相关因素在多大范围内变动，还不会影响原定决策的有效性，如超过一定范围，原来的选择就不得不进行修正了，这样，就可以避免对原来分析评价所得的结论作绝对化理解，而且便于事先考虑较为灵活的对策和措施，以防止因决策失误而给企业带来不应有的损失。

如果测出某一相关因素的敏感性很强，决策分析者有必要通过调查研究，对这一相关因素再作一次更加慎重的预测，并据以对投资项目重新评价和选择，若原投资项目仍然中选，那么就应拟定对策，以防不测。可见敏感性分析对投资项目的正确评价和投资决策的正确执行，具有十分重要的意义。

投资决策的敏感性分析可以采取测算相关因素变动对项目投资决策指标的影响程度，或测算能够保持项目评选原有结论不变的容许变动范围。

第二节　销售预测分析与收入控制

一、销售预测分析

（一）销售价格预测

1. 工业品价格预测

（1）价格预测的含义

价格预测是根据价格运动变化的规律，通过对构成和影响价格变化的各种因素的分析，对商品价格的未来动向和趋势做出判断和推测。

（2）工业品价格的构成及其影响因素

工业品价格从流转环节来看，它指的是市场最初价格；从市场主体来看，它指的是工业企业生产者价格，即工业品出厂价格。在价值形态上的价值转化为价格构成的三个因素为生产成本、国家税金和企业利润。

①生产成本

生产成本是价值构成中的物化劳动价值 C 和劳动者新创造的用以补偿劳动力价值 V 的转化形态，是指在生产领域生产一定数量的产品时所耗费的物质资料和劳动报酬的货币形态。它是工业品价值的重要组成部分。

②国家税金

国家税金是生产者为社会创造和占有的价值的表现形态，税金是价格的构成因素，国家是通过法令形式强制规定各类产品的税率并进行征收的。

③企业利润

企业利润是生产者为社会创造和占有的价值的表现形态，是价格的构成因素，是企业扩大再生产的重要资金来源。

（3）工业品价格预测的主要方法

按预测方法在价格预测分析中的不同作用，可分为定性预测方法和定量分析方法。

①定性预测方法

定性预测法亦称直观预测、经验判断预测，即依靠个人主观经验、知识和直观材料，对工业品价格的未来动向做出性质和程度上的判断和预测。在运用该方法时，常通过加权、打分形式，使定性信息转化为定量信息，以提高预测精度。该方法具体包括专家意见法和集合意见法，适合于新产品价格预测。

a. 专家意见法。即以专家为索取价格信息的对象，根据专家的知识和经验进行价格预测。

b. 集合意见法，又称主观概率法。即参加预测人员凭经验对某种文件出现的可能性做出某种估计，然后将之集中起来，形成预测意见。

②定量分析方法

定量分析方法是通过统计分析和建立数学模型，定量揭示工业品出厂价格与其他经济变量之间的因果联系和影响程度，并据此进行价格预测。

构成要素预测法。构成要素预测法是通过预测工业品出厂价格的构成要素，即预计成本、预计税金、预计目标利润来预测工业品出厂价格。其数学公式是：

$$\text{工业品出厂价格} = \text{预计生产成本} + \text{预计税金} + \text{目标利润} \quad 9\text{-}11$$

$$\text{单位工业品出厂价格} = \text{工业品出厂价格} / \text{预计销量} \quad 9\text{-}12$$

2. 商业价格预测

（1）商业价格的构成及影响因素

商业价格是指商品流通企业在商品经营过程中商品的价格，它包括批发价格和零售价格两个方面。批发价格是批发企业向零售企业或直接从批发企业进货的其他企业或个人出售商品时所使用的一种价格，是中间价格。零售价格是消费者向零售企业购买商品时所使用的价格，这一种价格属于最终价格，它是商品流转中最后一个环节的价格。批发价格包括商品的出厂价格、批发流通费、批发企业的利税。零售价格包括商品的批发价格、零售部门的费用、零售部门的利税。用公式表述为：

$$商品批发价格 = 商品出厂价格 + 批发流通费用 + 批发企业的利税 \tag{9-13}$$

$$商品零售价格 = 商品批发价格 + 零售部门的费用 + 零售部门的利税 \tag{9-14}$$

影响商业价格除了有产品成本、税金、利润等因素之外，还有商业企业的流通费用、消费者需求、商品特征、竞争者行为、市场结构、货币价值、政府干预、社会经济状况等因素对商业价格产生重要的影响。

（2）商业价格预测方法

商业价格预测方法同样可以分为定性预测法、回归预测法和季节指数法，又称温斯特法。

①定性预测法

商业价格预测的定性预测法主要有意见集合法、专家会议法、专家小组法。此类方法主要适用于新商品的价格预测及价格变动趋势预测。

②回归预测法

即根据历史价格数据拟合一条较为逼近的趋势线，然后把这条趋势线向外推移，从而达到价格预测的目的。趋势线的建立常利用最小二乘法，通过建立价格数据与时间之间的回归方程而求得。回归预测法主要有直线回归预测法和曲线回归预测法，适用于中短期价格预测。

③季节指数法，又称温斯特法

它是对具有季节性变化趋势的商品价格进行预测的一种方法。移动平均法、指数平滑法、回归分析法等预测模型在消除不规则变动的同时，往往也会消除季节性的波动，而这对呈现季节性变化的价格预测是极为不利的，为此需采用季节指数预测法。

（二）销售预测

1. 以销定产下的商品销售量预测

（1）销售预测的意义

销售预测是根据某种产品历史的销售资料和其他有关数据，对其在未来一定时期内的销售变动趋势进行科学的判断和预计，以确定该种产品的销售量（销售额）的期望值。搞好企业的销售预测不仅有利于提高企业经营决策的科学性，还可使企业的经营目标同社会生产的发展和人民消费的需要相适应，便于以销定产，使企业产品的生产、销售、调拨和库存之间密切衔接，从而提高企业的经济效益。如果企业预测销售量扩大，企业就需要追加一定资金；如果企业预测销售量缩小，企业就要压缩生产，把剩余的那部分资金作其他方面的投资，增强企业的盈利能力，避免资金闲置。

（2）销售预测的基本要求

销售预测是一项复杂、细致的工作，为保证这一工作能够达到预期的效果，避免不必要的疏漏和失误，在进行实地销售预测时，应当遵循的基本要求有：

①大量占有市场信息

销售预测实际上是根据大量销售资料，对有关产品未来的市场需求所进行的科学分析和测算。为保证销售预测工作的正常开展，首先必须取得同市场需求相关联的各种信息，其中包括过去的和现在的、实际的和预计的、数量的和非数量的等等。

②综合考察影响因素

销售预测同市场需求的变动密切相关，而影响市场需求变动的因素又是错综复杂的。为保证预测结果的正确可靠，就必须涉及市场需求的各种因素，如内部因素和外部因素、经济因素和技术因素、现实因素和潜在因素等，进行全面、客观的考察和分析，据以得出正确、可信的预测结果。

③运用正确的分析方法

正确的预测结果，离不开正确的分析（预测）方法。为使销售预测结果能符合企业的实际销售情况，在选择和运用预测方法的问题上，必须将定量的分析方法和定性的分析方法有机地结合起来，相互取长补短，不可偏废。这是因为：在影响销售发生变动的各种因素中，有些因素的影响方面和程度可以用特定的方法进行精确的计量和测算，并能将其结果以数量形式给予集中反映。但是，另外还有一些因素，它们对销售变动所产生的影响，很难像前者那样精密化、定量化，只能借助管理者的专业知识、实践经验和综合分析能力，对有关因素的影响方向和程度做出某种主观判断和估量。

④正确对待预测结果

销售预测是紧紧围绕着瞬息万变、竞争激烈的市场情势而展开的，其预测结果往往带有某种局限性，或者存在着某种不确定性。因此，不论是用什么方法得到的预测结果，都应采取客观的、实事求是的态度正确对待，切忌将其绝对化。这是因为，在变化迅速、竞争日益加剧的市场条件下，必然存在着由多种原因导致的市场风险。这样，在进行销售预测时，就应充分估计各种市场风险发生的可能性及其大小，并尽可能采取相应的预防措施，以避免或减少风险，使销售预测结果最大限度地接受企业实际经营情况。

⑤全面兼顾社会效益

作为国有企业，特别是国有大中型企业，它们在国民经济中占主导地位。在对有关产品进行销售预测时，必须努力做到：既要考虑本企业未来一定期间的局部利益，又要考虑整个社会长远的全局利益；既要保障本企业全体职工的经济利益，又要保障广大人民群众的经济利益，适应国家宏观调控的需要。

（3）销售量预测的基本方法

科学的预测依赖于科学的预测方法。销售量预测的基本方法有很多，但归纳起来只有两种：定性预测法和定量预测法。

①定性预测法

定性预测法又称直观法或经验判断法。它是根据已有的资料，依靠个人或集体的经验、智慧和分析能力，在调查研究的基础上，通过逻辑推理、观察判断，对某一未来事件的发展趋势做出判断和推测。

第一，统计调查法。

全面调查是对涉及某一产品的所有销售对象进行逐个了解，经综合整理后，探明该产品在未来一定期间内销售量的增减变动趋势。

重点调查是通过对有关产品在某些重点销售单位历史销售情况的调查，经综合分析后，基本上掌握未来一定期间产品销售变动的总体情况。

典型调查是有意识地选择具有代表性的销售单位或用户，或有关因素进行系统、周密的调查，经分析综合后，总结出有关产品需求变化的一般规律，借以全面了解它们的销售情况。

第二，专业人员评定法。

经理评定法，经理评定是由企业负责产品推销业务的有关经理人员，根据他们所拥有的学识和在长期销售工作中积累起来的丰富经验，对其所掌握的历史销售资料进行分析评价后，对有关产品未来期间的销售变动趋势做出判断。

专家意见法，此法又称为德尔菲法。它是应用专家的专业知识和经验加以预测。其具体步骤是：

a. 确定预测目标。

b. 围绕预测目标选定预测专家。要选择，在本专业有一定特长、善于分析问题的专家 10 ~ 30 名。

c. 向专家寄送预测调查表和有关资料。预测调查表必须简单明了，调查问题必须明确。

d. 调查。即专家们根据预测调查表的要求背靠背地提出预测意见。

e. 反馈并反复调查。将整理后的专家意见再分寄给专家，请他们对照修订，再次提出预测意见。

专家意见法的特点是匿名性、反复性、反馈性、统计性。此法的优点是灵活、方便、准确。对产品发展趋势、消费统计趋势的预测都可采用这种方法。

销售人员预测法，就是请本企业的推销人员或商业部门的业务人员对市场情况进行预测，然后汇总成整个企业的预测数。其步骤是：

a. 选择有一定专业知识和工作经验的基层推销人员与销售主管。

b. 以一定的方式征询他们的预测意见，征询前要向他们提供必要的参考资料，让他们结合经验提出判断。

c. 统计、分析、整理他们的意见。

d. 综合预测者的意见，提出预测结果。

第三，其他方法。

主观概率法是有关人员（专家）对某种产品销售量发生增减变动的概率做出主观估计，经一定的计量、推算后，预计该产品未来期间销量增减变动的基本趋势。

市场因子是指在产品销售市场中客观存在的、能对某种产品引发实际需求的有关因素。所谓市场因子法，就是通过对影响某种产品市场需求变动的有关因素进行分析、测算，推断出该产品在未来期间的市场容量。

用户期望法也称用户意见法。就是通过对直接购买、使用其产品的用户进行调查，以预测市场销售量的方法。该法的优点是直接、迅速，能大大缩短信息的反馈时间。同时，这种方法还可以充分发挥销售人员的作用，使其在负责的销售地区边销售边预测，既节省了时间和经费，预测结果又较为切合实际。

头脑风暴法是指采取会议形式，由与会人员就某一预测问题自由地思考和讨论，从而进行预测的一种方法。这种方法要求主持会议者一般不发表意见；与会者不相互批判，自由发表意见，互相启发。采用头脑风暴法往往会涌现出许多新思想、新观念、新方案。

②定量预测法

定量预测法又称数量方法，它主要是根据某一事件的历史变动资料，运用特定的方法对其进行加工、改制或延伸，确定该事件的有关影响因素之间的数量关系和它的变化规律，然后，据以测知未来。这种方法通常在拥有系统完备的历史观察数据，或者对影响未来事件发生变动的有关因素定量化的情况下采用。定量预测法一般包括的具体方法有简单平均法、移动平均法、趋势平均法、指数平滑法、直线回归预测法、指数曲线法、曲线回归预测法、先导指标法、市场调查预测法。

（4）以销定产下的商品销售量预测

以销定产型销售方式有两种情况：一种是按订货合同组织生产的企业，生产的数量基本上就是销售的数量；另一种是直接面向市场的企业，应当根据市场要求安排生产并组织销售。下面我们从定量上来探讨销量预测。

①简单平均法

简单平均法是对某产品过去若干期间的实际销售量进行平均计算，以其简单的平均值作为该产品未来期间销售量预测值的一种销售量预测方法。

②移动平均法

移动平均法是对某产品过去若干期间的实际销售量，分段（按相连续的数个期间）

进行平均计算，以其平均值作为产品未来期间销售量预测值的一种销售量预测方法。

③趋势平均法

趋势平均法是从过去各期实际销售量中，观察其增减变动的基本趋势并使其平均化，从而排除了某一个别销售期（尤其是最后一期）可能存在偶然因素影响的一种销售预测方法。

④指数平滑法

指数平滑法是指对过去不同时期的实际销售量取不同的权数加以平均，来预测未来期销售量的一种方法。在这种方法下，近期和远期的实际销售量对预测未来的影响程度是不同的。

⑤直线回归预测法

直线回归预测法就是根据过去各期实际销售额，求出一条趋势变动直线，并使此直线上各点至实际资料上的对应点之间的距离为最小的数学方法。

2. 以产定销下的商品销售与预测

在社会主义市场经济的条件下，除了由产需双方签订经济合同和根据市场行情来安排生产和销售外，还有一部分企业是由国家宏观计划生产和销售。这种销售方式属于以产定销型。对这种类型企业的商品销售预测，我们要注意以下几个方面：

（1）工业企业的生产计划是确定产品销售量的主要依据

由国家下达生产任务的工业企业，企业应根据生产能力的可能性，安排自己的生产计划。按国家计划生产的产品，其销售数量也由国家有计划地分配。为了鼓励企业增产节约，增强活力，国家允许企业如有超计划的产品，可以自行组织销售。

（2）期初、期末产品结存量对销售量的影响

在连续性生产的工业企业中，产品不间断地生产。因此，凡是期末生产的产品，往往不可能在当期完全销售出去。所以，在按照生产计划确定计划销售量时，必须同时考虑期初、期末产品结存量的影响。计算公式如下：

预计期产品销售量 = 期初结存产品数量 + 本期产品生产数量 − 期末结存产品数量　　9-15

此外，由于企业之间的货款结算很多是采用托收承付结算方式的。在这种条件下，期末发出商品的预计数一般不列入销售量的计划数。因此，上列公式中的期初（末）结存产品数量，通常包括库存产品数量和发出商品数量两个部分，而发出商品既包括正常结算过程中尚未收到货款的部分，也包括购买单位拒绝承付而代为保管的商品在内。

（3）期初结存产品数量和期末结存产品数量的预测

计划期初结存产品数量就是上期期末结存产品数量。但由于编制计划有提前的要求，而基期期末结存产品数量的实际数尚未结出，因此，一般只能采取预测的方法加以确定。计算公式如下：

$$期初结存产品数量=基期三季度末实际结存产品数量+基期第四季度计划生产量-基期第四季度计划销售量$$

9-16

计划期末结存产品数量，一般可根据计划期第四季度的平均日产量和成品资金定额日数计算确定计算公式如下：

$$产品期末结存数量=计划第四季度平均日产量\times成品资金定额日数$$

9-17

在产销条件比较稳定的工业企业中，期末结存产品数量也可以用简单化的方法加以确定，即在基年年末预计结存产品数量的基础上，考虑计划期生产量的变动情况加以调整。计算公式如下：

$$期末结存产品数量=基年年末预计结存产品数量\times\frac{计划期生产量}{基年预计生产量}$$

9-18

二、收入控制

（一）销售控制和责任制

1. 销售控制的意义

所谓销售控制，就是企业销售管理部门为了确保企业经营的效率与收益，实现销售的预定目标，采取一系列的措施对销售活动的全过程加以限制，使之与计划相一致，并在控制活动中通过不断评审和信息反馈，对市场战略及具体的销售活动适时调整的管理活动。

销售控制对企业销售管理具有十分重要的意义：

首先，销售控制是使销售的计划过程与实施过程保持吻合的必不可少的手段。由于未来环境的不确定性，计划在实施过程中往往会受到诸多不可测因素的影响，而使现实偏离计划目标。

其次，销售控制有助于防微杜渐，避免可能出现的重大失误和损失。因为销售控制的目的就在于促使销售计划结果与实际状况更好地吻合起来，它是联结销售管理主观活动和客观活动，并促使这两个过程统一的有力纽带。

最后，销售控制还具有监督和激励功能。通过对销售各环节的权、责、利的合理界定，销售控制可以监督销售人员严格按有关的制度规定的要求开展营销活动，并通过奖惩制度来激励销售人员勤奋工作、敬业守职，提高整个销售工作的质量。

2. 销售控制的方式与程序

（1）销售控制的方式

销售控制的方式有很多，依其控制的具体目标可大致分为以下五种：

①追踪型控制。追踪型控制即对销售活动的全过程进行跟踪监测，实施不间断的控制。

②开关型控制。开关型控制即确定某一标准作为控制的基准器，决定该项工作是否可行。

③事后控制。事后控制即将计划执行的结果与期望标准进行比较，检查其对预期目标的偏离度，并找到偏差产生的原因，进而总结经验和教训。

④集中型控制。集中型控制是指最后决策的制定和调整，均由最高一级系统做出。

⑤全面控制和分类控制。全面控制是对某一活动的各个方面实施控制；而分类控制则是将活动按其类别不同，分别实施控制。

（2）销售控制的程序

销售控制的程序有七步：

第一步，确定控制对象。一般地，控制的内容多、范围广，可获得较多的信息，相应的控制活动费用支出也多。

销售控制的范围很广，其内容不仅包括销售收入、销售成本和销售利润，而且还涉及市场调查、推销人员工作、消费者服务、新产品开发、广告等营销活动。

第二步，设置控制目标，即确定销售活动所要实现的预期目标。这是将计划与控制联结起来的关键环节。

第三步，建立衡量尺度，即建立一套测定销售活动效果的指标体系，亦即衡量尺度。制定衡量尺度的依据大多情况下是企业的销售目标，如目标销售收入、利润率、市场占有率、销售增长率等。

第四步，确定控制标准。控制标准是以某种衡量尺度来表示控制对象的预期活动范围或可接受的活动范围，即对控制标准加以定量化。控制标准的科学确定，能保证和增强控制活动的有效性及增强控制的可操作性。

第五步，比较实际与标准。就是将控制标准与实际结果两相对照，确定实际对标准的偏离程度。比较工作进行的频率要适宜，其依据主要是控制对象的稳定程度，即控制对象是否经常变动及其变动的频率大小。

第六步，分析偏差原因。如果比较实际与标准有偏差或偏离度较大，未能达到预期标准，就需要及时对控制过程进行分析，查找产生偏差的原因所在。产生偏差可能有两种情况：一是计划实施过程中的问题；二是计划本身的问题。

第七步，采取改进措施。针对计划执行过程和疏漏或偏差所在，及时制定改进措施或补救措施，或适当调整销售计划的总目标或分目标。

3. 销售控制的类型及比较

企业销售控制可以按不同的标准划分成各种不同的类型，最通常的一种划分方法是按对销售活动的不同影响，将销售控制划分为年度计划控制、盈利能力控制、效率控制和战略控制四种类型。

年度计划控制是指在本年内采取控制的步骤，检查实际绩效与计划偏差，并采取必要的改正措施；盈利能力控制是指为确定不同产品、地区、最终用户市场以及各销售渠道实际盈利能力等所进行的各项工作；效率控制是要找出提高不同销售工具与销售费用效率的途径；战略控制是指定期检查企业的基本策略是否与企业的发展机会很好地配合。

4. 销售控制系统

年度销售计划控制、盈利能力控制、效率控制和战略控制是四种基本的销售控制方法，四种控制又因控制责任人、目的和方法上的差异而各有侧重。

（1）年度销售计划控制

年度销售计划控制是指在本年内采取控制的步骤，检查企业实际与计划的偏差，并采取必要的改正措施。年度计划控制的重心是目标管理，其主要目的是：①保证企业达到在年度计划中确定的销售额、利润指标及其他指标；②以控制结果作为考核评价各责任部门（或人）的全年工作绩效；③对比实际与计划，寻找差距和潜在的问题，并提出改进措施；④提高高层管理人员对各部门工作监督的效率。

年度销售计划控制包括四个步骤：

第一步，确定目标。管理者必须将年度计划分解为分月、分季的目标。

第二步，绩效测定。管理者对企业在市场上的销售情况进行跟踪监控。

第三步，绩效分析。当营销实绩与计划发生偏差时，找出造成偏差的原因。

第四步，校正行动。管理者对找出的偏差和原因采取校正措施，弥合目标与实际执行结果之间的差距。这就需要改变行动方案或修正目标自身。

年度计划控制模式适用于企业各级管理部门。管理者们进行年度销售计划控制的方法有五种：销售分析、市场占有率分析、销售费用与销售额的对比分析、财务分析和顾客态度追踪。

①销售分析

销售分析是要确定问题产生的时间，影响的具体因素和具体产品或地区的状况，以便采取适当的措施。分析的主要内容是衡量与评价实际销售额与目标销售额的关系。分析的方法有三种：

第一，对比分析。即将销售实绩与销售计划进行对比，分析计划的完成程度。

第二，差异分析。即各因素对销售实绩差额的影响比重分析。

第三，分类分析。即将总销售分解为各产品或各地区具体指标，着眼于个别产品或地区销售额未能达到预期份额的分析。

②市场占有率分析

一个企业销售额的高低并不能表示本企业比竞争对手做得优或劣。因为销售额的增加，可能是由于经济情况的改善而使所有企业都得益；或是因与竞争者相比，企业改进了工作；但是，如果企业的市场占有率提高了，就可能战胜竞争者；如果比竞争者下降了，相对于竞争者而言，企业就损失了。

市场占有率的分析，一般采用如下三种衡量标准：

第一，总体市场占有率。企业的总体市场占有率是以企业的销售额占整个行业总销售额中的百分比表示的。

第二，服务市场占有率。企业的服务市场占有率是以企业销售额占其所服务的市场销售总额的百分比表示的。

第三，相对市场占有率。企业的相对市场占有率是以企业的销售额与几个最大竞争者综合销售额的百分比表示的。

③销售费用率分析

年度计划控制要求企业为实现销售计划目标的费用控制在一定比率之内，不得超支。

销售费用率分析的主要衡量指标是销售费用与销售额之比，这一比率又依据销售费用的组成可分解为一系列指标：销售成本 / 销售额，广告支出 / 销售额，促销费用 / 销售额，销售研究费 / 销售额，销售管理费 / 销售额等。

管理部门必须对这些销售费用比率进行跟踪监控，密切注意其细微的波动，对超过正常波动幅度的费用开支，应及时进行检查分析。

④财务分析

财务分析是年度计划控制中极其重要的一环，它不仅包括企业的销售成本开支、销售收入实现等情况，还是提高资产回报率而进行的财务杠杆安排等内容。通过科学的财务分析，企业管理者可以确定企业怎样去赚钱和在何处赚钱，销售人员可以从财务分析的结果中寻找到增强盈利能力的策略。

⑤顾客态度追踪

顾客之于企业，如水之于鱼。顾客的消费偏好与对企业产品的满意程度，直接影响企业的市场占有率，关系企业在竞争中能否生存发展。因此，对顾客态度的追踪是企业销售控制中必不可少的内容。机警的公司往往会建立专门的制度，借以监视顾客、经销商和其他营销组织参与者对本企业及产品的态度，以便在顾客的偏好与满意对销售额产生影响之前，管理部门就能对其变化进行监控，较早地采取行动。顾客态度追踪的主要制度是：

a. 投诉和建议制度。凡市场导向的企业都应通过在各种消费场所，如旅馆、饭店和银行等设置各种建议卡的形式，给消费者投诉提供最大的方便，鼓励顾客反馈意见。使管理部门能比较全面地取得顾客对公司产品及服务的反映情况。

b. 顾客调查小组。组织一些典型调查对象小组，由同意企业定期电话访问，或邮寄征求意见表方式将他们的态度告诉公司的顾客组成。

c. 顾客调查。企业定期发出征求意见表给一些随机抽样的顾客，以评价职工的友好态度、服务质量等。

（2）效率控制

效率控制就是企业管理决策人员通过对企业盈利能力的分析，发现本企业在某些产品、地区和市场方面的缺陷，并采取一系列措施来管理各营销实体的销售队伍、广告、销售促进和配销活动，提高整个营销实施过程的效率。

①销售队伍的效率

对销售队伍的效率的控制，是由各级销售经理，运用一系列监控指标，对其所管区域的销售人员进行经常性监督检查，及时发现问题，并提出改进措施。

②广告效率

对于广告产生的费用效果，要准确衡量几乎是不可能的，但至少可以通过各种统计数据，得出广告费用的总体效果，这种分析往往只是一种定性的而非定量的。

③销售促进效率

企业促销方式形形色色；对每一种销售促进方式，管理部门都应跟踪监测，记录各促销方式的各项费用与销售效果，以提高销售促进的效率。

（3）战略控制

所谓战略控制，是指销售管理者采取一系列行动，使实际销售工作与原规划尽可能一致，在控制中通过不断评审和信息反馈，对战略不断修正。

在销售领域里，企业按照总体的策划过程所拟定的在销售过程中可能采用的一连串的方案，由于市场销售环境变动很快，可能经常迅速过时，这就要求企业定期地重新评价其对市场的全部做法，进行战略控制。

企业销售战略控制中一般的也是最有效的工具是“销售审计”。所谓销售审计，是对一个企业的销售环境、目标、策略、组织、方法、程序和业务等，做综合的、系统的、独立的和定期性的核查，以便明确困难所在和各种机会，并提出相应的行动计划的建议，从而改进销售管理的效果。

销售审计的一般程序是：

①初审阶段，即准备阶段。其主要工作是明确审计的目的、范围、深度、数据来源及所需时间，掌握主要问题，从而制订出审计工作的计划和方案。

②评审阶段，即计划实施阶段。其主要工作是根据计划内容进一步收集和核定数据，确定评估标准，查阅有关资料，进行实地访问，掌握确切资料。

③审计的结论阶段是审计人员在审计过程中所发现的问题和改进意见和书面总结。

④后续阶段，即追踪阶段。其主要任务是审查对审计结论中所提出的建议以及意见的贯彻情况，并在客观条件发生变化时提出修正意见。

销售审计内容由检查评价企业销售工作的六个主要方面组成：

a. 销售环境审计。

b. 销售战略计划审计。

c. 销售组织审计。

d. 销售系统审计。

e. 销售效率审计。

f. 营销职能审计。

（二）销售合同控制

销售是企业生产的最终环节，企业生产的产品，只有及时地销售出去，收回货款，才能确保企业生产周而复始地循环进行。因此，要使企业生产经营活动能正常进行，就必须把供销售活动中商品的买卖关系用合同固定下来。

销售合同是经济合同的一种，是企业销售部门在产品销售活动中，与购货方签订的具有法律效力的文本契约。它规定了购销双方的权利和义务，即销售方应按合同规定的条件，将其所有的或由其管理的财产及所有权或经营管理权移交给购货方，购货方应按协议要求支付相应的价款。

1. 销售合同的业务组织

（1）组织参加全国集中订货会

全国集中订货一般由国家物资主管部门召开全国订货会，以国家物资分配计划为依据，进行供需衔接签订合同。

（2）组织参加地区订货会

大多企业都能直接参加这种订货会。企业参加这种订货会，可以直接提报资源明细表和需要明细表，与购货方签订购销合同。

（3）组织参加“定点定量”订货会

“定点定量”订货也是由国家业务主管部门统一组织，企业销售部门可以派员直接参加，与购货方直接签订购销合同。

（4）企业自行组织订货会

企业销售部门可以根据市场调节的需要，单独组织本企业的订货会，也可联合同行业企业组织订货会。

2. 销售合同的管理制度

要加强销售合同的控制，就必须制定严密的规章制度；企业销售管理者应经常地监控销售人员遵守制度的情况，及时发现违章违规现象，并予以纠正。

（1）建立销售合同管理制度

为了严格加强对销售合同的控制，企业销售主管部门应按照有关合同法规，并结合本单位的实际情况，建立健全企业销售合同管理制度。其主要内容包括：

①建立合同日常监督制度。

②建立定期核对合同制度。

③对与合同管理有关人员要制定责任制。

④建立合同的审批制度，包括制定合同的传递、登记、保管、注销等的分级管理办法。

⑤建立合同执行情况的考核制度。

⑥建立企业合同审计制度。

（2）加强销售合同业务管理

销售合同的签订，不仅是销售业务开展的第一步，最主要的是如何根据合同的要求，履行好合同，收回货款才算完成合同。

（3）销售合同的台账控制

企业销售主管部门应建立销售合同台账、报表制度，以加强对销售合同的控制。

销售合同的台账有很多种，有序时登记的发货合同；有按产品的类别分类登记的销售登记账；有针对一些主要业务内容用于备查的登记账。

（三）货款回收控制

企业收回销货款的形式依其商品销售形式、销售合同规定的条件不同，有现金、转账支票（同城结算）、银行汇票、托收承付、委托收款等多种形式。以现金、转账支票、银行汇票等形式收回货款，基本上不存在货款回收风险问题；而后几种形式，可能因购货方违约、无力支付等多种因素的影响，而形成货款回收困难的风险。

1. 应收账款控制的目的

应收账款是企业因赊销（指货物在交货或改变法定所有权以后才支付货款）商品或劳务而对其他单位或个人的货币资金索取权，它反映企业赊销的销售额。应收账款属于企业债权性流动资产，就其占用本身来看，不能带来任何资金收益，因此，从企业营利性要求出发，应尽力压缩应收账款。但它是企业向顾客提供的一种信用，而信用条件的优会影响企业的信誉和销售利润额。

2. 应收账款控制

（1）制定总的信用政策

制定对顾客的信用政策，其依据是对顾客信用状况的全面调查和分析，主要从如下五个方面着手，分析研究顾客的信用状况：

①品质。品质是指债务到期，顾客将履行偿还债务的可能性。

②能力。能力是指顾客的还债能力，可以根据顾客资产的流动性做出判断。

③资本。资本状况可以衡量企业的实力并反映其盈利状况。

④担保品。担保品是指客户拒付时能被用来作为抵押的资产。

⑤环境。环境是指市场的竞争环境，包括总的经济形势和竞争状况。

（2）加强应收款的催收工作

尽管企业制定了具体的信用政策，但由于经济环境的复杂多变，仍难免有逾期未付的账款发生，这就要求管理部门提高认识，加强对应收款的催收工作。主要是：

①建立一个能够及时提供应收账款最新情况的管理信息系统。

②制定严谨恰当的催收程序。为确保企业既能及时收回货款，又不至于因催收措施不当而损害与顾客的良好关系，因此有必要确定合理的收账程序。

③借助银行的力量。各单位之间的一切经济往来，除结算起点以下的零星开支以外，都必须经过银行进行转账结算。

第三节　本量利分析与利润控制制度

一、本量利分析

（一）本量利分析基础概述

1. 本量利分析的含义

本量利分析，又称量本利分析，它是指在对成本按形态划分的基础上就成本、业务量、利润三者之间的依存关系所进行的分析。通过对这种联系的研究，可为企业规划、控制，乃至决策提供必要的经济信息和相应的分析手段。

本量利分析是现代成本管理的重要组成部分。运用本量利分析不仅可为企业完成保本、保利条件下应实现的销售量或销售额的预测，而且若将其与风险分析相联系，还可为企业提供化解经营风险的方法和手段，以保证企业既定目标的实现。

2. 本量利分析的基本假定

为了便于揭示成本、业务量及利润三者之间的数量关系，在成本管理中涉及本量利分析时通常以下述假定为前提：

（1）成本按形态划分且采用变动成本法假定

这是指所有的成本费用均按成本性态划分为变动成本与固定成本两大类，对成本按形态进行划分而得到的固定成本和变动成本，是在一定业务量范围内分析和计量的结果。业务量发生变化，特别是变化较大时，即使成本的形态不发生变化（成本性态是有可能变化的），也需要重新加以计量。当然这就构成了新的业务量假设了。期间假设与业务量假设之间是一种相互依存的关系。这种“依存性”表现为在一定期间内业务量往往不变或者变化不大，而一定的业务量又是从属于特定的期间。换句话说，不同期间的业务量往往发生了较大变化，特别是不同期间相距较大时更是如此，而当业务量发生很大变化时，出于成本性态分析的需要，不同的期间也就由此划分了。

（2）相关范围及线性假定

假定在一定时期内，业务量总是保持在成本水平和单价水平不变的范畴内变化，于是固定成本总额的不变性和变动成本单位额的不变性在相关范围内能够得以保证，成本函数表现为线性方程。这一假定排除了在时间和业务量变动的情况下，各生产要素的价格、技术条件、工作效率和生产率以及市场条件变化的可能性。总之，假定在一定时期和一定业务量范围内，成本与销售收入分别表现为一条直线。

（3）产销平衡与品种结构稳定不变假定

这是假定企业生产的产品总能在市场上找到销路，从而实现当期产与销的统一；在各品种生产条件下，当以价值形态表现的产销总量发生变化时，假定其各产品的销售额在全部产品销售总额中所占的比重并不发生变化。

（4）目标利润为营业利润假定

本量利分析中涉及的一个重要指标是利润。在我国，企业财务会计报表中，用于反映利润的指标主要包括产品销售利润、营业利润、利润总额以及净利润等。

以上有关本量利分析的一系列假定，显然是对企业日常具体而复杂的经济业务活动所进行的一种简单化的抽象，这种抽象结果不仅为深入揭示成本、业务量以及利润三者之间的内在联系创造了条件，而且对初学者理解和掌握本量利分析提供了方便。但是我们也应该看到，企业现实的生产经营活动往往会超越上述假定，这就对本量利分析方法的实际应用提出了更高的要求，即切忌盲目套搬滥用。成功的运用必须结合企业自身的实际情况。在运用本量利分析原理进行预测或规划的基础上辅之以必要的调整或修正，或从更深层次的角度研究，建立适合本企业特点的，诸如在完全成本法条件下、产销不平衡条件下或非线性条件下的本量利分析模型，从而克服原有本量利分析方法的局限性，使其得到广泛的应用。

（二）本量利分析的方式方法

1. 本量利分析的基本方程式

建立本量利方程式涉及的基本因素包括以下 5 个，即售价、单位变动成本、产销量、固定成本总额、目标利润。依据上述诸因素之间的关系，即可建立有关本量利分析的基本方程式。

$$\begin{aligned}\text{目标利润} &= \text{销售收入} - \text{销售成本} \\ &= \text{销售收入} - (\text{变动成本总额} - \text{固定成本总额}) \qquad 9\text{-}19\end{aligned}$$

（1）本—量—利（CVP）和价值链

在生产产品和提供劳务的过程中，一个组织要进行一系列的活动才能取得向客户交货的结果。生产产品或提供劳务的一系列活动称为价值链，因为这一链条上的每个环节都会增加消费者购买产品的价值。本—量—利（CVP）分析在价值链的各个环节均可得到应用。

（2）保本分析的关键是保本点的确定

保本点是指能使企业达到保本状态的业务量的总称。即在该业务量水平上，企业收入与变动成本之差刚好与固定成本持平。在我国，保本点又被译作盈亏临界点、盈亏平衡点、盈亏两平点、损益两平点、损益分界点、损益转折点、损益分界点、损益均衡点、损益平衡点、营业平衡点、彼此相等点和够本点等。

2. 盈亏临界分析

盈亏临界分析是本量利分析的一项基本内容，亦称损益平衡分析或保本分析。它主要研究如何确定盈亏临界点、有关因素变动对盈亏临界点的影响等问题。并可以为决策提供在何种业务量下企业将盈利，以及在何种业务量下会出现亏损等信息。

（1）盈亏临界点的确定

盈亏临界点是指企业收入和成本相等的经营状态，即边际贡献等于固定成本时企业所处的既不盈利又不亏损的状态。通常用一定的业务量来表示这种状态。

①盈亏临界点销售量

就单一产品企业来说，盈亏临界点的计算并不困难。由于计算利润的公式为：

$$利润 = 单价 \times 销量 - 单位变动成本 \times 销量 - 固定成本 \quad 9\text{-}20$$

令利润等于零，此时的销量为盈亏临界点销售量：

$$0= 单价 \times 盈亏临界点销售量 - 单位变动成本 \times 盈亏临界点销售量 - 固定成本 \quad 9\text{-}21$$

$$盈亏临界点销售量 = 固定成本 \div（单价 - 单位变动成本） \quad 9\text{-}22$$

②盈亏临界点销售额

单一产品企业在现代经济中只占少数，大部分企业产销多种产品。多品种企业的盈亏临界点，尽管可以使用联合单位销量来表示，但更多的人乐于使用销售额来表示盈亏临界点。

由于利润计算的公式为：

$$利润 = 销售额 \times 边际贡献率 - 固定成本 \quad （9\text{-}23）$$

令利润等于零，此时的销售额为盈亏临界点销售额：

0= 盈亏临界点销售额 × 边际贡献率 - 固定成本

9-24

盈亏临界点销售额 = 固定成本 ÷ 边际贡献率

9-25

③盈亏临界点作业率

盈亏临界点作业率是指盈亏临界点销售量占企业正常销售量的比重。所谓正常销售量，是指正常市场和正常开工情况下，企业的销售数量，也可以用销售金额来表示。盈亏临界点作业率的计算公式如下：

盈亏临界点作业率 = 盈亏临界点销售量 ÷ 正常销售量

9-26

④安全边际和安全边际率

安全边际是指正常销售额超过盈亏临界点销售额的差额，它表明销售额下降多少企业仍不致亏损。安全边际的计算公式如下：

安全边际 = 正常销售额 - 盈亏临界点销售额

9-27

盈亏临界点把正常销售分为两部分：一部分是盈亏临界点销售额，另一部分是安全边际。即上述公式两端同时除以正常销售额得到：

1= 盈亏临界点作业率 + 安全边际率

9-28

只有安全边际才能为企业提供利润，而盈亏临界点销售额扣除变动成本后只能为企业收回固定成本。安全边际部分的销售减去其自身变动成本后成为企业利润，即安全边际中的边际贡献等于企业利润，这个结论可以通过下式证明：

利润 = 销售收入 - 变动成本 - 固定成本

= 边际贡献 - 固定成本

= 销售收入 × 边际贡献率 - 固定成本

= 销售收入 × 边际贡献率 - 盈亏临界点销售收入 × 边际贡献率

=（销售收入 - 盈亏临界点销售收入）× 边际贡献率

9-29

（三）本量利的敏感分析

敏感性分析是一种应用广泛的分析方法，不仅限于本—量—利关系分析中。通常，这一方法研究的是，当一个系统的周围条件发生变化时，导致这个系统的状态发生了怎样的变化，是敏感（变化大）还是不敏感（变化小）。但由于各因素在计算盈亏临界点和目标利润的过程中作用不同，影响程度当然也就不一样，或者说盈亏临界点和目标利润对不同因素变动所做出的反应在敏感性上存在着差异。本—量—利关系中的敏感性分析主要是研究两方面的问题：一是有关因素发生多大变化时会使企业由盈利变为亏损；二是有关因素变化对利润变化的影响程度。

1. 分析相关因素变动对利润的影响

在决定任何生产经营问题时，都应事先分析拟采取的行动对利润有何影响。如果该行动产生的收益大于它所引起的支出，可以增加企业的盈利，则这项行动在经济上是可取的。虽然企业在决策时需要考虑各种非经济因素，但是经济分析总是最基本的，甚至是首要的分析。

影响利润诸因素的变动分析，主要方法是将变化了的参数代入本量利方程式，测定其造成的利润变动。

2. 分析实现目标利润的有关条件

上面的分析中，以影响利润的诸因素为已知数，利润是待求的未知数。在企业里有时会碰到另一种相反的情况，即利润是已知数，而其他因素是待求的未知数。例如，经营承包合同规定了利润目标，即主管部门下达的利润指标，或者根据企业长期发展和职工生活福利的需要企业必须达到特定利润水平等。在这种情况下，应当研究如何利用企业现有资源，合理安排产销量、收入和成本支出，以实现特定利润，也就是分析实现目标利润所需要的有关条件。

3. 敏感性分析

敏感性分析是分析当某一因素发生变化时，会引起目标值发生什么样的变化以及变化程度的一种方法或技术。在本量利分析中，进行敏感性分析的主要目的是：研究能引起目标发生质变（由盈利转为亏损）时各因素变化的界限；各个因素的变化对利润变化影响的敏感程度；当其他因素变动时如何调整销量或单价，以保证原定的目标利润得以实现。如果说，盈亏临界分析是主要研究利润为零的特殊经营状态的有关问题，那么，变动分析则主要研究利润不为零的，一般经营状态的有关问题。

敏感性分析是一种有广泛用途的分析技术，其应用领域不仅限于本量利分析。通常，它是指研究与分析一个系统因周围条件发生变化，而引起其状态或输出结果变化的敏感程度的方法。敏感分析是在求得某个模型的最优解后，研究模型中某个或若干个参数允许变化到多大，仍能使原最优解的条件保持不变。

量本利关系的敏感性分析，主要研究与分析有关参数发生多大变化会使盈利转为亏损，各参数变化对利润变化的影响程度，以及各因素变动时如何调整销量，以保证原目标利润的实现等问题。

二、利润控制制度

（一）利润控制和责任制度

1. 利润控制

利润控制就是根据利润计划的要求，对影响目标利润实现的各种因素进行管理，以便增加企业收入、压缩各种费用支出。利润是一项综合指标，它集中体现了企业生产经营活动的财务成果。所以，进行利润控制必须做好企业的各方面工作，一般说来，利润控制主要包括以下几个方面的内容：

①企业必须充分挖掘潜力，压缩各项费用支出，降低产品成本，提高产品质量，以增强产品在市场上的竞争力。

②企业要面向市场，了解市场的需求变化，努力开发新产品，以满足市场的需求。

③企业必须经常收集各种市场信息，积极调整生产经营策略，调整计划中不切合实际之处，以保证企业经营目标的圆满实现。

④加强各方面的管理，建立责任制，充分调动全体职工的积极性，将责、权、利结合起来，以保证各项生产经营计划的实现。

⑤充分利用企业的闲置资金进行投资。在资金市场日益发达的情况下，企业必须充分预测各种投资的风险和收益，根据企业自身财务状况，选择最佳投资组合，以增加投资收益、减少投资损失。

2. 责任制度

经济责任制是一个以经济权力、经济责任和经济利益三者相结合为内容的，国家、企业、个人的责、权、利相关联的生产经营管理制度。完善经济责任制，能把全厂每一个工人和干部的责任、权力和经济利益紧密地结合起来，能把每一项生产任务和工作任务，以及每一项奋斗目标，都逐级落实到部门、岗位和个人，从上到下形成一个完整、纵横连锁、协调配合的目标管理体系和考核体系。

为了适应企业内部经济责任制的要求和分级分权管理的需要，企业要在内部建立若干经济责任中心，并对各责任中心分工负责的经济活动内容、进程和成果，进行规划、评价和控制。这就需要把会计资料同有关责任中心紧密联系起来，强化企业内部管理，通常包括以下几个方面的基本内容。

（1）划分责任中心

责任中心是根据各责任层次能够严格进行控制的活动区域来划分的。一般分为成本（费用）中心、利润中心和投资中心三类。划分责任中心，给企业内部各责任中心以相应的生产经营权力，是为了保证各责任中心有条件承担经济责任。

投资中心、利润中心和成本（费用）中心都是利润控制责任制度的具体形式，它们上下结合、层层控制、分工负责，形成企业内部利润控制组织体系。

（2）规定权责范围

对于企业内部各责任中心，应根据权责统一的原则和生产技术的特点，明确规定其所承担的经济责任和应拥有的经济权利，否则有关责任中心就难以充分发挥其生产经营的积极性和主动性，也不可能完全落实经济责任和实行真正的管理和控制。

（3）编制责任预算

科学地分解企业生产经营的总目标，为责任中心编制责任预算。通过指标分解，明确经济责任，做到局部与整体的统一，使各责任中心在完成企业总目标中，明确各自的目标和任务，并作为控制其经济活动的主要依据。

虽然需要分解的总指标项目不尽相同，但是一般包括以下三方面的经济责任指标：①生产成果方面，如利润、产量、质量、品种等；②劳动消耗方面，如成本、劳动生产率等；③资金运用及利用方面，如资金周转率、资本金利润率等。

具体地进行指标分解，落实经济责任，首先要从横向上把指标分解到有关部门和职能科室及后勤单位，然后从纵向自上而下地分解到车间，再从车间分解到班组，有的还要分解到个人。

（4）建立责任会计核算体系，编制责任报告

为了把经济责任同会计数据联结起来，实现经济责任的制度化和数量化，必须建立一套完整严密的责任会计核算体系。围绕责任中心的成本、收入、利润、资金进行信息的收集、整理、记录、计算、积累有关责任预算的执行情况；根据核算要求，及时了解各责任中心开展生产经营活动的情况和结果，控制其经营活动；并督促其及时采取有效措施，改进工作，巩固成绩，不断提高经济效益。

（5）进行分析与考评

为了充分调动各个责任承担者的工作积极性和主动性，必须根据各责任中心的责任报告，经常分析实际数与预算数发生差异的原因，及时通过信息反馈，督促有关单位及时采取切实有效措施，纠正缺点，巩固成绩，不断降低成本，扩大利润，提高经济效益。

（6）落实物质利益分配

经济利益是责任者进行生产经营活动的动力。实行严格的奖励制度，把企业各方面的经济责任与物质利益直接结合起来，是实行经济责任制的关键内容。

（二）建立利润控制制度的基本原则

利润以及利润率指标是衡量企业一定时期内生产经营管理水平的重要综合性指标，在企业财务指标体系中居核心地位。因此，建立好利润控制制度具有重要意义。它的建立应遵循以下的基础原则：

1. 效益性原则

效益性原则是企业生产、经营、管理各个方面都应遵循的基本原则。在建立利润控

制制度时，优先考虑的是企业要不断提高经济效益这一目的。

2. 适用性原则

利润控制制度的适用性，不仅表现在制度条文的文字表述上要观点鲜明、范围明确、界限清楚、行文缜密，更重要的是体现在制度的内容上，利润控制制度制定得既不能太松，又不能太紧。如果制度规定得太紧、束缚太严、标准太高，则会导致有章难循，对企业生产和销售以及管理工作带来不利影响，使目标利润不能顺利实现。

3. 稳定性原则

利润控制制度要保持相对稳定，就必须在建立制度时，深入实际，进行调查研究，了解现状，分析未来，预测发展趋势。只有深入细致地分析研究企业经济管理的现状与趋势，才能使建立的利润控制制度既能满足企业当前实际工作的需要，又能保持相对稳定性。

4. 一致性原则

一致性原则是指责任者权责范围的确定，责任预算的编制以及责任者成绩的考评，应该促使责任者协调地为企业利润目标的实现而努力工作，保持各层次的责任目标同企业利润目标相一致，使责任者的利益同企业整体利益保持一致性。

在分解企业利润目标时，必须根据企业总目标，把产品、产量、品种、质量以及资金、成本、利润等经济指标落实到责任单位和责任人员，把责任单位有机地联成一个整体，形成一个多层次、上下联系、左右制约的指标体系，保证目标利润的实现。

5. 适时反馈原则

利润控制制度要求能及时、准确、可靠地反馈企业内部各环节、各方面的经济责任和经济活动的信息，以便及时、准确、恰当地做出决策，加强企业内部的经济管理，从而提高经济效益，实现目标利润。

6. 激励原则

不断提高责任者的积极性和创造性，是增强企业活力的源泉。利润控制制度要灵活运用各种形式，向责任者注入物质动力和精神动力，激励职工为实现目标利润而努力。这首先要对各责任中心制定明确而合理的奋斗目标，然后通过严密的日常控制，及时表扬正确的行为，纠正错误的行为，并根据企业的具体情况和企业内部各核算单位的生产技术经济情况，采取多种形式的奖励。

（三）利润控制制度

建立企业利润控制制度，首先要在制度中明确利润总额的构成内容，除了营业利润和营业外收支净额以外，还应将企业对外投资净收益列入企业利润总额。其次要用制度规范企业利润总额的预测、计划、考核和分析工作；要在制度中规定预测和分析以及利润总额计划编制的机构、人员和时间；规定预测和计划工作的程序和内容；明确预测和计划工作方法的选择原则；明确考核和分析工作的内容和要求。

1. 利润总额的考核和评价制度

利润额指标包括主营业务利润额、营业利润额、利润总额。在考核时，要将本期实际利润额分别与计划利润额、前期实际利润额进行比较，并结合营业收入、生产经营成本、费用计划的完成情况进行评价。

利润率指标可以根据企业考核和评价的要求以及企业生产经营的特点来设计。一般来说，可以考核企业的资本金利润率、营业收入利润率（或销售收入利润率）、成本费用利润率等指标。

①资本金利润率是用企业利润总额除以资本金总额求得的。这一指标主要用来衡量企业投资者投入资本金的获利能力，是投资者最关心的反映获利能力的指标；这一指标也可以用来衡量企业负债资金成本的高低。

②营业收入利润率是用企业营业利润除以营业收入求得的，它可以用来衡量企业营业收入的收益（净额）水平。销售收入利润率是产品销售利润除以产品销售收入求得的。

③成本费用利润率是营业利润总额除以成本费用总额求得的，它可以用来衡量企业成本费用与利润的关系，同时反映了企业投入与产出的水平，即所得与所费的比例，因此它可以用来评价企业经济效益的高低。

考核和评价企业的财务成果，必须同时使用利润总额和利润率指标，这样既可以了解企业财务成果的大小及其发展趋势，又可以评价企业的获利能力和盈利水平。在定期考核和评价企业的利润额和利润率时，除了将本期实际数分别与本期计划数和前期实际数进行比较以外，还应当与其他企业进行比较，只是要注意企业之间在技术经济条件、自然经济条件和社会经济条件等方面的可比性。

2. 利润总额的分析制度

鉴于利润总额在企业中的重要作用，利润总额的分析应该包括事前的预测分析、事中的控制分析和事后的检查分析。

事前的预测分析主要用于企业利润总额的预测和计划的编制工作中，包括各种定性分析和定量分析方法。

事中的控制分析是指在计划执行过程中，适时分析利润总额计划的完成程度，从而调整和控制生产经营活动。

事后的检查分析主要是查找企业利润总额增加或减少的原因，寻求进一步增加利润的途径。在事后的检查分析中，还应当分析企业利润总额的构成内容中各个项目的比重及其变化情况。企业的营业利润的比例较大时，表示企业正常的、主要的生产经营活动进展顺利，企业盈利将比较稳定。在分析利润总额构成比例时，要重点分析主营业务利润的构成情况，以及各主要商品、产品或主要业务的收入、成本和盈利水平的变化情况。做到既适合市场需要，多销售那些适销对路的商品或劳务，又考虑企业各主要商品或劳务的盈利水平，扩大高盈利的商品或劳务的供应量。

利润控制，一方面表现为资金控制、成本控制和销售收入控制的结果；另一方面它又为其他财务控制规定了基本目标。从这个意义上说，利润控制是其他各项财务控制的前提。从实施利润控制的主要责任单位看，目标利润要分解到生产部门和车间，并建立相应的责任制。各企业要从自己的生产经营特点和现有管理水平的实际出发，采取适合自身特点的利润控制方式，这样才能使利润控制收到好的效果。

第十章 财务成本控制技术分析

第一节 变动成本法与完全成本法

一、变动成本法的计算

采用变动成本计算法计算产品成本是适应生产经营规划决策的一大改革，有利于进一步挖掘企业的生产潜力，使企业获取更多的经济效益。变动成本计算法又称直接成本计算法。它在计算产品生产成本时，只计入产品的直接材料、直接人工和变动性制造费用，而对于与产品生产量无关的固定制造费用则作为期间成本在当期全部转销，这种方法称为变动成本计算法。

（一）变动成本法的含义

变动成本法在计算产品成本时，只包括产品生产过程直接消耗的直接材料、直接人工和变动性制造费用，而不包括固定成本。随着企业经营环境的改变、竞争的加剧，人们意识到传统的成本计算越来越难以满足企业内部管理的需要。

变动成本计算是指在组织常规的产品成本计算过程中，以成本性态分析为前提，将变动生产成本作为产品成本的构成内容，而将固定生产成本及非生产成本作为期间成本，按贡献式损益确定程序计量损益的一种成本计算模式。

变动成本计算生产以后，人们就把传统的成本计算模式称为完全成本计算。即在产品成本计算时，把直接材料、直接工资、变动性制造费用与固定性制造费用全部计入产品成本和存货成本，而期间成本只包括非生产成本。由于将固定性制造费用也计入产品成本和存货成本，与完全成本计算相比，变动成本计算有以下主要特征：以成本性态分析为前提。

（二）变动成本计算法的作用

1. 它能提供每种产品的盈利能力资料

每种产品的盈利能力资料，是管理会计要提供的重要管理信息之一。因为利润的规划和经营管理中许多重要的决策，都要以每种产品的盈利能力作为考虑的重要依据。而每种产品的盈利能力可通过其“贡献毛益”来综合表现。所谓“贡献毛益”，是指产品的销售收入扣减其变动成本之后的余额。所以，各种产品的贡献毛益正是其盈利能力的表现，也是它对企业最终利润所做贡献大小的重要标志。而产品贡献的确定，又有赖于变动成本的计算。

2. 可为正确地制定经营决策以及进行成本的计划和控制，提供许多有价值的资料

以“贡献毛益”分析为基础，进行盈亏临界点和本量利分析，有助于揭示产量与成本变动的内在规律，找出生产、销售、成本与利润之间的依存关系，并用于预测前景、规划未来（如规划目标成本、目标利润及编制弹性预算等）。同时，这些资料也有利于正确地制定短期经营决策。因为就短期而言，企业现有的生产能力一经形成，在短期内很难改变。

3. 变动成本计算便于和标准成本、弹性预算和责任会计等直接结合

在计划和日常控制的各个环节发挥重要作用。变动成本与固定成本具有不同的成本性态，对于变动成本可通过制定标准成本和建立弹性预算进行日常控制。在一般情况下，变动成本的高低，可反映出生产部门与供应部门的工作业绩，完成得好坏应由它们负责。

变动成本计算区别于完全成本计算，将固定性制造费用作为期间成本来处理，是基于以下理由：产品成本应该只包括变动生产成本。管理会计中，产品成本应是那些随产品实体的流转而流转，只有当产品销售出去时才能与相关收入实现配比，得以补偿的成本。按照变动成本计算的解释，产品成本必然与产品产量密切相关，在生产工艺没有发生实质性变化，成本消耗水平不变的情况下，发生的产品成本总额应当随着完成的产品产量呈正比例变动。在管理会计中，期间成本是指那些不随产品实体的流转而流转，而是随企业生产经营持续期间长短而增减，其效益随时间的推移而消逝，不能递延到下一期，因此只能于发生的当期计入损益表，由当期收入补偿的成本。与完全成本计算不同的是，变动成本计算下的产品成本不包含固定性制造费用，而是将其作为期间成本，直接计入当期损益。由于，固定性制造费用主要是为企业提供一定的生产经营条件而发生的，这些条件一经形成，不管其实际利用程度如何，有关费用照样发生。因此，固定性制造费用应当与非生产成本同样作为期间成本来处理。

（三）两种成本计算的比较

变动成本法能为企业提供边际贡献及变动成本等诸多的用于企业内部决策和控制的信息资料。两者大致有以下几方面的区别：应用的前提条件不同，产品成本及期间成本

的构成内容不同，销货成本及存货成本的水平不同，销货成本的计算公式不完全相同，损益计算程序不同，提供信息的用途不同。

1. 应用的前提不同

完全成本计算把全部成本按其经济用途分为生产成本和非生产成本。凡在生产环节为生产产品发生的成本就归属于生产成本，最终计入产品成本；发生在流通领域和服务领域由于组织日常销售或进行日常行政管理而发生的成本则归属于非生产成本，作为期间成本处理。变动成本计算是以成本性态分析为基础，将全部成本划分为变动成本和固定成本两大部分，两种成本计算对固定性制造费用的处理是不同的。其中仅把销售费用及管理费用等非生产成本作为期间成本处理。

2. 成本的比较

在变动成本计算中，固定性制造费用被作为期间成本直接计入损益表，无须再转化为销货成本和存货成本，销货成本和存货成本中只包括变动生产成本。采用完全成本计算时，将全部生产成本在已销产品和存货（库存产成品和在产品）之间进行分配，从而使一部分固定性制造费用被期末存货吸收并递延到下一会计期间，另一部分则作为销货成本的一部分被计入当期损益。

3. 损益确定程序上的比较

完全成本计算以成本按经济用途分类为前提，首先用销售收入扣减已销产品的销货成本，计算出销售毛利，然后用销售毛利减去非生产成本，从而确定出营业净利润。变动成本计算以成本性态分类为前提，销售收入首先用来补偿变动成本，计算出边际贡献，然后用以补偿固定成本，从而确定出营业净利润，我们将其称为“贡献式”损益确定程序。

二、两种成本计算方法的差异

（一）两种成本计算的利润出现差额的根本原因

即使前后期成本水平、价格和存货计价方法等都不变，两种成本计算的分期营业净利润可能相等，也可能有差异；两种成本计算的营业净利润差额的变化并非取决于产销之间的平衡关系。需要说明的是当产量不变，或销量不变时，如在产大于销时，完全成本计算的营业净利润大于变动成本计算的结果；反之，产小于销时，完全成本计算却小于变动成本计算的结果。

通过对两种成本计算中成本的流程以及营业净利润的计算公式比较分析，可以发现：销售收入在两种成本计算中，计算及结果完全相同，不会导致两者间营业净利润出现不相等。尽管两种成本计算对非生产成本计入损益表的位置和补偿途径不同，但实质相同，都是将其作为期间成本，在当期收入中全部扣除，因此也不会导致两种成本计算营业净利润之间出现差额。只有固定性制造费用在两种成本计算中处理方式不同，这是两种成本计算的直接区别。完全成本计算将固定性制造费用分配计入产品成本，随产品实体的流转而流转。而变动成本计算将其作为期间成本的一部分，直接计入当期损益。这将导致两种成本计算的分期营业净利润可能出现不同。

两种成本计算的分期营业净利润出现差额的根本原因在于两种成本计算计入当期损益的固定性制造费用水平不同。因为在变动成本计算中。计入当期损益表的是当期发生的全部固定性制造费用；而在完全成本计算中，计入当期损益表的固定性制造费用数额不仅受到当期发生的全部固定性制造费用水平的影响，而且受到期初存货和期末存货的影响。

在其他条件不变的情况下，只要某期完全成本计算中期末存货吸收的固定性制造费用与期初存货释放的固定性制造费用的水平不同，就意味着两种成本计算计入当期损益表的固定性制造费用的数额不同，结果必然使两种成本计算的当期营业净利润不相等。如果某期完全成本计算中期末存货吸收的固定性制造费用与期初存货释放的固定性制造费用的数额相等，就意味着两种成本计算计入当期损益表的固定性制造费用数额相同，即当期发生的制造费用数额相等。因此两种成本计算下的当期营业净利润必然相等。

（二）两种成本计算的利润差额的变化规律

若完全成本计算期末存货吸收的固定性制造费用等于期初存货释放的固定性制造费用，则两种成本计算确定的营业净利润必然相等，其差额等于零。若完全成本计算期末存货吸收的固定性制造费用小于期初存货释放的固定性制造费用，则两种成本计算确定的营业净利润差额必然小于零，即按完全成本计算确定的营业净利润一定小于按变动成本计算确定的营业净利润。对上面反映两种成本计算分期营业净利润出现差额根本原因的公式进行整理，即可得出下式：

两种成本计算当期营业利润差额 = 完全成本计算期末存货的单位固定性制造费用期末存货量 - 完全成本计算期初存货的单位固定性制造费用期初存货量

10-1

用完全成本计算期末及期初存货量以及它们各自单位产品所包含的固定性制造费用这四项因素，来计算两种成本计算的分期营业净利润的差额，这就是差额的简单算法，利用简单算法公式，有助于了解产销平衡关系与营业净利润差额之间的联系。

1. 当期末存货量不为零

当期末存货量不为零，而期初存货量为零时，完全成本计算确定的营业净利润大于变动成本计算确定的营业净利润。此时，期初存货释放的固定性制造费用为零，期末存货吸收的固定性制造费用大于零，后者大于前者，所以，完全成本计算与变动成本计算确定的营业净利润差额大于零。其差额等于本期单位固定性制造费用期末存货量。

2. 当期末存货量为零

当期末存货量为零，而期初存货量不为零时，完全成本计算确定的营业净利润小于变动成本计算确定的营业净利润。此时，期初存货释放的固定性制造费用大于零，而期末存货吸收的固定性制造费用为零，前者大于后者，所以，完全成本计算与变动成本计算确定的营业净利润差额就会小于零。

3. 当期末存货量和期初存货量均为零

当期末存货量和期初存货量均为零，即产销绝对平衡时，两种成本计算确定的营业净利润相等。此时，完全成本计算时，期初期末存货中均未含任何成本，亦即所含固定性制造费用也为零，因此，两种成本计算的营业净利润必然相等。

4. 当期末存货量和期初存货量均不为零

当期末存货量和期初存货量均不为零，而且其单位产品所包含的固定性制造费用相等时，两种成本计算所确定的营业净利润之间的关系取决于当期的产销平衡关系。当期末存货量和期初存货量相等时，完全成本计算时期初存货释放至当期的固定性制造费用数额与期末存货吸收至下期的数额相等，两种成本计算确定的营业净利润相等。其差额等于单位固定性制造费用存货增加量。当期末存货量小于期初存货量时，完全成本计算时期末存货吸收至下期的固定性制造费用数额小于期初存货释放至当期的数额，完全成本计算的营业净利润就小于变动成本计算的结果。

5. 当期末存货量和期初存货量均不为零

当期末存货量和期初存货量均不为零，而且其单位产品所包含的固定性制造费用不相等时，两种成本计算的分期营业净利润差额与产销平衡关系并无规律性联系。但其差额仍可按上述的简算公式进行计算，即：两种成本计算的营业净利润之差额 = 期末存货中单位固定性制造费用期末存货量 - 期初存货中单位固定性制造费用期初存货量。

（三）变动成本法的特点

1. 变动成本计算的优点

①能提供有效的管理信息，强化企业的经营管理。变动成本计算所提供的变动生产成本和边际贡献资料，对企业的经营管理最为有用。因为它们揭示了业务量与成本变化的内在规律。找出了生产、销售、成本和利润之间的依存关系，提供了各种产品盈利能力等重要信息。

②促使管理当局重视销售环节，防止盲目生产。采用变动成本计算，不但可以排除产量变动对单位产品成本的影响，同样也便于分析企业的利润指标。

③可以简化产品成本计算。采用变动成本计算，把固定性制造费用列作期间成本从边际贡献中扣除，这样就使产品成本计算中的费用分摊工作大大简化，且可以减少成本计算中的主观随意性。

④变动成本计算是将生产成本按成本性态分为变动成本和固定成本。变动成本包括直接材料、直接人工和随产量呈正比例变动的那部分制造费用，计算损益时，将它们按

销售量的比例，把已销产品的变动生产成本作为当期费用同当期收入配比；而将未销售的产品成本转作存货成本以便与未来预期获得的收入相配比。而固定生产成本，即固定性制造费用，它同产品生产没有直接联系，是为保持生产能力并使它处于准备状态而产生的。

⑤便于分清各部门的经济责任，有利于进行成本控制与业绩评价。变动成本计算是以成本性态分析为基础，它所提供的成本资料，对于加强成本控制和科学地进行成本分析有以下几方面的优越性：可以把由产量变动所引起的成本升降，同由于成本控制工作的好坏而造成的成本升降清楚地区分开来。成本升降的原因很多，为了正确地考核生产部门和供应部门的业绩，可以通过应用变动成本计算；便于成本责任的归属和业绩评价。

2. 变动成本计算的局限性

①采用变动成本计算时会影响有关方面的利益。由完全成本计算改为变动成本计算时，一般要降低期末存货的计价，因而也就会减少企业当期的利润，从而会暂时减少国家的税收收入和投资者的股利收益，以及影响有关方面及时取得收益。

②变动成本计算不能适应长期决策的需要。长期决策要解决的是增加或减少生产能力，以及扩大或缩小经营规模的问题。

③变动成本计算不符合传统的成本概念的要求。有人认为成本是为了达到一个特定的目的，而已发生或可能发生的以货币计量的支出。

④变动成本计算不便于定价决策。在进行产品定价决策时，既应考虑变动成本，也应考虑固定成本，它们都应该得到补偿。但由于变动成本计算所确定的产品成本只包括变动生产成本，不包括固定性制造费用，使产品成本不能反映产品生产的全部消耗，不能直接据以进行定价决策。

（四）完全成本计算的特点

完全成本计算是在事后将间接成本分配给各产品，反映了生产产品发生的全部耗费，以此确定产品实际成本和损益，满足对外提供报表的需要。由于它提供的成本信息可以揭示外界公认的成本与产品在质的方面的归属关系，有助于扩大生产，能刺激生产者的积极性，因而广泛地被外界所接受。在完全成本计算下，只要增加产量，产品成本就可以降低。20 世纪 50 年代后，西方企业迅速增加固定资产投资规模，使固定生产成本在产品成本中的比重大大提高；而提高产量，就降低了单位产品负担的固定成本，从而使产品成本降低。

完全成本计算是依据公认的会计原则来汇集企业在一定期间所发生的生产费用，并据以计算和确定产品成本和分期损益。它主要适用于财务会计系统，用于编制对外财务报告。而变动成本计算是为了满足企业内部经营管理的需要，对成本进行事前规划和日常控制而产生的，它主要适用于管理系统，用来编制对内管理报告，为决策提供有用的信息。同时，也没有必要花费时间和金钱按双轨制原则，另搞一套与完全成本计算平行的按变动成本计算组织的账外账。比较现实可行的办法是按照单轨制的原则，将两种成本计算结合起来，即在日常按变动成本计算组织核算，随时提供能够满足企业内部需要的管理信息，然后定期将变动成本计算确定的成本与利润信息调整为按完全成本计算模式反映的信息资料，以满足企业外部信息利用者的需要。

第二节　分批法与分步法

一、分批成本法

（一）分批法

以产品生产的批别或者客户的订单作为成本计算对象，并据以归集生产费用，计算各个批别产品的总成本以及单位成本的一种成本计算方法，又称为成本计算订单法。这种方法适用于单件、小批量、多品种以产品生产的批别或者客户的订单作为成本计算对象，并据以归集生产费用，计算各个批别产品的总成本以及单位成本的一种成本计算方法，又称为成本计算订单法的生产类型。

在这一方法下，成本对象（或批别）的确定有两种方法，一是根据客户的订单直接分批组织生产；二是依据客户的订单并结合企业生产经营的具体情况，按照企业内部订单分批组织生产。

（二）适用范围

这种方法适用于小批生产和单件生产，例如精密仪器、专用设备、重型机械和船舶的制造，某些特殊或精密铸件的熔铸，新产品的试制和机器设备的修理，以及辅助生产的工具模具制造等。每件产品或服务所要求的操作不同，确定一件产品或服务的成本的最佳方法是按产品或批次归集成本。

实际工作中还采用一种按产品所用零件的批别计算成本的零件分批法：先按零件生产的批别计算各批零件的成本；然后按照各批产品所消耗各种零件的成本，加上装配成本，计算出各该批产品的成本。但是这种方法的计算工作量较大，因而只能在自制零件不多或成本计算工作已经实现电算化的情况下才采用。

（三）分批法的战略作用

分批成本法为管理者提供信息，以使管理者能够在产品和顾客、制造方法、价格决策及其他长期问题上进行战略选择，分批成本信息对企业具有战略重要性，原因有以下四个方面。

①企业是通过使用成本领先或产品差异战略来进行竞争的，如果企业采取成本领先战略，而间接费用又十分复杂，则传统的数量型分批成本法（如分步成本法和作业成本法都简单）不能提供很多帮助。

②有关分批成本法的重要战略问题和潜在伦理问题，涉及企业有关分配间接费用和摊派多分配或少分配间接费用的决策。

③分批成本法适合服务企业，特别是专业服务企业。追溯直接成本不是主要问题，分配间接费用也不复杂困难。

④分批成本单可通过四个方面来扩展成战略平衡记分卡，这四个方面是财务、顾客、内部经营过程、学习与成长。

二、分批成本法的计算过程

（一）分批成本计算单

分批成本系统中最基本的支持文件是分批成本计算单。一份分批成本计算单记录和汇总了某一特定工作的直接材料、直接人工和工厂间接费用。

当一项工作的制造或加工开始时，分批成本计算单就开始启动。分批成本计算单为所有的成本项目及管理者选择的其他详细数据提供了记录空间，它伴随着产品一起经过各个加工流程，并记录下所有的成本。

分批成本计算单上记录的所有成本都包含在产品控制账户中。在产品控制账户的次级账户是由工作成本单组成的，而这些分批成本计算单包括处理这批工作的当期之内或之前发生的制造成本。

因为每一项工作都有独立的分批成本计算单，一项已经开始尚未结束工作的成本单代表了在产品存货控制账户的明细分类账。当一项工作完成后，相应的成本单被归拢在代表已完工产品成本的一组成本计算单中。

（二）分批法的步骤及程序

在开始生产时，会计部门应根据每一份订单或每一批产品生产通知单（内部订单），开设一张成本明细账（产品成本计算单）。月终根据费用的原始凭证编制材料、工资等分配表，结算各辅助生产的成本，编制辅助生产费用分配表，加上各车间的制造费用和管理部门的管理费用明细账，算出总数，按照规定的分析方法，分配计入各有关的成本明细账。月终各车间要将各订单在本车间发生的费用抄送会计部门进行核对。当某订单、生产通知单或某批产品完工、检验合格后，应由车间填制完工通知单。会计部门收到车间送来的完工通知单，要检查该成本明细账及有关凭证，检查无误后，把成本明细账上已归集的成本费用加计总数，扣除退库的材料、半成品以及废料价值，得到产成品的实际总成本，除已完工数量就是产成品的单位成本。月末完工订单的成本明细账所归集的成本费用就是在产品成本。

三、简化分批法

为了避免任务繁重，因此在投产批数繁多而且月末未完工批数较多的企业中，还采用着一种简化的分批法，也就是不分批计算在产品成本分批法。

（一）简化分批法

简化分批法也称为间接计入费用分配法。这种方法与前述一般的分批法不同之处在于：各批产品之间分配间接计入费用的工作以及完工产品与月末在产品之间分配费用的工作，即生产费用的横向分配工作和纵向分配工作，是利用累计间接计入费用分配率，到产品完工时合并在一起进行的，以及某批产品的完工产品与月末在产品之间分配各批费用的依据；成本计算工作中的横向分配工作与纵向分配工作，在有完工产品时，根据同一个费用分配率一次分配完成。

（二）特点

采用这种分批法，每月发生的各项间接计入费用，不是按月在各批产品之间进行分配，而是将这些间接计入费用先分别累计起来，到产品完工时，按照完工产品累计生产工时的比例，在各批完工产品之间再进行分配。其计算公式如下：

1. 全部产品某项累计

间接计入费用分配率 = 全部产品该项累计间接计入费用 ÷ 全部产品累计生产工时

10-2

2. 某批完工产品应负担的该批完工产品全部产品该项累计间接计入费用

某项间接计入费用 = 累计生产工时 × 分配率

10-3

（三）优缺点及适用条件

由于生产费用的横向分配工作和纵向分配工作，利用累计间接计入费用分配率，到产品完工时合并一次完成，因而大大简化了生产费用的分配和计入工作。月末完工产品的批数越多，核算工作就越简化。

这种方法只适用于在各月间接计入费用的水平相差不多的情况下采用，否则就会影响各月产品成本的正确性。如果月末完工产品的批数不多，也不宜采用这种方法。

四、分步成本法及其战略作用

（一）分步成本法

产品成本计算分步法，是按照产品的生产步骤归集生产费用，计算产品成本的一种方法。其成本计算对象是各种产品的生产步骤。

适用分步成本法的是那些经由一系列相似步骤或部门而生产出相似产品的企业。这些企业通常连续、大量生产类似的产品，生产部门或生产步骤所做的工作没有什么差别，因为所有的产品基本上是相同的，制造成本在每个过程中积聚起来。

（二）特点

①成本计算对象是各种产品的生产步骤。

②月末为计算完工产品成本，需要将归集在生产成本明细账中的生产费用在完工产品与在产品之间进行费用分配。

③除了按品种计算和结转产品成本外，还需要计算和结转产品的各步骤成本。其成本计算对象是各种产品及其所经过的步骤。其成本计算期是固定的，与产品的生产周期不一致。

（三）成本计算步骤与意义

首先分析产品成本的实物流，计算各成本因素的实物产量确定各成本因素的总成本，计算各成本因素的单位约当产量成本，再将总成本分摊到产成品、转出产品和期末在产品中去。

根据分步成本法编制部门生产成本报告单有两种方法，即加权平均法和先进先出法，加权平均法在计算单位成本时要包括全部成本项目，即本期发生的成本和上期在产品存货的成本在这一方法中，上期成本与本期成本加总平均，因此称作加权平均；而用先进先出法计算单位成本时，则只涉及本期发生的成本和工作耗费。

分步成本法为管理人员提供信息，以便做出有关产品和顾客、生产方法、定价决策及其他长期性战略等方面的决策。

为什么分步成本法的相关资料对一个企业具有战略性的重要意义呢？因为，一个企业凭借成本领先战略或差异化战略取得竞争优势，如果采用成本领先战略，当间接费用很复杂时，该企业应该改变其传统的以数量为基础的分批成本计算法，取而代之的是以作业为基础的分步成本法，它能给管理者提供更有用的信息。

五、逐步结转分步法

在采用分步法的大量、大批、多步骤生产企业中，由于种种原因，成本管理往往需要成本核算提供各个生产步骤的半成品成本资料。这些原因是：①各生产步骤所产的半成品不仅由本企业进一步加工，还经常作为商品产品对外销售；②有的半成品虽然不一定外售，但要进行同行业成本的评比，因而也要计算这种半成品的成本；③有一些半成品，为本企业几种产品所耗用，为了分别计算各种产品的成本，也要计算这些半成品的成本；④在实行责任会计或厂内经济核算的企业中，为了全面地考核和分析各生产步骤等内部单位的生产耗费和资金占用水平，需要随着半成品实物在各生产步骤之间的转移，结转半成品成本，这也要求计算半成品成本。

（一）逐步结转分步法

1. 逐步结转分步法

逐步结转分步法是按照产品加工的顺序，逐步计算并结转半成品成本，直到最后加工步骤才能计算产成品成本的一种方法。它是按照产品加工顺序先计算第一个加工步骤的半成品成本，然后结转给第二个加工步骤；这时，第二步骤把第一步骤转来的半成品成本加上本步骤耗用的材料和加工费用，即可求得第二个加工步骤的半成品成本；如此顺序逐步转移累计直到最后一个加工步骤才能计算出产成品成本。逐步结转分步法就是为了分步计算半成品成本而采用的一种分步法，也称计算半成品成本分步法。

2. 逐步结转分步法的适用及优点

逐步结转分步法在完工产品与在产品之间分配费用，是指各步骤完工产品与在产品之间的分配。其优点是：能提供各个生产步骤的半成品成本资料；为各生产步骤的在产品实物管理及资金管理资料；能够全面反映该处各生产步骤的生产耗费水平，更好地满足各生产步骤成本管理的要求。其缺点是：成本结转工作量较大，如果各生产步骤的半成品成本采用逐步综合结转方法，还要进行成本还原，增加核算的工作量。

（二）综合结转

综合结转法的特点是将各步骤所耗用的上一步骤的半成品成本，以“原材料”或专设的“半成品”项目，综合记入各步骤的产品成本明细账中。

1. 半成品按实际成本结转

所耗上一步骤半成品费用＝半成品实际数量 × 半成品实际单位成本，其中，半成品实际单位成本可用先进先出、后进先出、全月一次加权平均等方法计算。

2. 半成品按计划成本结转

采用这种方法时，半成品的日常收发均按计划单位成本核算。在半成品实际成本算出后，再计算半成品的成本差异率，调整所耗半成品的成本差异。

按计划成本结转的优点：

第一，计划成本结转半成品成本，可以简化和加速半成品收发的凭证计价和记账工作；半成品成本差异率如果不是按半成品品种，而是按类计算，更可以省去大量的计算工作；如果月初半成品存量较大，本月耗用的半成品大部分甚至全部是以前月份生产的，本月所耗半成品成本差异调整也可以根据上月半成品成本差异率计算。

第二，便于各步骤进行成本的考核和分析。按计划成本结转半成品成本，在各步骤的产品成本明细账中，可以分别反映所耗半成品的计划成本、成本差异和实际成本，因而在分析各步骤产品成本时，可以剔除上一步骤半成品成本变动对本步骤产品成本的影响，有利于分清经济责任，考核各步骤的经济效益。如果各步骤所耗半成品的成本差异，不调整计入各步骤的产品成本，而是直接调整计入最后的产成品成本，不仅可以进一步简化和加速各步骤的成本计算工作，而且由于各步骤产品成本中不包括上一步骤半成品成本变动的影响，因此更便于分清各步骤的经济责任，考核和分析。

3. 成本还原

从企业角度分析和考核产品成本的构成和水平很重要。因此，在管理上要求从整个企业角度考核和分析产品成本的构成和水平时，还应将综合结转算出的产成品成本进行成本还原。所谓成本还原，就是从最后一个步骤起，把所耗上一步骤半成品的综合成本还原成原来的成本。

①计算还原分配率 = 本月产成品所耗上 - 步骤半成品成本合计 ÷ 本月所产该种半成品成本合计。

②还原分配率分别乘以本月所产该种半成品各个成本项目的费用，可得还原后的各个具体费用。

③还原前的与还原回的各项费用分别相加可得还原后产成品的各项耗费及单位成本。

（三）分项结转分步法

1. 分项结转法

分项结转法是将各生产步骤所耗半成品费用，按照成本项目分项转入各该步骤产品成本明细账的各个成本项目中。如果半成品通过半成品库收发，那么，在自制半成品明细账中登记半成品成本时，也要按照成本项目分别登记分项结转，可以按照半成品的实际单位成本结转；也可以按照半成品的计划单位成本结转，然后按照成本项目分项调整成本差异。

2. 分项结转法程序

以前述逐步结转分布法中甲产品的产品成本资料，说明分项结转法的成本计算程序：

①根据第一车间甲产品成本明细账，第一车间半成品交库单和第几车间半成品领用单登记半成品明细账；

②根据各种生产费用分配表，第二车间半成品领用单，自制半成品明细账，第二车间产成品交库单和第二车间在产品定额成本资料，登记第二车间甲产品成本明细账。

第三节　标准成本控制管理

一、标准成本概论

（一）标准成本的概念

标准成本是经过仔细调查、分析和技术测定而制定的，在正常生产经营条件下应该实现的，因而可以作为控制成本开支、评价实际成本、衡量工作效率的依据和尺度的一种目标成本，也称应该成本。标准成本是按正常条件制定的，并未考虑不能预测的异常变动，因而具有正常性。标准成本一经制定，只要制定的依据不变，不必重新修订，所以具有相对的稳定性。采用标准成本时，成本预算应按标准成本编制，因此标准成本同预算成本没有质的差别，两种名称常常混用。

（二）标准成本的作用

标准成本的作用有：一是在领料、用料、安排工时和人力时，均以标准成本作为事前和事中控制的依据。二是标准成本的客观性和科学性使它具有相当的权威性。三是采用标准成本，有利于责任会计的推行。标准成本不仅是编制责任成本预算的根据，也是考核责任中心成本控制业绩的依据。四是标准成本是价格决策和投标议价的一项重要依据，也是其他长短期决策必须考虑的因素。五是采用标准成本有利于实行例外管理。六是在产品、产成品和销货成本均以标准成本计价，可使成本计算、日常账务处理和会计报表的编制大为简化。

（三）标准成本的种类

对于应制定怎样的标准成本，众说纷纭。他们提出了许多不同的或大同小异的各种标准成本，这里只介绍其中理想标准成本、正常标准成本和现实标准成本三种。

1. 理想标准成本

理想标准成本是以现有生产经营条件处于最佳状态为基础确定的最低水平的成本。也就是在排除一切失误、浪费和耽搁的基础上，根据理论上的生产要素耗用量、最理想的生产要素价格和最高的生产经营能力利用程度制定标准成本。这种标准成本要求过高，会使职工因感到难以达到而丧失信心。

2. 正常标准成本

正常标准成本是根据正常的耗用水平、正常的价格和正常的生产经营能力利用程度制定的标准成本。也就是根据以往一段时期实际成本的平均值，剔除其中生产经营活动中的异常因素，并考虑今后的变动趋势而制定的标准成本。

3. 现实标准成本

现实标准成本是在现有生产技术条件下进行有效的经营管理的基础上，根据下一期最可能发生的生产要素耗用量、价格和生产经营能力利用程度制定的标准成本，也称可达到标准成本。这种标准成本可以包含管理当局认为有时还不可避免的某些不应有的低效、失误和超量消耗，最切实可行、最接近实际的成本，因此，既可用于成本控制，也可用于存货计价。在经济形势变化无常的情况下，这种标准成本最为适用。对许多在高度竞争产业中求生存的企业来说，理想标准可以适当地激励工人们去发挥超常努力，然而，如果多次不能达到标准而使雇员们沮丧，理想标准就没有效果。相反地，当期可实现标准则会允许低效率在大多数企业从事经营活动的激烈竞争环境中，因此这种允许在战略上是不明智的。理想标准预示着最高成就的业绩表现，任何对理想标准的偏离都意味着不完美，对企业来说是不可取的。当今动荡和高度激烈的竞争环境要求所有企业定期重新检查一下标准，并保持连续的改进，而新技术、设备及生产流程经常使现行的标准不再适用。

（四）制定标准成本的原则

这里要讲的实际上是制定单位产品标准成本（成本标准）及其各项依据的原则。可供参考的原则有以下几个：

1. 以平均先进水平为基础

标准成本应该制定在平均先进的水平上，以便只要努力就能达到，甚至超过。这样可以鼓励职工满怀信心地挖掘降低成本的潜力。

2. 充分利用历史资料

制定标准成本必须依据历史成本资料。当需要得到可靠和精确的数据时，制造类似产品的历史数据就是确定一项经营活动的标准成本的一条捷径。当确定标准的数据缺少或不充分，且通过作业分析或其他可选择方法确定标准的成本高出限度时，企业可能使用历史数据来构建标准。

通过仔细分析制造产品或执行作业的历史数据，管理者加以确定营业活动的适当标准。通常的做法是利用一项业务活动平均或中间历史数据作为这项活动的标准。然而，立志出类拔萃的企业会使用过去的最好业绩作为标准。在确定标准方面，历史数据的分析通常要比作业分析的耗费小得多。由于依靠过去的标准会带有偏见性，并会承继过去的低效率。因此，还应预测经济形势的动向，供需市场的变动，职工熟练程度的提高，改革技术和改进某些规章制度的预计效果等因素，在历史水平的基础上做适当的调整。

3. 实行全员参与的原则

标准成本基本上是生产要素的耗用量与单价相乘之积，因此在制定标准成本时除需要管理会计人员收集和整理资料，并参与整个制作过程以外，离不开工程技术人员的研究和测定，材料价格和工资率的确定离不开采购人员和劳动工资管理人员的调查和预测。但他们往往有要求从宽的偏向，所以通过同他们的反复商议，最后由上级管理拍板定案，也是十分必要的。

4. 可供参考的其他几个因素

企业通常从数条途径来决定它们经营活动的适当标准。这些途径包括作业分析、其他同类企业的标准（技术标杆）、市场期望（目标成本）以及战略决策。

（1）作业分析

作业分析是指对完成一项工作、工程或业务活动所需的确认、描述和评价的过程。一项完整的作业分析包括有效地完成此项任务所需的所有输入因素和作业活动。这项分析需要来自不同职能部门人员的加入，因为每种产品都不相同，产品技术人员需要详细确认产品的组成部分。以企业的设施、设备及产品的设计为基础，工业设计人员再分析完成该工作和产品所需的步骤和流程。

（2）标杆

制造商协会通常收集产业信息并掌握管理者可用来确定经营标准的数据，与不属同一产业，但却与该产业有类似经营活动的其他企业的实际数据，也可以作为确定该产业标准的较好依据。

近年来，许多企业不满足于利用同一产业内企业，而是采用任意企业的最佳经营业绩作为标准。利用标杆的好处在于企业以各地的最好业绩作为标准。使用这样的标准有助于企业在当今全球竞争中保持较强竞争力，定期检验其基准并与全球最好业绩相比较，公司能持续在经营上压倒竞争对手。

（3）市场期望与战略决策

市场期望与战略决策通常在标准确定方面发挥重要的作用，尤其是对使用目标成本的企业。当售价是企业可以或期望售出产品的固定价格时，标准成本就是指产生产品期望贡献毛益的成本。

战略决策也对产品的标准成本产生影响。追求持续改进和零缺陷战略决策要求企业在最具挑战性的水平下不断地确定产品的标准。

二、标准成本的制定

标准成本的制定通常只针对产品的制造成本，不针对期间成本。对管理成本和销售成本采用编制预算的方法进行控制，不制定标准成本。由于产品的制造成本是由直接材料、直接人工和制造费用三部分组成，与此相适应，产品的标准成本也就由上述三部分组成。

（一）直接材料标准成本的制定

直接材料标准成本是由直接材料用量标准和直接材料价格标准决定的。

材料用量标准是指生产单位产品所耗用的原料及主要材料的数量，即材料消耗定额。它包括构成产品实体和有助于产品形成的材料，以及必要的损耗和不可避免地形成废品所耗用的材料。

材料价格标准是指采购某种材料的计划单价。它以订货合同价格为基础，并考虑各种变动因素的影响，包括买价、采购费和正常损耗等成本。制定材料价格标准时，也应按各种材料分别计算，各种材料价格标准通常由财会部门根据供应采购部门提供的计划单价分析制定。

（二）直接人工标准成本的制定

直接人工标准成本是由直接人工用量标准和直接人工价格标准决定的。

人工用量标准即工时用量标准，它是指在现有工艺方法和生产技术水平条件下，生产单位产品所耗用的生产工人工时数，也成为工时消耗定额。制定工时用量标准时，应按产品的加工工序和生产部门分别计算各工序工时用量标准，由生产技术部门制定。

（三）制造费用标准成本的制定

制造费用标准成本是由制造费用用量标准和制造费用价格标准决定的。

制造费用用量标准，它与上述直接人工用量标准的制定相同。

制造费用价格标准即制造费用分配率标准，它是指每一标准工时应分配的制造费用预算总额。它可按下列公式计算：

$$制造费用分配率标准 = 制造费用预算总额 \div 标准工时总数 \tag{10-4}$$

（四）单位产品标准成本的制定

在某种产品的直接材料标准成本、直接人工标准成本和制造费用标准成本确定后，就可以直接汇总计算单位产品标准成本。汇总时，企业通常要按各种产品设置“产品标准成本卡”，列明各成本项目的用量标准、价格标准和标准成本。采用变动成本法计算时，单位产品标准成本由直接材料、直接人工和变动性制造费用三个成本项目组成；而采用完全成本法计算时，单位产品标准成本除上述三个成本项目外，还应包括固定性制造费用。

三、成本差异的计算与分析

成本的日常控制是指成本形成过程中通过对实际发生的各项成本和费用进行控制和监督，以保证原定的目标成本得以实现的管理活动。

管理会计是通过标准成本的编制来规划成本的，但是在日常经济活动中往往由于种种原因，实际发生的成本数额与预定的标准成本出现差额，这种差额就叫成本差异。

为了实现对成本的控制，首先应该计算实际成本偏离标准成本的具体数额（计算成本差异），并在此基础上分析差异形成的原因，以便及时采取相应的对策，进行必要的矫正，以保证成本目标的实现。

（一）直接材料成本差异的计算与分析

直接材料成本是由直接材料价格和直接材料用量两部分构成的，因此，直接材料成本差异的计算包括直接材料价格差异和直接材料用量差异两部分的计算。

1. 直接材料价格差异的计算

直接材料价格差异是由于实际直接材料价格脱离标准价格而形成的差异，其计算公式为：

直接材料价格差异 =（实际用量 × 实际价格）-（实际用量 × 标准价格）

= 实际用量 ×（实际价格 - 标准价格）

10-5

2. 直接材料用量差异的计算

直接材料用量差异是实际材料用量脱离标准用量而形成的差异，其计算公式为：

直接材料用量差异 =（实际用量 × 标准价格）-（标准用量、标准价格）

10-6

3. 直接材料成本差异分析

（1）直接材料价格差异的分析

直接材料价格差异是由于进行材料采购时，实际支付的价款与标准支付金额之间的差额形成的。材料价格差异的形成通常有以下几种情况：由于材料调拨价格变动或市场供求关系的变化引起价格的变动；由于客户临时订货而增加的紧急采购，致使采购价格和运输费用上升；订货数量未达到应有的经济订货量；运输安排不合理，中转期延长，增加了运输费用和途中损耗或由铁路运输改为空运，形成不必要的浪费；在保证质量的前提下，购入替代材料，降低了采购价格和采购费用；市场调查不充分，造成采购舍近求远，增加了材料运费。

采购部门专门负责对外采购生产需要的材料物资，以保证生产经营活动的正常需要。例如，由于生产上的临时需要而进行的紧急订货，或由于客观因素造成的运输延误，不得不由铁路运输临时改为空运，因此而增加的采购费用属于不可控因素。在分析直接材料价格差异时，只有查明原因，才能真正分清责任归属，以便有针对性地采取措施加以改进，进而降低材料成本。

（2）直接材料用量差异的分析

材料用量差异取决于实际用量与标准用量之间差异的性质和程度。材料用量差异的形成原因也是多方面的。比如，节约用料而造成损失；工人违反操作规程或出现机器故障而形成材料消耗超标；仓储部门保管不当，造成材料损坏变质；产品设计根据用户要求做出调整，但材料用量标准未作相应调整；更换机器设备使材料用量变更；由于新产品投产，工人操作技术不熟练。

（二）直接人工成本差异的计算与分析

直接人工成本差异是指直接人工实际成本与直接人工标准成本之间的差额。由于直接人工成本是由直接人工工时用量和工资率所决定的。因此直接人工成本差异也包括工资率差异（价格差异）和直接人工工时用量差异（效率差异）两部分。

1. 直接人工工资率差异的计算

直接人工工资率差异 =（实际工时 × 实际工资率）-（实际工时 × 标准工资率） 10-7

2. 直接人工效率差异的计算

直接人工效率差异 =（实际工时 × 实际工资率）-（标准工时 × 标准工资率） 10-8

3. 直接人工成本差异分析

通过计算确定了直接人工工资率差异和效率差异，对这两种差异产生的原因还需要作进一步的分析。

（1）直接人工工资率差异分析

工资率差异产生的原因主要有以下几个方面：工资制度和工资级别的调整；工资计算方法的改变，计件工资改为计时工资；由于产品工艺过程和加工方法的改变而调整工种结构。工资率差异的产生一般应由生产部门负责，但是在实际工作中往往会出现由于工作安排不当而形成工资率差异。

（2）直接人工效率差异分析

直接人工效率差异的方向和大小取决于实际工时与标准工时之间差异的性质和程度。直接人工效率差异产生的主要原因有以下几个方面：劳动生产率提高或降低；产品工艺过程和加工方法的改变，未能及时调整工时标准；生产计划安排不合理，造成窝工；燃料动力供应中断，造成停工。

（三）制造费用成本差异的计算与分析

制造费用成本差异是制造费用实际发生额和制造费用预算之间的差额，一般按变动性制造费用差异和固定性制造费用差异分别进行计算和分析。

1. 变动性制造费用成本差异的计算

变动性制造费用差异是指实际变动性制造费用和标准变动性制造费用之间的差额。它是由变动性制造费用耗费差异和变动性制造费用效率差异构成的。

（1）变动性制造费用耗费差异的计算

变动性制造费用耗费差异，是指实际发生额脱离按实际工时计算的预算额而形成的差异。其计算公式为：

变动性制造费用耗费差异 = 实际发生额 – 按实际工时计算的预算额 = 实际工时 ×（变动性制造费用实际分配率 – 变动性制造费用标准分配率） 10-9

（2）变动性制造费用效率差异的计算

变动性制造费用效率差异是指实际工时脱离标准工时而形成的差异。其计算公式为：

变动性制造费用效率差异 =（实际工时 – 标准工时）× 变动性制造费用标准分配率 10-10

变动性制造费用成本差异 = 变动性制造费用耗费差异 + 变动性制造费用效率差异 10-11

2. 变动性制造费用成本差异分析

确定变动性制造费用成本差异额对差异产生的具体原因还需要进一步进行分析。变动性制造费用耗费差异的产生，主要是由有关各项费用的实际分配率与标准分配率不一致而引起的。

变动性制造费用耗费差异形成的原因主要有以下几个方面：制定预算时考虑不周而使预算数额制定不准确；间接材料价格变化；间接材料质量不合格而导致用量增加；间接人工工资率调整；间接人工人数调整；其他费用发生变化。变动性制造费用耗费差异的责任归属应进行具体分析，如预算数额制定不准确、材料采购价格变化、间接人工工资率调整、其他费用控制不严等，应分别由财务部门、采购部门、人事部门、生产部门等承担责任，以明确责任归属。

3. 固定性制造费用成本差异的计算

（1）双差异计算法

这是将固定性制造费用成本差异分为耗费差异和能量差异两部分进行计算的方法。固定性制造费用耗费差异是指实际固定性制造费用总额与固定性制造费用预算额之间的差异。其计算公式为：

固定性制造费用耗费差异 = 固定性制造费用实际开支额 − 固定性制造费用预算额

10-12

固定性制造费用能量差异 = 固定性制造费用分配率 ×（产能标准总工时 −++ 实际产量标准工时）

10-13

固定性制造费用成本差异 = 固定性制造费用耗费差异 + 固定性制造费用能量差异

10-14

（2）三差异计算法

三差异计算法是将固定性制造费用成本差异分为耗费差异、生产能力利用差异和效率差异三部分进行计算的方法。固定性制造费用耗费差异是指实际固定性制造费用总额与制造费用预算额之间的差异；生产能力利用差异是指在标准分配率下实际工时脱离生产能力标准总工时而产生的成本差异；效率差异是指在标准分配率下实际工时脱离标准工时而产生的成本差异。其计算公式为：

固定性制造费用耗费差异 = 固定性制造费用实际开支额 − 固定性制造费用预算额

固定性制造费用生产能力利用差异 = 固定性制造费用标准分配率 ×（产能标准总工时 − 实际工时）

10-15

固定性制造费用效率差异 = 固定性制造费用标准分配率 ×（实际工时 − 实际产量标准工时）

10-16

固定性制造费用成本差异 = 固定性制造费用耗费差异 + 固定性制造费用生产能力利用差异 + 固定性制造费用效率差异

10-17

4. 固定性制造费用成本差异分析

确定了各项固定性制造费用的成本差异以后，对固定性制造费用成本差异产生的原因应根据具体情况进行分析。

①造成固定性制造费用耗费差异的主要原因有以下几个方面：管理人员工资的变动；固定资产折旧方法的改变；修理费开支数额的变化；租赁费、保险费等各项费用的调整；水电费价格的调整；其他有关费用开支数额发生变化。耗费差异责任应由有关的责任部门负责。

②形成能量差异的原因主要有以下几个方面：原设计生产能力过高，生产不饱满；因市场需求不足或产品定价策略问题而影响订货量，造成生产能力不能充分利用；因原材料供应不及时，导致停工待料；机械设备发生故障，增加了修理时间；能源短缺，被

迫停产；操作工人技术水平有限，未能充分发挥设备能力。

第四节 目标成本管理与责任成本管理

一、目标成本管理

（一）目标成本管理的特点

目标成本管理不同于目标成本。目标成本作为企业一项重要的经营管理目标，是现代成本概念之一，也是目标概念和成本概念的统一，同时兼有目标属性和成本属性双重属性。它一般包括三个相互联系的方面：目标成本、单位产品成本目标、成本降低目标。作为成本概念，它是企业作为奋斗目标和控制指标而预先制定的低于目前成本和经过努力去实现的成本。它具体是指企业在生产经营活动中，把成本目标从企业目标体系中抽取和突出出来，围绕成本目标开展各项成本管理活动和其他管理活动，用它来指导、规划和控制成木的发生和费用的支出，借以达到提高经济效益的目的。可见，它是一种有效地降低成本、提高企业经济效益的手段，也是一种科学的现代成本管理方法。综上所述，目标成本和目标成本管理两者是辩证统一的关系。

目标成本管理是目标管理与成本管理的统一，作为一种现代成本管理方法，它的特点是由目标管理的特点决定的。因此它具有以下特点和要求。

1. 面向未来的成本管理

面向未来的成本管理即要求企业的成本管理必须有个明确的成本奋斗目标或成本控制指标，把成本管理工作的重点放在企业未来产品成本的降低上，围绕成本的降低扎扎实实地开展目前的成本管理工作，通过对成本发生和费用支出过程的有效控制，从而保证成本目标的实现。

2. 超前型的成本管理

超前型的成本管理即要求企业的成本管理，在事先必须进行成本的科学预测和可行性研究，制定出正确的成本目标，并依据成本目标进行成本决策和成本计划，制定最优的成本方案和实施措施，预先考虑到成本变动的趋势和可能发生的情况，提前做好准备和安排，采取妥善的预防性措施，从而把成本的超支和浪费消灭在成本发生之前。

3. 积极主动性的成本管理

积极主动性的成本管理即要求企业的成本管理必须充分调动成本管理人员、其他各级管理人员以及一切与成本发生有关的人员的积极性、主动性、创造性，使他们积极主动地围绕成本目标的实现，主动地控制和消灭超支或浪费现象的发生。尤其是企业高层管理人员和成本管理专业人员，要为开展调查研究，及时发现问题和解决问题，敢于开拓创新，主动正确指导成本管理工作的开展，为下级人员创造和提供成本降低的条件，这样才能使目标成本的实现成为现实。

4. 全面性的成本管理

全面性的成本管理即要求企业的成本管理必须实行全环节、全过程和全体人员参加的成本管理。因为产品成本是企业的一项综合性经济指标，它的形成贯穿企业生产经营活动的全过程，与企业所有部门、单位和工作人员的工作质量有关。因此，要使目标成本实现就必须做到：①实行各环节相统一的成本管理。即围绕目标成本认真做好成本预测、决策、计划、控制、分析、考核、核算工作，使这些成本管理的环节相互衔接、相互保证。②实行企业内部全过程、全方位的成本管理。即围绕目标成本对产品成本形成的全部过程进行管理，控制到每个阶段、每个方面的成本发生情况，改变过去那种只重生产、销售阶段的单一过程的成本管理。③实行企业内部各单位全体人员都参加的成本管理。即围绕目标成本，动员企业各级、各部门、各单位以及每个岗位上的工作人员都来参与成本管理工作，不仅厂部、会计部门和专职成本管理部门要参加，还要增强每个人的成本意识和观念，改变过去那种只由成本专职管理人员参加、缺乏全员参与监督意识的成本管理。

5. 系统性的成本管理

系统性的成本管理即要求企业在成本管理中，要以系统论的原理来指导成本管理工作。因为目标成本是企业系统整体功能作用发挥的未来结果，要实现目标成本，就要协调好企业系统内部各子系统、各要素之间的生产技术关系和人际关系，保证各个系统要素对成本控制作用的充分发挥，改善过去那种无系统整体观念，及不注重协调配合的成本管理。

6. 民主型的成本管理

民主型的成本管理即要求企业在成本管理中制定的目标成本必须先进可行，制定目标成本要由群众参与、上下协商，目标成本的分解、落实要与经济责任制相结合，使每个人既有明确的成本控制方向和任务，又有确定的成本责任，还要有相应的物质利益作动力。

7. 重视效益的成本管理

重视效益的成本管理即要求企业在成本管理中，必须把提高或保证效益作为成本管理工作的出发点和归宿。因为成本反映企业的消耗水平直接决定着企业的经济效益，因此，目标成本管理工作，必须以提高效益为指南，注重成本效益分析，把提高经济效益放在突出位置，用实际成果、贡献来评价、衡量各部门人员的工作。

最后，目标成本管理还是一种综合性的成本管理。即它能够综合地运用各种成本管理理论和方法以及其他有关的管理理论和方法，吸收和利用这些理论和方法来为目标成本管理服务，保证目标成本的实现。如依据现代成本概念科学划分成本性态，按成本性态实行分级管理；与全面成本管理、责任成本管理、质量成本管理、计划（定额）成本管理等有机结合起来，共同为实现目标成本服务；引进经济数学模型，使目标成本管理实现定量化；应用电子计算机技术，建立成本信息反馈系统，使目标成本管理手段现代化；等等。

（二）目标成本的预测

目标成本管理作为一种综合性、全局性、关键性的成本管理，其内容包括目标成本管理过程中目标成本的预测、确定、实施与控制、考核与总结四个阶段的工作和一些必要的基础性工作。其中，目标成本的测定是目标成本管理的第一步工作和首要环节，是目标成本分解与落实、实施与控制、分析与考核的前提。

1. 目标成本预测的特点

目标成本的预测是指对企业在未来一定时期应以何种成本水平为适宜目标所进行的预测，它与一般的成本预测相比，既有联系，又有区别，即具有自己的特点。二者虽然都要依据各种因素的变动与成本变动的因果关系，全面分析各种因素对成本的影响方向及其程度，对未来一定时期的成本变动趋量和水平做出预见。但目标成本的预测更注重充分考虑，也更注重研究企业内部的各种潜力和采取各种主动降低成本措施的可能及影响。一般成本预测的结果只是未来一定时期成本变动的一般趋势和水平，也只是为制订一般的成本计划提供依据；而目标成本的预测，则是要在一般成本预测的基础上，进一步测算出未来一定时期经过主观努力使成本变动可能达到的理想水平或最佳水平。目标成本的预测虽然要运用成本预测的一般方法，但在运用中又带有自己的特点，并且还具有自己的一些独特方法。

2. 目标成本预测的目的

目标成本预测的目的主要有以下两个方面：

①目标成本预测的直接目的是测出目标成本决策的参考，为目标成本的最后确定提供基础依据。

②目标成本预测的间接目的是找出差距、挖掘潜力、拟出措施，为目标成本的实施与控制以及实现奠定基础。目标成本预测的过程，就是针对有关因素找差距、挖潜力、想措施的过程，这是由目标成本预测的特点决定的。

3. 目标成本预测的内容

目标成本预测的内容有广义与狭义之分。广义地说，它不仅包括对各种直接间接因素对成本变动影响的预测，对成本项目和总成本变动趋势及水平的预测以及在上述预测基础上进行的目标成本本身数据的预测，而且也包括对各种因素本身变动情况的预测。

就目标成本本身的数据预测来说，主要包括以下几个方面：

①目标总成本的预测。

②单位产品目标成本的预测。

③成本降低目标的预测。

以上三个方面互相联系、互相制约，再加上据此进行的基础性预测，共同构成一个有机的、完整的目标成本预测内容体系。这里只是对狭义的预测内容进行阐述。

4. 目标成本预测的步骤和方法

目标成本的预测在广泛调查、收集、整理、分析企业历年成本资料和国内外有关资料的基础上，一般要分以下几个步骤进行：

①明确预测的目的、内容和要求。

②确定上述三种目标的预测次序。在预测时，可根据具体情况和资料，或先预测目标总成本，然后预测单位产品目标成本，再预测成本降低目标。但一般来说，要按第一种次序进行。

③根据预测目标和资料，选择适当的预测方法。

④按照次序，利用资料和应用选定的方法（有的方法要建立数学模型）进行实际的预测。

⑤分析和估计每种目标的预测误差，修改初步预测值，或修改、补充原来的预测模型，重新进行预测。

⑥初步确定各项目标成本值，并写出预测报告。

目标成本无论哪个方面的预测，都必须借助于适当的科学方法来进行。方法选得是否适当、运用得是否正确，是保证预测结果符合要求的重要前提。各个企业在实际预测时，都要根据自己的生产经营特点、具体情况和掌握的实际资料，按照预测期限的长短和准确程度的要求以及费用的多少综合加以选择。因为就每一种预测的方法来说，都有自己的适用范围条件及优点，然后对各种方法得出的数据进行对比、验证、选择或权衡统一，所应用的各种预测方法综合构成了目标成本预测方法体系。

（三）目标成本的分解

从大的方向而言，在考虑目标成本的分解时，应结合考虑其落实。因为目标成本的分解与落实紧密相连、前后相随，分解是落实的手段和前提，落实是分解的目的和最后结果，两者统一构成目标成本管理的一个中间环节。因此，这里仅以分解为主体进行阐述。

1. 目标成本分解的内涵与意义

所谓目标成本的分解，就是将上一阶段测定的目标成本值（目标总成本、单位产品目标成本和成本降低目标的数额），按照一定的要求，采用一定的形式和方法，进行科学的划分、解剖和展开，化“大”为“小”，使之具体化、细小化、单元化，尽可能地变为若干较小的分、子目标，从而形成一个由相互联系、相互制约的分、子目标构成的有机的目标成本体系，更好地完成和实现对目标成本全面、具体地控制、分析和考核。

2. 目标成本分解的原则

①要按照整分合原则和协调平衡的原则来进行。即一方面分解前要以测定的目标成本值为对象，另一方面分解之后又要保证各分、子目标之和与被分解的目标成本值相等；同时分解之后仍要保证目标总成本，单位产品目标成本和成本降低目标三者之间的平衡。最后，要做到上下各级、各个目标的综合平衡。

②要根据成本的具体内容，尽量将目标成本分解到最小单元或单位，即分解要做到底、到边，直到不便再进行分解。这样，才有利全面、具体地落实，更好地控制、分析和考核；相反，该分的没分，或分得不细、不透彻，落实起来就比较困难，控制、分析和考核也达不到应有的力度。

③要按照目标和目标成本特性的要求，使分解的分子目标同样具有目标和目标成本的特性。

④要结合企业产品生产、技术和经营管理的特点来科学地选择分解的具体依据和方法，以及分解的层次和分解后分、子目标数量的多少。

总之，分解要考虑落实、控制、分析和考核的要求和需要，要便于责任划分，使分解的分、子目标个个都能得到落实；要有利于实施、控制、分析和考核，使分解的各分、子目标能真正成为它们的依据和标准。

二、责任成本管理

（一）责任成本制度

1. 责任成本的作用

随着企业经营的日益复杂化和多样化，企业大型化、跨国化和多角经营化的趋势越来越明显，致使企业内部的经营管理日趋复杂。在行为科学管理理论的影响下，许多企业实行了某种形式的分权管理制度，即将决策权随同相应的责任下放给基层经理人员，而最高层管理者就可将有限的时间和精力集中于企业最重要的战略决策。实施分权管理的好处有：信息的专门化。这是指由于信息的专门化使企业的高级管理层在分享下级部门的信息时遇到了更多的困难；下级管理人员要将其拥有的所有相关信息都传递给高级管理层非常困难，高级管理层要完全了解其信息和做出正确判断同样也是非常困难的。因为许多由观察得到的信息是很难数量化的，甚至难以用语言表达。

企业越是下放经营管理权，越要加强内部控制。于是很多大型企业将所属各级、各部门按其权力和责任的大小划分为各种成本中心、利润中心和投资中心等责任中心，实行分权管理，其结果是各分权单位之间既有自身利益，又不允许各分权单位在所有方面像一个独立的组织那样进行经营。因此，如何对分权单位的经营业绩进行计量、评价和考核，就显得尤为重要，责任成本制度就是为了适应这种要求而在企业内部建立若干责任单位、并对他们分工负责的经济活动进行规划、控制、考核和评价。

分权管理使各分权单位之间具有某种程度的互相依存性，主要表现在各分权单位间的产品或劳务的相互提供；同时分权单位有时为了自身的利益，有可能采取一些有损于其他分权单位甚至整个企业利益的行为。责任成本正是企业加强内部控制的一个有效工具。它是根据授予基层单位的权力和责任以及对其业绩的计量、评价和考核方式，将企业划分成各种不同形式的责任中心，并建立起以各责任中心为主体，以责、权、利相统一的机制为基础，通过信息的收集、加工和反馈而形成的企业内部严密的控制制度。

责任成本在企业内部控制中的作用有：为评价和考核企业职工的工作成果提供了一个可靠的基础。责任成本核算体系既能有效地、自上而下地对各责任中心的责任行为实施控制，也能使各责任中心在责任预算指导下和完成预算所获经济利益的激励下，通过对责任预算执行过程的核算，对发生的偏差及时进行调整，实施自我控制，而且企业还可以依据各责任中心对各自责任预算完成情况的好坏对其进行奖罚，公平合理地评价和考核各责任中心的工作业绩；有利于企业各基层部门与企业整体目标协调一致。为了防止此弊端，实施责任成本制度就成为分权管理在企业顺利推行的必要条件，以保证各基层单位与企业整体目标协调一致，圆满地实现企业总目标。从而有利于应用例外管理原则。责任成本可以提供责任预算执行情况的“业绩报告”。企业内部经济责任制，就是要明确企业内部各管理层次应承担的责任，同时赋予与之相应的权力，并将其责任的履行情况同经济利益相联系。为此，一方面要建立激励机制，实行分权管理；另一方面要建立约束机制，实行责任成本。

2. 责任成本的主要内容

责任成本既是会计资料同责任中心紧密联系起来的信息系统，也是强化企业内部管理所实施的一种内部控制制度。企业实行责任成本的具体形式会有所差别，但具体内容包括以下几个方面：

建立责任中心。实行责任成本，首先应根据企业组织结构的特点，按照分工明确、权责分明、业绩易辨的原则，合理灵活地划分责任中心，使各责任中心在企业所授予的权力范围之内，独立自主地履行职责，并以责任中心作为责任成本的核算对象。

编制责任预算。责任预算是企业全面预算按责任中心的合理分解、落实和具体化，作为责任中心开展日常经营活动的准绳和评价考核其工作业绩的基本标准。业绩考核标准应当具有可控性、可计量性和协调性等特征。为此，责任预算应既先进又可行、既全面又有重点，使之真正成为责任中心的奋斗目标和完成企业全面预算的基础。

进行责任控制。各责任中心在执行责任预算的过程中，一方面应实行自上而下的控制，上级责任中心对所属的下级责任中心进行全面控制；另一方面各责任中心应进行自我控制。

建立健全责任成本核算制度。为了对责任中心进行有效控制，必须建立一套完整的日常记录、核算和考核有关责任预算执行情况的信息系统，及时报告责任中心执行责任预算的情况，并针对预算执行差异进行调查分析，迅速采取有效措施加以纠正，即进行反馈控制。为此，企业要有一套完整的责任成本核算制度，以保证控制所需信息的相关性、适时性和准确性，由于不同责任中心的控制范围不同，因而各责任中心的核算内容和核算方法亦有所不同。

进行责任考核。根据业绩报告，对照责任预算，找出差异，调查分析产生差异的原因，判明责任，奖惩分明。通过对责任中心工作成果的评价考核，总结成功的经验，揭示存在的不足，为编制下一任期预算提供资料。为此，企业必须制定一套完整、合理和有效的奖惩制度，以适应责任考核，并有助于实现责任中心权、责、利的统一。

企业内部各责任中心是互相联系的。在处理相互经济关系时，应公平合理、一视同仁，才能起到应有的激励作用。在编制责任预算时，避免由于内部转移价格制定不当而导致不能体现“等价交换”的状况；在制定奖惩措施时，使各责任中心都感到目标是公正合理的、可实现的，经过努力完成目标后所得到的奖励与报酬同所付出的劳动相比是值得的，避免因奖惩不公平而挫伤企业职工的积极性与创造性的现象。

为了保证企业和责任中心对各自生产经营活动的有效控制，有关负责人需要及时掌握责任执行情况的准确信息，以便对发生的执行差异做出及时、恰当调整，并加强对责任中心的控制，使各自的目标最终得以实现。

各有关负责人应将有限的精力和时间用于对各责任中心在履行责任时发生的重点、“例外性”差异的调查、分析和控制上，以收到事半功倍之效。这与成本效益原则是一致的，因为责任成本本身也应讲究成本效益的有机统一。针对差异的性质，应采用经验估计法或数理统计法来确定，若差异虽未超过预定的界限，但经常在这一界限上下徘徊，也应加以重视。因为此类差异的频频发生，不是反映控制不严，就是说明预算已经过时。不论属于哪一种情况，都应查明原因，及时纠正，加以控制。符合例外管理原则的差异，还必须是责任中心能加以控制的，否则也不必视为例外管理项目。

（二）责任中心

1. 成本中心

（1）成本中心的定义

成本中心是指有权发生成本或费用并对其负责进行控制的部门，成本中心的工作成果不会形成可以用货币计量的收入，或其工作成果不便于或不必进行货币计量，而只计量和考核发生的成本或费用。成本中心的职责就是以最低的成本费用按质、按量、按时去完成预定的具体任务。一个成本中心可以由若干个更小的成本中心所构成。

（2）成本中心的分类

第一，根据范围分：

①生产车间。生产车间包括基本生产车间和辅助生产车间。在不同的企业中，生产

车间的设置原则可能有所不同，管理权限也会有所差别，因此，生产车间定为何种责任中心，应根据具体情况来确定。不过生产车间通常只发生生产耗费，不取得收入，而且不拥有供、产、销等方面的权限，因而一般可以定为成本中心。

②仓库。仓库包括材料仓库、半成品仓库和产成品仓库。这些仓库分别负责各自对象的收、发、保管业务。其共同的特点是既要占用一定的资金，也会产生一些费用。

③管理部门。这里所说的管理部门是指企业的大多数职能部门，包括供应部门、生产部门、会计部门等等。其共同特点是既要对职能履行的结果负责，还要为自身的经费支出负责。从考核的角度讲，对上述职能部门通常只是考核其费用支出的数额，因而它们往往也被称为费用中心。

第二，按管理层次分为：

如果说按管理范围划分成本中心是横向的，那么按管理层次划分则是在横向划分的基础上，对成本中心进行纵向的划分。

①车间—班组—个人三级成本中心。如前所述，车间一般应定为成本中心，企业在成本方面的目标能否完成，主要 = 取决于企业内部各车间的工作情况。班组是车间的基层组织机构，客观上存在着可控成本，所以如有可能，也应作为一级成本中心。班组所负责的责任成本可以进一步分解落实到每一个生产工人，建立以个人为单位的责任中心。

②仓库—保管人员两级成本中心。企业的各种仓库分别从属于不同的管理系统：材料仓库属于供应管理系统；半成品仓库属于生产管理系统；产成品仓库属于销售管理系统。

③管理部门—管理人员两级成本中心。对职能管理部门的工作进行量化考核是一项具有相当难度的工作。首先是各职能部门的工作性质有很大差别；其次是各职能部门在行使职能时会出现交叉，尤其是在生产领域。此外，管理人员个人的能力和积极程度有较大弹性，也增加了考核的难度。

第三，根据成本是否明确分为标准成本中心和费用中心。

标准成本中心必须是所生产的产品稳定而明确，并且已经知道单位产品所需要的投入量的成本中心。其典型代表是制造业工厂、车间、工段、班组等。因此，各行业都可以建立标准成本中心，比如银行根据经手支票的多少、医院根据接受治疗的人数多少、快餐业根据售出的盒饭多少等。

费用中心适用于那些产出物（工作成果）不能用货币来计量或投入与产出之间没有密切关系的部门。对于费用中心，唯一可以准确计量的是实际费用，而难以通过投入和产出的比较来评价其效果和效率，往往只能根据实际费用与费用预算之间的费用差异来评价考核其工作成绩。但应注意两种情况：一是有些费用中心可能由于工作开展得多和目标完成得好而产生不利差异；二是有些费用中心则可能由于工作不力，敷衍了事而产生了有利差异。

（3）成本中心的考核指标

标准成本中心的考核指标是既定产品质量和数量条件下的标准成本。标准成本中心不需要做出价格决策、产量决策或产品结构决策，这些决策由上级管理部门做出，或授权给销货单位做出。标准成本中心的设备和技术决策，通常由职能管理部门做出，而不是由成本中心的管理人员自己决定。因此，标准成本中心不对生产能力的利用程度负责，而只对既定产量的投入量承担责任。如果采用全额成本法，成本中心不对闲置能量的差异负责，而对于固定成本的其他差异要承担责任。如果标准成本中心的产品没有达到规定的质量，或没有按计划生产，则会对其他单位产生不利的影响。因此，标准成本中心必须按规定的质量、时间标准和计量来进行生产，这个要求是“硬性”的，很少有伸缩的余地。

确定费用中心的考核指标是一件困难的工作。由于缺少度量其产出的标准，以及投入和产出之间的关系不密切，运用传统的财务技术来评估这些中心的业绩非常困难。费用中心的业绩涉及预算、工作质量和服务水平。标准成本中心的产品质量和数量有良好的量化方法，如果能以低于预算水平的实际成本生产出相同的产品，则说明该中心业绩良好。一般我们使用费用预算来评价费用中心的成本控制业绩。由于很难依据一个费用中心的工作质量和服务水平来确定预算数额，一个解决办法是考察同行业类似职能的支出水平。另外一个解决办法是零基预算法，即详尽分析支出的必要性及其取得的效果，确定预算标准。还有许多企业依据历史经验来编制费用预算。越是勤俭度日的管理人员，将越容易面临严峻的预算压力。预算有利差异只能说明比过去少花了钱，既不表明达到了应有的节约程度，也不说明成本控制取得了应有的效果。从根本上说，决定费用中心预算水平有赖于了解情况的专业人员的判断。上级主管人员应信任费用中心的经理，并与他们密切配合，通过协商确定适当的预算水平。

2. 利润中心

（1）利润中心的定义

成本中心的决策权力是有限的。标准成本中心的管理人员可以决定投入，但产品的品种和数量往往要由其他人员来决定。费用中心为本企业提供服务或进行某一方面的管理。利润中心是指既能控制成本，又能控制销售和收入的责任中心。它不但要对成本、收入负责，还要对收入与成本的差额即利润负责，可以说是收入中心，但因企业一般不授予其定价权，因此，纯粹的收入中心是不存在的。在一个企业中，利润中心往往处于较高的层次。各利润中心都自成一体、独立经营，但也相互协调，共同实现企业总目标。

利润中心有两种类型：一是自然的利润中心。这种利润中心有产品销售权，能直接对外销售产品或提供劳务，从而取得实际的销售收入，就像一个独立经营的企业一样。这里所说的自然利润中心价格制定权的大小是以企业内部职能如何划分为转移的，而对一个企业来说，理应完全拥有价格制定权。而现实的情况是某些企业的包括产品定价权在内的经营决策权并未完全落实。

一般来说，利润中心被看成一个可以用利润衡量其一定时期业绩的组织单位。但并不是可以计量利润的组织单位都是真正意义上的利润中心。利润中心组织的目的是激励下级制定有利于整个公司的决策，并为之努力工作。仅仅规定一个组织单位的产品价格并把投入的成本归集到该单位，并不能使该组织单位具有自主权或独立性。

（2）利润中心的考核

对利润中心业绩的评价与考核，主要是通过一定期间实际的利润同责任预算中所确定的预计利润进行比较，并进一步对差异形成的原因和责任进行具体剖析，借以对其经营上的得失和有关人员的功过做出全面而公正的评价。

3. 投资中心

投资中心是指既能控制成本和收入，又能对投资进行控制的责任部门。投资中心是对投资负责的责任中心，而投资的目的在于获取利润，所以投资中心同时也是利润中心。不过利润中心只有短期经营决策权，投资中心则同时拥有短期经营决策权和投资决策权，因此投资中心权力更大，责任也更大，更应注重投资效益，考虑长远的利益。投资中心是分权管理模式的最突出表现。

根据投资中心生产经营活动的特点，通常以投资利润率和剩余收益作为评价考核投资中心经营业绩的主要指标。

（1）投资利润率

投资利润率是投资中心所获得的利润与投资额之间的比率，其计算公式是：

$$投资利润率 = 利润 \div 投资额 \tag{10-18}$$

投资中心要提高投资利润率，可以采用不同的策略。一般来说，提高投资利润率的主要途径有如下三条：

①增加销售

使销售增加幅度大于费用增加幅度。同时，在资产总额保持相对稳定的前提下，设法增加销售。

②降低成本费用

降低约束性固定成本、变动成本及酌量性固定成本。由于约束性固定成本与生产能力形成有关，生产能力一经形成，再想改变它就难了，而变动成本的降低也有难度，因此投资中心经理首先要对酌量性固定成本“开刀”，如削减研究与开发费用、职工培训费用、广告费等。

③减少资产投资额

减少资产投资额主要通过：一是减少不必要的生产性固定资产占用，如对不需用的固定资产进行适当处理等；二是减少不必要的存货占用；三是尽量压缩非生产性资产占用；四是加快存货周转、应收账款周转等。

用投资报酬率来评价投资中心业绩比较客观，可用于部门之间，以及不同行业之间的比较。投资人非常关心这个指标，公司也十分关心这个指标，用它来评价每个部门的业绩，促使其提高本部门的投资报酬率，有助于提高整个企业的投资报酬率。投资报酬率指标也有不足，部门经理会放弃高于资本成本而低于部门投资报酬率的机会。

（2）剩余收益

$$\text{剩余收益} = \text{部门边际贡献} - \text{部门资产应计报酬}$$
$$= \text{部门边际贡献} - \text{部门资产} \times \text{资产成本} \quad 10\text{-}19$$

剩余收益是绝对数指标，不便于不同部门之间进行比较。规模大的部门容易获得较大的剩余收益，而它们的投资报酬率并不一定很高。在这里，我们再次体会到引导决策与评价业绩之间的矛盾。

参考文献

[1] 揭志锋 . 财务管理第 3 版 [M]. 大连：东北财经大学出版社，2022..

[2] 寇改红，于新茹 . 现代企业财务管理与创新发展研究 [M]. 长春：吉林人民出版社，2022.

[3] 王燕会，狄雅婵 . 互联网环境下的企业财务管理研究 [M]. 长春：吉林人民出版社，2022.

[4] 王利萍，吉国梁，陈宁 . 数字化财务管理与企业运营 [M]. 长春：吉林人民出版社，2022.

[5] 曾召庆，刘伟，韩建鹏 . 当代企业管理与财务经济研究第 1 版 [M]. 北京：文化发展出版社，2021.

[6] 张惠忠，李郁明 . 财务管理学 [M]. 大连：东北财经大学出版社，2022.

[7] 王玉娟，阚春燕 . 财务管理实务 [M]. 上海：立信会计出版社，2019.

[8] 史琪，杨凤坤，林月香，等 . 财务管理案例实训 [M]. 武汉：华中科技大学出版社，2019.

[9] 高山，高凯丽，周莎，等 . 财务管理 [M]. 北京：北京理工大学出版社，2019.

[10] 叶怡雄 . 企业财务管理创新实践 [M]. 北京：九州出版社，2021.

[11] 胡椰青，田亚会，马悦 . 企业财务管理能力培养与集团财务管控研究 [M]. 长春：吉林文史出版社，2021.

[12] 杨启浩，张菊，李彩静 . 现代企业财务管理与管理会计的融合发展 [M]. 长春：吉林科学技术出版社，2021.

[13] 胡娜 . 现代企业财务管理与金融创新研究 [M]. 长春：吉林人民出版社，2020.

[14] 郭艳蕊，李果 . 现代财务会计与企业管理 [M]. 天津：天津科学技术出版社，2021.

[15] 付艳 . 小企业财务核算与管理研究 [M]. 沈阳：辽宁大学出版社，2020.

[16] 张佃淑，张玉香，郭玲 . 企业财务会计 [M]. 济南：济南出版社，2020.

[17] 谌江 . 企业成本管理与控制研究 [M]. 广州：广东经济出版社，2022.07.

[18] 崔国萍 . 成本管理会计第 5 版 [M]. 北京：机械工业出版社，2021.

[19] 盛天松 . 成本管理会计理论与实践 [M]. 长春：吉林人民出版社，2021.

[20] 林自军，刘辉，马晶宏 . 财务管理实践 [M]. 长春：吉林人民出版社，2019.

[21] 宫迅伟，李斌，赵平 . 全面采购成本控制 [M]. 北京：机械工业出版社，2019.

[22] 刘建华，安海峰，王雪艳 . 财务管理与成本控制研究 [M]. 长春：吉林大学出版社，2020.

[23] 邓彦，刘思，陈伟晓，等 . 成本管理理论与实务 [M]. 广州：华南理工大学出版社，2021.

[24] 陈凌云 . 财务管理与成本控制研究 [M]. 北京：中国原子能出版社，2019.

[25] 王玉珏，聂宇，刘石梅 . 企业财务管理与成本控制 [M]. 长春：吉林人民出版社，2019.

[26] 陈宣君 . 财务管理 [M]. 成都：西南交通大学出版社，2019.

[27] 张蕾，马鑫，陈慧 . 财务管理 [M]. 成都：电子科技大学出版社，2019.

[28] 王培培，肖晓慧，郝祥坤 . 财务管理 [M]. 沈阳：东北财经大学出版社，2019.

[29] 周浩，吴秋霞，祁麟 . 财务管理与审计学习 [M]. 长春：吉林人民出版社，2019.

[30] 蒋平，刘梅 . 财务管理 [M]. 上海：立信会计出版社，2019.